中国货币政策框架转型研究

Research on the Reform of China's Monetary Policy Framework

郭迎锋/著

经济管理出版社
ECONOMY & MANAGEMENT PUBLISHING HOUSE

图书在版编目（CIP）数据

中国货币政策框架转型研究/郭迎锋著．—北京：经济管理出版社，2018.12
ISBN 978－7－5096－6139－0

Ⅰ．①中…　Ⅱ．①郭…　Ⅲ．①货币政策—研究—中国　Ⅳ．①F822.0

中国版本图书馆 CIP 数据核字（2018）第 293872 号

组稿编辑：杨雅琳
责任编辑：杨雅琳
责任印制：黄章平
责任校对：张晓燕

出版发行：经济管理出版社
（北京市海淀区北蜂窝 8 号中雅大厦 A 座 11 层　100038）
网　　址：www. E－mp. com. cn
电　　话：（010）51915602
印　　刷：北京晨旭印刷厂
经　　销：新华书店
开　　本：720mm×1000mm/16
印　　张：13.75
字　　数：239 千字
版　　次：2018 年 12 月第 1 版　　2018 年 12 月第 1 次印刷
书　　号：ISBN 978－7－5096－6139－0
定　　价：58.00 元

前　言

本书是在笔者2016年博士论文的基础上，结合在中国国际经济交流中心的研究成果而形成的。自2000年开始，笔者一直从事国际金融与宏观经济方面的研究工作。2008年之前，笔者在德国学习工作，更加侧重于资本市场的计量建模和金融产品设计方面的研究工作。2008年回国后，经过2013～2016年在中国人民大学政治经济学的系统学习，在导师张旭教授的指导下，对中国的宏观经济及经济转型展开重点研究，吸纳了笔者在德国的硕士论文《建立合理外汇储备研究》（中文译名）的部分结论，完成了《基于货币内生理论的我国货币政策转型研究》的博士论文，被评为优秀博士论文。2016年至今，笔者在中国国际经济交流中心经济研究部从事宏观经济和金融方面的工作，更加侧重于政策跟踪方面的研究，承担了国家发展改革委、中央财经办等部委的实体经济与虚拟经济、财政与货币政策协调和2035年基本实现现代化等课题10余项。这些学习、工作、再学习和再工作的经历是本书得以完成的基础，同时，这部书稿的完成也离不开自2000年以来指导过我、帮助过我的老师和亲友的付出。

本书回答了以下问题：

第一，我国货币政策框架为什么转型。第三章通过对我国货币政策发展的现状分析和货币政策框架转型国际实践比较，系统总结了货币政策框架发展的规律。第四章进一步就货币政策框架的转型内涵以及特征分析，发现了我国当前货币政策框架转型过程中的数量型货币政策和价格型货币政策的“双失效”局面，以及货币政策框架需要转型的必要性，回答了为什么转型的问题。

第二，我国货币政策框架转向何方。第五章通过货币理论的比较与分析，寻求货币政策框架转型的理论指导，通过构建以马克思货币本质观为核心的从货币内生理论到内生性货币政策理论的思维体系，回答了我国货币政策框架转向何方的根本性问题。

第三，我国货币政策框架转型的具体内容是哪些。第六章按照从货币内生理论到内生性货币政策理论的思维逻辑，具体分析转型过程中的货币政策框架的内部要素和内部运转机制的问题，主要围绕着未来价格型货币政策框架的转型目标，就如何进行利率选择及构建利率传导渠道与机制进行分析，回答了转型具体内容是哪些的问题。

第四，我国货币政策框架的转型如何从机制上得到保障。第七章从深化我国经济体制改革的视角出发，系统地总结我国货币政策框架的转型路径，从内部机制和外部环境两个方面，以及近期、中期和远期三个规划阶段上建立符合我国宏观经济条件的价格型货币政策框架及模型。内部机制包括对我国现有的数量型货币政策框架完善（近期）和打造我国未来价格型货币政策框架转型的基础（中期），外部环境包括对我国货币政策环境优化的配套改革（远期）。

本书适合宏观经济政策、政治经济学、金融与资本市场等方面的学者或研究生阅读，希望能为这些领域的读者提供货币政策转型方面的研究资料。同时，也希望各位专家学者对本书提出批评。

感谢经济管理出版社的杨雅琳编辑为本书稿出版的辛勤付出！

郭迎锋

2018 年 11 月 20 日

目 录

第一章 导论

凯恩斯主义经济学诞生以后，围绕着市场经济条件下的政府作用，先后产生了新古典综合派、新凯恩斯主义学派、后凯恩斯学派和理性预期学派、货币主义学派、供给学派、公共选择学派、新制度主义经济学派几种不同的宏观经济理论及政策主张，货币政策依据货币供给和利率两种不同的中介目标形成了数量型货币政策框架和价格型货币政策框架，与之相适应，20 世纪 90 年代出现的“泰勒法则”和通货目标制使得货币政策的目标体系和操作模式得到了进一步的发展，相应地，就宏观调控下的货币政策的决策机制、决策目标、政策工具及传导路径等问题的研究成果无论是国外还是国内都得到了极大的丰富，同时，从实践角度看，市场机制下的货币政策框架的选择，包括货币政策的目标体系、操作工具以及传导机制如何与市场机制进行有效配合，一国政府必需考虑并进行相应部署。因此，为了能更有效地评价一国货币政策的有效性需要探寻货币的供给机制，从货币是内生还是外生的角度对货币政策框架进行选择，并就其科学性进行论证。

就我国的货币政策而言，改革开放以来，在我国经济体制由原来的计划经济逐步向社会主义市场经济转变的背景下，我国宏观调控经历了若干不同阶段①。“巴山轮”会议首次提出宏观调控理念，随着中国人民银行单独扮演央行的角色、承担货币发行的核心职能，我国货币政策调控体系不断演变和发展，取得了明显成绩。但当前我国经济社会环境发生了较大变化，正处在经济结构的转型期，传统货币政策调控受到了较大的冲击，这种局面下，新的要求和挑战被提

① 不同学者对我国宏观调控的具体阶段划分存在差异，如方福前（2014）、王立勇（2012）、国家发改委经济研究所课题组（2014）、陈彦斌等（2015）等，但总体而言，基本的逻辑路线和观点是一致的。

出。具体而言，宏观调控目标变化、市场机制起决定性作用下的微观主体预期、新的金融工具创新和新的金融业态的出现、利率市场化改革等方面的变化，使得我国货币政策框架的转型成为必然，这一点也在我国《金融业发展与改革“十二五”规划》的目标中得到了体现，该规划提出了“推进货币政策从以数量型调控为主向以价格型调控为主转型”的目标。但在这个转型过程中，所出现的“结构性”信贷政策工具、数量型货币政策和价格型货币政策“双失效”①、基准利率的选择、“利率走廊”的调控模式、从短期利率向中长期利率的传导等方面的问题需要解决。因此，本书希望从货币供给理论（内生还是外生）出发，通过对我国的货币政策框架从数量型向价格型转变的原因及条件、未来我国价格型货币政策框架下的内部要素选择和传导机制以及转型的路径等方面来回答这些问题。

第一节　研究背景

本书研究内容的选择基于两个维度：第一，货币供给的内生属性及与之相关的理论体系；第二，我国的货币政策框架及内部要素。利率成为这两个维度之间建立逻辑关联的核心要素，并且，这两个维度基于理论与实际相结合的原则在本书中构建为一个整体。在分析当前我国的货币政策环境发生根本性转变的前提下，通过内生货币供给理论的论述与研究，从货币政策的国际实践比较、历史回顾及研究的角度，来说明我国货币政策框架转型的必要性。

一、问题的提出

通过梳理我国货币政策框架的外部环境和内部要素的变化，并分析相应的货币政策理论基础，可以发现，我国当前存在从数量型货币政策框架向价格型货币政策框架转型的原因、必要性和现实条件。

1. 我国的货币政策环境发生了根本性变化

就宏观经济而言，金融危机以来，中国的宏观经济环境面临着周期性和结构

① 即数量型货币政策的逐步失效和价格型货币政策的有效性尚未建立的格局，第四章有专门论述。

性变化。这种周期性和结构性变化使货币政策环境发生根本性改变，而现有的数量型货币政策已经滞后于这种变化，带来的后果就是现有货币政策有效性下降。也就是说，新的货币政策环境给现有货币政策带来了挑战，没有适应这种挑战带来的后果就是严重制约了我国宏观经济政策的调控效果，因此，有必要对现有的货币政策框架进行反思、分析与完善，并能有所创新。同时，近几年以来金融创新与影子银行体系的发展使得我国的金融格局与市场环境和渠道发生了显著变化，使得原先的货币政策的有效性明显下降。

就国际资本市场而言，全球性的量化宽松货币政策给全球的资本市场带来了不稳定因素。美国、欧盟、日本等主要经济体在金融危机之后所采用的量化宽松的货币政策不但带来了货币的贬值，而且进一步催生了新的资产泡沫，金融市场供需难以达到“回归均值”的状态，远离了其价值，应该说，西方国家这种后金融危机时代的货币政策体现了货币数量理论的特征，表明了这些国家所执行的特殊时期的货币政策脱离了货币供应内生于该国货币需求（即商品交易的货币需求）的科学规律，因此，如何解决当前资本市场的这种危局，需要反思货币供应的外生属性理论，为我国解决货币政策的实施问题和未来选择适宜的货币政策框架提供国际经验。

另外，就我国的宏观经济政策而言，国家宏观经济政策针对新形势下的国民经济发展的变化进行了部署与要求，同时，在宏观经济政策的具体实施上、货币政策与财政政策在协调搭配的关系处理上，也出现了变化。第一，党的十八大报告中提出“健全现代市场体系，加强宏观调控目标和政策手段机制化建设”，给新时期包括货币政策在内的宏观调控的研究、政策决策和操作实践提出了新的课题。党的十八届三中全会《关于全面深化改革若干重大问题的决定》首次提出了“推进国家治理体系和治理能力现代化”，要求未来施政工作“更加注重改革的系统性、整体性和协调性”，同时提出了要“处理好政府与市场关系，使市场在资源配置中起决定性作用和更好地发挥政府作用”，更加注重市场经济环境中的微观主体的作用，2015 年国务院《政府工作报告》又提出“以微观活力支撑宏观稳定”，微观主体预期对我国的宏观经济政策的实施效果有着越来越重要的作用，主要体现为在货币政策传导过程中的这种预期所扮演的角色越来越重要，具体而言，货币紧缩和货币宽松下的微观主体的预期是不同的，对下一步的货币政策的调控机制、模式和传导渠道提出了改善要求。第二，财政政策和货币政策作为我国政府调控经济的主要途径和手段，是国家治理体系和治理能力的重要体现，在二者的关系上已经出现了显著变化，尤其是吸取了我国政府 2008 年 4 万亿财政刺激政策所带来的负面影响的教训之后，在货币政策和财政政策的着力点和取舍上均有所变化，例如，抵押补充贷款（PSL）再贷款给国家开发银行来支持基础设施建设在一定程度上代替了过去由财政支出所扮演的政策职能的角色。

2. 我国的货币政策框架的要素变化及未来选择

当前我国的货币政策框架有效性下降已经成为一个共识，突出表现为在我国货币政策环境发生了根本性变化①的情况下，数量型货币政策的逐步失效和价格型货币政策的有效性尚未建立，出现了数量型货币政策和价格型货币政策“双失效”的局面。本书对货币政策框架有效性的探讨，主要集中在货币政策工具通过操作目标、中介目标对货币政策目标实现的调控水平上。与美国、欧盟和日本的货币政策目标相比，我国的货币政策目标是多重的，包括经济增长、充分就业、价格稳定和国际收支平衡四个目标，当前又加入了保持金融稳定的目标，在这种多目标的格局之下，受限于利率市场化的改革尚未完成，我国的货币政策工具只能调控基础货币而间接影响广义的货币供应量，这些多元化的目标要在一个经济周期内通过货币供应量的调控要同时实现几乎是不可能的，同时，这些多元化的目标之间在某些经济环境下会相互矛盾，这就会使得货币政策的有效性下降不可避免。当然，我国金融资本市场的发展与变化，成为了我国价格型货币政策建立的客观必要条件，但其尚未完全建立也导致了当前我国货币政策有效性的下降。

就货币政策框架内部的操作工具而言，为了适应经济结构转型要求，我国的货币政策框架从数量型向价格型转变，这个转变过程中出现了有针对性的创新型操作工具。西方发达国家的货币政策的传导渠道是央行通过银行间的市场利率和预期来影响货币总需求与价格，而我国人民银行主要通过信贷渠道对货币总需求和价格施加影响，在当前数量型货币政策到价格型货币政策过渡过程中，为了应付经济结构调整和经济增长方式转变下的经济下行的压力，除了公开市场操作、央行再贷款、央行再贴现、基准利率、存款准备金、窗口指导和常规政策工具之外，还有一些针对当前经济结构转型的创新性货币政策，本书称为转型期特殊货

① “根本性变化”的解释详见下述内容“基本概念”之“货币政策环境”的具体解释。

币政策[①]，这些货币政策一般分为两类：一是“结构性”货币政策（亦称定向宽松货币政策），包括定向降准、差别存款准备金率、定向再贷款，包括支农再贷款和支小再贷款等具体工具，它主要是通过创新性的货币政策部分承接财政政策的结构调整功能；二是“债务性”货币政策，主要是为了解决地方政府的债务问题而推出。这些转型期货币政策的创新工具作为临时的过渡性政策对未来我国转向以利率调控为主的价格型货币政策框架的影响也是需要考虑和分析的内容。

除此之外，我国货币政策框架内部核心要素中介目标面临着重新选择的问题，也就是要就价格型货币政策框架选择并明确相应的利率机制。伴随着我国的利率市场化进程，我国货币政策从数量型调控转向以利率调控为主的价格型货币政策框架之后，一段时期内在转型过渡期会采取“利率走廊”的调控方式进行，当前我国的准备金率对未来的“利率走廊”机制形成的关系、“利率走廊”之下我国的基准利率的形成机制、“走廊区间”的具体设置等问题需要探讨和研究，这一点，需要在当前国内关于货币政策传导机制的研究成果的基础上进行。

3. 需要构建从数量型向价格型的货币政策框架转型的理论基础

在我国货币政策从数量型向价格型转变过程中，其理论基础的缺乏主要体现在两个方面：第一，货币政策理论的微观基础不足；第二，货币理论与货币政策实践相脱节。前者需要从宏观调控理论的视角下进行分析研究；后者需要从货币产生、发展的货币理论出发进行分析。

当前对我国货币政策的理论研究，突出表现为当前我国的数量型货币政策理论缺乏微观基础。由弗里德曼所创立的现代货币数量理论，建立在费雪的货币交易方程式上（$MV=PY$）[②]，这种理论直接把一国的货币总量和宏观经济总量联系在一起，忽略或轻视了价格因素的微观基础，尤其是随着金融创新和资本市场的变革，微观主体的预期对一国货币政策的冲击越来越大，使得货币政策实施的边

① 大部分学者将其归纳为“非常规性”货币政策，该说法借鉴了西方学者对后欧美国家金融危机时代的量化宽松货币政策的总结，但当前我国货币政策框架转型期的创新性货币政策工具与之不完全一致，因为西方国家的“非常规”概念是相对其价格型货币政策框架而言，而我国的货币政策工具的转变所具有的特殊性（或创新性）是专门针对货币政策框架的转型而言，二者有本质区别，所以本书不采用“‘非常规’货币政策”的概念，而采用“转型期特殊货币政策”予以说明。

② 该方程式表明 $PY=MV$：物价水平 P 与实际总产出 Y 的乘积等于流通的货币数量 M 与货币流通速度的乘积 V，其中，货币流通速度 V 因为主要受人们的支付习惯和社会信用状况决定具有相对稳定性，因此，货币数量理论最终表现为货币数量增长率与扣除实际经济增长率后的通货膨胀率相等，表示为：$i=R+\pi$。

际效应越来越低，影响到了现存货币政策的传导机制和实施效果，因此缺乏现实意义。在我国新的货币政策环境之下，货币政策从数量型调控转向以利率调控为主的价格型货币政策框架过程之中，需要探讨新的理论基础，建立新的理论框架，之前数量型货币政策所依靠的外生性货币供给理论已经不适用于这种变化，构建内生性货币供给理论框架成为必须，并建立这种理论框架之下的宏观模型和微观基础。

另外，货币理论研究与中国实践结合不紧密也成为制约货币政策调控效果的主要原因之一。政治经济学研究的一个重要原则就是透过现象看本质，本质的探究需要追根溯源，这也是政治经济学的主要研究方法“表象—抽象—具体”的从“表象—抽象”的体现。对于货币政策的研究而言，其研究的起点是确定的，即货币的本源是什么，寻求货币的本质，从货币产生、发展的本质上寻找货币政策发展的内在逻辑，构建科学而严谨的货币理论，在此基础上建立相应的货币政策理论，并指导一国货币政策框架的形成与实施。但从当前的研究现状而言，我国学者的研究缺少从货币理论到货币政策理论再到货币政策框架及实施的研究范式，这也是本书立题的出发点和本意。

综上所述，由于我国货币政策环境发生了根本性的变化，对我国传统的货币政策调控带来了冲击，使得我国当前的货币政策面临着数量型货币政策和价格型货币政策“双失效”的局面，在分析我国当前转型期货币政策工具的基础上，针对未来应当建立的价格型货币政策框架，应当就利率机制的建立和完善进行分析，并最终建立内生性货币供给理论框架和模型，从而构建我国从货币理论到货币政策理论再到货币政策框架及实施的研究范式。

二、研究意义

本书是从货币内生理论出发，对我国的货币政策框架的转型进行研究，之所以选择我国的货币政策框架作为研究对象，其研究意义大致可以从以下四方面进行说明。

1. 经济结构转型过程中的国家政策要求

党的十八大提出“健全现代市场体系，加强宏观调控目标和政策手段机制化建设”的新要求，货币政策作为宏观经济调控的两大主要手段，其政策框架的完善、目标设置的合理化、政策工具的运用科学化、传导机制的进一步顺畅等方面的建设成为必需。之后，党的十八届三中全会《关于全面深化改革若干重大问题的决定》也提出“处理好政府与市场关系，使市场在资源配置中起决定性作用和更好地发挥政府作用”，市场机制的核心是价格形成机制，资本市场的价格表现就是利率，为了使得利率在资本市场中能引导、配置资金以实现资源的优化配置，必需放弃当前的货币供应的数量控制，构建符合中国资本市场和国情的利率形成机制。这一点，在我国的《金融业发展与改革“十二五”规划》中得到了体现：“完善市场化的间接调控机制，逐步增强利率、汇率等价格杠杆的作用，推进货币政策从以数量型调控为主向以价格型调控为主转型”。以利率还是货币供应量作为货币政策的中间目标构成了货币供应内生理论还是外生理论的主要区别。

2. 金融危机之后国际资本货币市场变化下的货币政策选择

金融危机之后和欧债危机以来，美国、日本、欧盟等主要经济体由于“零利率”，不可避免地陷入了“流动性陷阱”的局面，纷纷进行了量化宽松（QE）的后危机时代特殊货币政策，所产生的货币供应不是基于货币内生，即货币需求而产生的，短期内特定时期起到了一定的作用，但从中长期（截至当前）而言，带来的负面效果越来越明显，由于投机所产生的资产泡沫的规模越来越大，使得这些国家的理论界和政策制定者不得不分析和反思这种特定时期的特殊货币政策，如何退出，退出之后的货币政策选择是什么，对我国的货币政策的选择应该有所借鉴和启迪。

3. 经济结构转型背景下国内货币政策市场环境变化的要求

当前我国经济社会环境发生了深刻变化[①]，对传统货币政策调控带来了较大的冲击，提出了新的要求和挑战，主要表现在宏观、中观和微观三个层面。就宏观层面而言，经济增长方式的转变引起了货币政策目标和具体操作工具上的变化；就中观层面而言，新的金融格局下金融创新的发展及影子银行体系的发展方面出现了新的变化；就微观层面而言，在当前我国市场化改革进程中微观预期的作用出现了越来越明显的变化。这些新的变化与发展所带来的基础货币投放渠道的改变、金融机构的稳定考量等方面的变化使得调整货币政策调控目标、合理选择和创新货币政策工具、完善货币政策调控模式等成为必需。

4. 能够解决货币政策与货币理论研究脱节的问题

当前将货币政策与货币理论结合起来进行研究的文献很少，本书的题目选择

① 大部分学者将这种变化总结为“新常态”，本书对这种提法持保留意见，中国当前主要经济发展的特征为经济结构转型，与当前学术界所采用的“新常态”的内涵不一致，故不采用“新常态”说法。

和整体架构也是基于这方面的考虑来进行。当前对货币政策的研究成果和文献很多，但很少有研究成果从理论基础的视角对其进行合理性分析和评价，本书希望从货币的起源与发展以及信用货币的产生等本质性因素出发，说明货币供应的内生性的科学性，对国际上主要发达国家和我国的货币政策进行分析，得出什么是适合我国经济与社会的货币政策框架的结论。

第二节　研究内容

本书的整体逻辑架构首先从货币政策环境的现状分析出发，找出当前我国货币政策方面所面临的主要问题，寻找货币框架需要转型的货币内生理论的依据，然后找到货币供应内生性与货币政策二者之间的逻辑关联——利率，并分析以利率为中介目标的货币政策框架的合理性，最后就如何建立合理的价格型货币政策框架进行说明。

一、研究对象、范围及目标

本书的研究对象是我国货币政策的框架，在这个框架基础上对我国货币政策的目标、工具和传导机制的选择上所面临的问题以及这些问题产生并形成深刻影响背后的本质性原因进行分析。由于是探根求源的深层次分析，需要从货币的起源与发展以及信用货币的产生入手进行剖析，这实际上就论证了内生货币供给理论的合理性，亚当·斯密、马克思、熊彼特以及后凯恩斯主义学者是这一理论的开创者和发展者，尤以马克思的劳动价值论为基础的货币理论体系最为严谨、科学。因此，通过货币内生属性的角度来分析处于经济结构调整和经济增长方式转变过程中的中国货币政策框架显得尤为重要，具有理论与实际相结合的意义，因此，本书的目标有两个：一是构建我国从货币理论到货币政策理论再到货币政策框架及实施的研究范式；二是建立符合我国宏观经济环境的内生性货币政策框架和模型，尤其是要解决在利率传导过程中中介效应问题：货币政策调整→货币市场短期利率变化→市场（债券和信贷市场）利率变化→宏观经济总量的变化，因为无论是理论界还是实际操作层面都忽视了货币市场利率变化所导致的债券与信贷市场利率的变化，当然，第二个目标是在第一个目标的基础上实现的。基于此，本书的研究范围是在内生货币理论的视角下，基于货币供应内生的基本前提，结合国际横向对比、时间纵向分析以及相关实证检验来探究我国货币政策框架的内在运行机理和未来的转型方向及落脚点。

二、基本概念

1. 货币政策环境

货币政策环境在本书的结构框架上居于逻辑起点，是对现象的总结与描述。一般而言，货币政策环境是指货币政策在制定、实施、修正过程中所处的环境，这种环境可以从宏观经济环境、中观（金融行业）经济环境和微观经济体三个层面或者内部（国内）环境和外部（国外）环境两个维度进行分析。第四章第一节对货币政策环境从这三个层面和两个维度进行分析，会发现当前我国的货币政策环境发生了根本性变化，原有的货币政策实施有效性明显下降，央行对宏观经济的调控滞后性明显，这种“根本性变化”所带来的新的环境我们可以称为货币政策新环境。进一步解释，根本性变化指某种具有特定内容、结构和形态的事物转变或发展为新的内容、结构和形态的事物的变化。后金融危机时代我国的经济结构转型的变化必将对我国货币政策的制定、实施、修正产生深刻影响，带来货币政策框架的转型，进而形成本书所言的货币政策新环境。

2. 经济分析中的内生性与外生性

在本书的研究视角中，内生性与外生性是首先需要界定的概念，经济分析中的内生性（Endogeneity）与外生性（Exogeneity）概念的起源问题难以考证，但比较明确的是，在经济分析中的模型建立和解释中运用较广，从这个角度上理解，这些经济模型中变量具有内生性，即表明该变量受模型中其他变量的影响，同时也影响其他变量；变量具有外生性则表明该变量只单向地影响模型中其他变量。本书的研究对象是我国的货币政策框架以及与之相关的货币市场，如果建立货币分析的框架模型需要三个变量：货币供给、货币需求和货币的价格——利率，这就形成了本书的核心概念：货币供给的内生性与外生性、利率的内生性与外生性。

3. 货币供给的内生性与外生性及相关理论

货币理论中的货币供给内生性与外生性、货币中性与非中性、货币政策的非对称性以及单一抉择还是相机抉择一直是宏观经济学者在理论研究方面的重点领域。本书所选取的货币供给的内生性理论对当前转型期的我国货币政策的调整具有现实意义，关于货币供给的内生性与外生性的比较区别应该由格利（Gurley J.）和肖（E. Shaw）于1960年在《金融理论中的货币》（Money in a Theory of Finance）中首次明确提出。

货币供应的内生性与外生性之争，是以货币供应与货币需求的关系机理进行划分的，认为一个经济体中央行发行的货币供应量应该由该经济体中的经济活动主体的货币需求来确定，被称为货币供应的内生性，相反，认为一个经济体中央行发行的货币供应量可以影响该经济体的微观主体的货币需求，被称为货币供应的外生性。与之相对应，货币供给内生性理论（Endogenous Supply Theories）认为，中央银行不能自行决定货币供给，需要依据货币需求来发行货币，而货币需求由一个经济体中的微观主体的实际产出、收入水平、利率和物价水平等要素来确定，货币供给外生性理论（Exogenous Supply Theories）则认为，中央银行依据所要实现的宏观经济目标，以货币供应量为中介目标，通过主动调整货币供给量来调节利率、通货膨胀水平和投入与产出等因素。

按照经济学的一般分析，货币需求函数中利率是货币需求的自变量，因此，货币供应内生性决定了货币供应曲线是水平的（与主流的凯恩斯货币供应曲线的垂直性假设相反），内生货币供应的前提之下货币供给适应货币需求的过程不需要通过利率的变动来实现，内生性货币供应理论的货币政策需要以间接的、以利率为中介目标的价格型（也可以被称为需求型）调控方式转变。

4. 内生性利率和外生性利率及相关理论

内生性货币理论运用于一国的货币政策，央行进行货币调控的主要手段是利率（价格因素），因为货币市场的分析框架之下存在三个变量：货币供应量、货币需求量和利率。利率的内生性一般意义上可以理解为：在一国经济运行过程中，利率作为货币市场的货币价格受货币需求和货币供给的均衡状态所决定，属于内生变量；相对而言，利率的外生性指利率独立于货币市场的货币供求关系，由货币市场之外的其他因素和力量所决定。

在现代经济学的分析范式上，内生性货币理论指导下的央行货币政策应该着眼于货币供应的内生属性和利率的外生属性，而外生性货币理论及政策是以货币供应的外生和利率的内生为主要观点，前者由后凯恩斯主义学者所坚持，后者由凯恩斯主义学者和货币主义学者所认同，这也就形成了基本的结论：货币供应内生、利率外生是内生性货币理论的观点；货币供应外生、利率内生是外生性货币理论的观点。后凯恩斯主义是从货币市场供求关系讨论（与凯恩斯主义者一样）

利率的外生性，他们按照货币政策的利率传导过程，将利率分为基准利率（来源于中央银行控制和影响的再贴现率，具体形式上各国有所区别）和商业银行在此基础上的存贷款利率，后凯恩斯主义学者又可分为“适应性”学派和“结构性”学派，其中，“适应性”学派的代表莫尔（Moore）认为，利率是外生的，中央银行可以通过控制基准利率间接地调控市场最终利率，并且中央银行可以独立决定这种基准利率（Moore，1988）；相对而言，“结构性”的后凯恩斯主义学者认为，市场利率是由中央银行和市场共同决定的，也就是说利率既有内生性也有外生性，但首先是利率的外生性。

马克思对资本主义条件下的利率分析框架与逻辑，就货币市场借贷资本的供求而言，是内生性与外生性的辩证统一体①。马克思在平均利润率的基础上，通过分析生息资本的运动过程，把利率分为平均利润率下的一般利率和货币市场供求关系下的市场利率。一般利率②是产业资本家和借贷资本家分割平均利润的结果，利息从本质上讲是平均利润的一部分，资本主义条件下的是由剩余价值带来的，“利息不外是一部分利润的特别名称，特别项目”③“从质的方面来看，利息是资本的单纯所有权所提供的剩余价值，是资本自身提供的剩余价值”④，同时，一般利率的上限是平均利润率，与平均利润率的差别体现了产业资本家和借贷资本家（银行家）的竞争结果。因此，一般利率是产业资本家和借贷资本家分割平均利润的结果，是货币市场上货币供求之外的因素决定的外生变量，是资本家集团竞争的结果，具有偶然性⑤，竞争结果的表现为中央银行对利率的决定上⑥，同时市场利率是货币市场上借贷资本的价格，完全是由市场所决定的。所以，就马克思对利率的分析逻辑而言，利率具有二重性，这种二重性体现在两个方面：①剩余价值和平均利润率分析逻辑下的一般利率和市场利率；②货币市场借贷资本供求关系分析逻辑下的利率外生性（一般利率）和利率内生性（市场利率）。

5. 货币政策框架及内部要素

货币政策框架是本书的研究对象，既包含货币政策框架的整体，也包括货币

① 马克思的利率内生性与外生性的辩证统一的二重性观点是本书的推论性观点，马克思本人并没有明确提出，对于这一观点在第五章货币内生理论的具体分析中有其具体的分析过程。

② 一般利率被马克思在不同的语境下表述为平均利率或中等利率，有些学者认为马克思将一般利率分为两种——平均利率和中等利率，这两种利率是不同的。本书的观点认为做这种区别无意义，而且就其表述而言也仅仅是不同语境下的不同表述，没有实质性的区别。

③⑤ 马克思．资本论（第3卷）［M］．北京：人民出版社，2004：379.

④ 马克思．资本论（第3卷）［M］．北京：人民出版社，2004：423.

⑥ 马克思．资本论（第3卷）［M］．北京：人民出版社，2004：413.

政策框架之下的各个组成要素和部分。一般而言，货币政策框架是一国中央银行为了实现宏观经济目标，通过货币政策的传导机制而联系在一起的货币政策操作工具、操作目标、中介目标和最终目标的逻辑框架，其中也包含了为保证货币政策实施的相关制度。就本书而言，货币政策框架可以分为数量型和价格型货币政策框架两类，前者视货币供应内生、利率外生；后者意味着货币供应外生、利率内生。

林宝清（1996）对弗里德曼和凯恩斯的货币政策分别作了阐述，将凯恩斯的单步法理解为“政策工具—操作目标—最终目标”；将弗里德曼的两分法理解为“政策工具—操作目标—中介目标—最终目标”。在实际的研究成果中可以发现，诸多学者在操作目标、中介目标的区分上较为混淆，有的学者为了表述方便常常将操作目标和中介目标统一称为中间目标，但有时也造成了这样一种结果：没有严格界定两种在西方国家不同阶段有着不同实践的货币政策的内涵。凯恩斯主义的货币政策框架选择利率目标作为单一的操作目标直接作用于最终目标，发生在西方国家20世纪80年代之前的货币政策实践；以弗里德曼为代表的货币主义的货币证政策框架选择将货币供应量（M_1 或 M_2）作为中介目标，M_0 基础货币作为操作目标，发生在西方国家20世纪80年代到90年代中期。本书对这两种分类方法进行了严格区分，基于弗里德曼的两分法在解释西方国家实行泰勒规则之前和我国当前的数量型货币政策框架较为契合，同时也可以说明从数量型向价格型转型期内的货币政策的实施逻辑；但凯恩斯主义的单步法在解释价格型的货币政策框架时也有一定的契合度，因为执行泰勒规则之后的部分西方国家（美国、日本）没有中介目标。货币政策框架必需依据货币政策环境的变化进行调整，如果旧的货币政策框架无法适应新的货币政策环境的变化，货币政策将会无法实现央行所追求的宏观经济目标。货币政策框架的五个层次相关概念如下：

（1）货币政策工具。一般而言，货币政策工具是中央银行为达到货币政策目标而采取的手段。《中华人民共和国中国人民银行法》（以下简称《中国人民银行法》）第二十三条规定的货币政策工具如下：①要求银行业金融机构按照规定的比例交存存款准备金；②确定中央银行基准利率；③为在中国人民银行开立账户的银行业金融机构办理再贴现；④向商业银行提供贷款；⑤在公开市场上买卖国债、其他政府债券和金融债券及外汇；⑥国务院确定的其他货币政策工具。货币政策工具有两种分类方法：一是可以分为直接调控工具和间接调控工具，前者包括存款准备金、公开市场操作和再贴现，后者包括贷款规模、窗口指导、特种定向存款等。具体而言，中国的货币政策工具以 1998 年为分界岭，之前一般采取信贷规模和现金计划等直接调控手段；之后采取了公开市场操作等间接调控手段为主。二是一般性货币政策工具和应急性特殊货币政策工具[①]，这种分类方法构成了本书的两个重要概念，具体而言，一般性货币政策工具主要指常规性的货币政策调节手段和措施，包括《中国人民银行法》第二十三条规定的货币政策工具，应急性特殊货币政策工具相对而言说明的是特殊时期为了解决该时期的宏观经济问题，在本书中特指货币政策框架转型期的特殊货币政策工具，在数量型货币政策框架向价格型货币政策框架转型时期，中央银行做了一些关键性的工具创新，如短期流动性调节工具（SLO）、常备/中期借贷便利（SLF/MLF）和抵押补充贷款（PSL，专门针对国家开发银行的保障性住房项目）。

（2）货币政策操作目标。货币政策操作目标在货币政策框架中位于货币政策工具和中介目标之间，是中央银行运用货币政策工具实现中介目标的中间指标或传导桥梁，亦被称作近期目标（相对中介目标）。操作目标在货币框架中是非必需的，其存在的必要条件就是中介目标的可实现性，换言之，如果中央银行无法运用政策工具直接对中介目标施加影响，无法及时、准确地掌握货币政策工具对中介指标的效果，需要在中介目标前边设置中间指标或变量，以便能够利用这些中间指标判断中介目标的变化及趋势走向。因此，货币政策操作目标存在的前提条件为三点：一是可预测性，中央银行能够对这些操作指标的变量精确地计算并进行趋势分析；二是可控性，中央银行能够更有把握（相较中介目标）地将操作目标变量控制在能力范围之内；三是相关性，作为货币政策操作目标的变量与中介目标的关联性强。操作目标一般情况下主要有基础货币和基准利率、回购协议市场利率、票据市场贴现率。

（3）货币政策中介目标。货币政策中介目标在货币政策框架中位于货币政策操作目标和最终目标之间，是中央银行为追求货币政策最终目标的实现而必需选择中间目标，亦被称作中期目标（相对操作目标）。实际运作过程当中，中央银行以货币政策工具通过操作目标的传导，对货币供给量 M2 或市场利率等变量施加影响，这些中间变量的变动可以直接改变经济增长、充分就业、价格稳定和

① 这种分类方法，学界采用了“常规性”和“非常规性”货币政策的概念，本书持保留意见。西方学者基于对后金融危机时代的欧美国家量化宽松货币政策的总结，提出了“非常规”货币政策工具的概念，这种概念是相对其价格型货币政策框架而言，而我国的货币政策工具的转变所具有的特殊性（或创新性）是专门针对货币政策框架的转型而言，二者有本质区别。

国际收支平衡等最终目标变量。货币政策中介目标存在的前提条件与操作目标的前提条件一样，可预测性、可控性、相关性，只是中介目标是相对最终目标而言的。基于这三种前提条件，应当指出，在实际的货币政策执行过程中，中介目标并非不可或缺的，在数量型货币政策框架体系内货币供应量 M2 是有存在必要的，而在价格型货币政策框架体系内，由于操作目标与最终目标的直接传导有完善的利率市场机制，中介目标在美国和日本等国家的货币政策中不再成为必需，当然，这样的结论可能还会存在争议，本书在第三章会有较为详细的论述。

（4）货币政策最终目标。货币政策的最终目标即中央银行执行货币政策所要达到的宏观经济目标，在货币政策框架中是原则性的终极目标，在货币政策操作工具难以对其产生直接影响的前提下，需要建立中间目标（中介目标和操作目标），使其便于得到操作工具的调节和控制。国际上有的国家执行单一的货币政策目标，如欧盟和韩国执行物价稳定的单一“锚”，有的国家执行多元化货币政策目标，如美国会执行物价稳定、充分就业的多元目标，而我国货币政策目标多元化特征最为明显。我国的宏观调控目标为“经济增长、充分就业、价格稳定和国际收支平衡”，理所当然地成为我国货币政策自执行以来的最终目标，虽然《中国人民银行法》第三条规定：中国货币政策最终目标为“保持货币币值的稳定，并以此促进经济的增长。”但从实际情况来看，我国的货币政策依然在执行着上述四项最终目标，但在不同时期依据宏观经济所面临的不同问题而侧重点不同。而且，当前我国经济结构转型时期内的货币政策又加入了调整经济结构和保持金融稳定（结构性改革）的目标。这种多元化的货币政策目标之间从实际的货币政策执行效果而言有统一也有矛盾，因此我国央行常常在不同的时期有不同的优先次序，例如，在 2006 年至 2008 年 6 月，货币政策的优先目标为物价稳定和国际收支平衡，到 2008 年 7 月至 2009 年，变成了稳增长和促进就业。

（5）货币政策传导机制。货币政策传导机制是指货币当局通过货币政策工具的选择与实施，对经济过程中各中间变量所形成的一系列连锁反应，并最终将这种反应传导至所要实现的宏观经济目标的指标值变化的机理和效应。按照一般宏观经济理论而言，货币政策的传导机制依据传导渠道的不同可以分为三种：第一种是以货币供应量为中间目标（更多表现为中介目标），主要渠道是银行信贷；第二种是以利率为中间目标（更多表现为操作目标），主要渠道是债券市场；第三种是开放经济条件下以汇率机制为主要传导渠道。

1）第一种被称为供给型调控模式，是数量型货币政策理论的具体实践，其具体传导机制可以表达为：R（准备金）↑→Ms（货币供给）↑→L（信贷）↑→I（投资）↑→Y（国民收入）↑。即中央银行增加准备金R扩张银根（基础货币供应），商业银行在央行的活期存款更多意味着向社会提供的货币Ms增加，使得信贷供应量L上升，增加了企业的资金来源使得社会投资I提升，从而促进了国民收入的增长。

2）第二种被称为需求型调控模式，是价格型货币政策理论的具体实践，其具体传导机制可以表达为：R↑→Ms↑→i（利率）↓→I↑&C（消费）↑→Y↑。即中央银行增加准备金R扩张银根（基础货币供应），商业银行在央行的活期存款更多意味着向社会提供的货币Ms增加，民众的持币总额上升并导致其实际持有的货币量大于愿意持有的货币量，就会在直接融资市场上买入债券，债券的价格上升会导致名义利率i的下降（在债券收益保持不变的情况下二者负相关），在价格水平未完全上升调整之前真实利率随之下降，所导致的结果就是投资I和消费C的上升，促进了国民收入的增长。

3）第三种是在第二种传导机制的基础上引入了开放经济的条件对进出口净值所产生的影响。其具体传导机制可以表达为：R↑→Ms↑→i↓→E（汇率）↑→NX（进出口净额）↑→Y↑。即中央银行增加准备金R扩张银根（基础货币供应）的基础上，国内利率i下降，直接标价法下利率下降导致汇率上升（本币贬值），导致出口的增加和进口的减少使得NX上升（在满足马歇尔—勒纳条件下），从而促进了国民收入的增长。

随着金融创新和金融市场的进一步发展，微观主体预期以及资产价格也成为货币政策的重要传导渠道，但与第三种传导机制一样都是基于第二种以利率为中间目标的传导机制的基础上衍生出来的，因此，本书对货币政策框架转型在货币传导机制上的研究，主要基于前两种，第三种传导机制中的汇率和微观主体预期及资产价格的因素，将会被作为货币政策框架转型过程中的配套因素进行分析。从货币政策传导机制的前两种调控模式来看，金融市场（表现在以债券为主的直接融资市场）的完善与发达构成了从数量型货币政策向价格型货币政策框架转型的直接动因，第一种信贷渠道下的数量型货币政策可以实现对宏观经济的调控，但金融市场的发展要求一国货币当局必需向价格型货币政策转型才能保证货币政策的有效。

第三节　逻辑结构与篇章安排

基于发现问题、分析问题和解决问题的基本分析框架，通过对现有内生性货币供给理论研究、货币政策的文献梳理以及对我国的货币政策的现状分析，可以整理出本书的逻辑框架。

一、本书逻辑框架与结构说明

第一，提出问题。通过货币政策框架转型的背景分析和理论梳理，从货币政策环境、货币政策框架体系及内部要素、货币理论三个角度提出当前我国货币政策框架转型的必要性。

第二，分析问题，找到货币政策框架转型过程中的具体问题。通过文献梳理及对我国内外部货币政策环境的具体分析，发现在我国货币政策新环境下，当前我国的货币政策面临有效性不足的局面，因此需要对货币政策框架的运行机理、发展逻辑及现状特征进行反思，进一步探讨我国货币政策框架转型过程中所面临的具体问题。

第三，寻找理论依据，具体分析我国货币政策框架转向何方的根本性问题。在对我国的货币政策进行反思和探讨货币政策框架转型必要性的过程中，需要运用政治经济学的科学研究方法，追根溯源从本质上探寻我国货币政策有效性不足的原因，发现这些问题形成和发展背后的原因在于违背了货币供应应该内生于货币需求，而货币需求来源于商品经济社会的实际需要，而不是外生于货币发行机构。

第四，货币政策框架转型的具体内容有哪些。按照从货币内生理论到内生性货币政策理论与实施的思维逻辑，具体分析转型过程中的货币政策框架的内部要素和内部运转机制的问题。与货币供给的内生性相适应，货币政策必需向间接的、以利率为中间目标的需求型调控转变。在内生货币供给前提下，央行进行货币调控的中间目标主要是利率，具体应该就如何进行利率选择及构建利率传导渠道与机制进行分析。

第五，解决问题，建立符合我国宏观经济条件的价格型货币政策框架及模型。从货币政策框架的内部机制和外部环境两个方面以及近期、中期和远期三个规划阶段上，进行我国货币政策框架转型的理论分析、归纳总结及模型机制建设。

本书具体分为八章内容，其逻辑关系及说明如图 1－1 所示。

二、篇章安排

根据本书的逻辑结构，分为八章，除第一章导论外，其余各章安排如下：

1. 第二章：理论背景及研究现状

对我国货币政策框架转型从货币理论和货币政策框架两个方面进行，要实现以下两个目标：一是构建我国从货币理论到货币政策理论再到货币政策框架及实施的研究范式；二是建立符合我国宏观经济环境的内生性货币政策框架和模型。进一步分解，需要从当前我国货币政策方面所面临的主要问题、货币内生理论、利率体系的外生与内生的辩证统一、价格型货币政策框架四个具有逻辑关联的角度进行，因此，本书的理论背景及研究现状从以下四个方面展开：第一，货币内生理论文献；第二，利率研究的文献；第三，货币政策框架及内部要素研究文献；第四，货币政策框架转型研究文献。

2. 第三章：货币政策框架转型的国际比较及发展规律

本章从发现问题的研究视角进行分析，提出货币政策框架转型的必要性，并为所需要的货币内生理论提供基本支持。从以下两个层次进行分析：第一，横向比较层面——货币政策框架的国际实践，从较有代表性的美国、德国（欧盟）、英国、日韩等国家和地区的货币政策转型实践进行比较；第二，纵向发展层面——我国货币政策的制度变迁，将我国货币政策的发展划分为三次转型，并总结出从货币政策的实施现象到货币政策的发展规律，包括转型的理论基础、转型的必要条件和转型的发展规律。

3. 第四章：我国货币政策框架转型内涵及发展逻辑

本章继续基于发现问题的视角进行分析，从数据分析、现状梳理和总结进一步归纳出我国货币政策框架转型的内涵及特征。具体内容如下：第一，从我国货币政策框架转型的背景出发，系统地阐述了我国当前的货币政策新环境；第二，梳理、总结我国货币政策框架的转型内涵，包括货币政策框架内部运行机理和

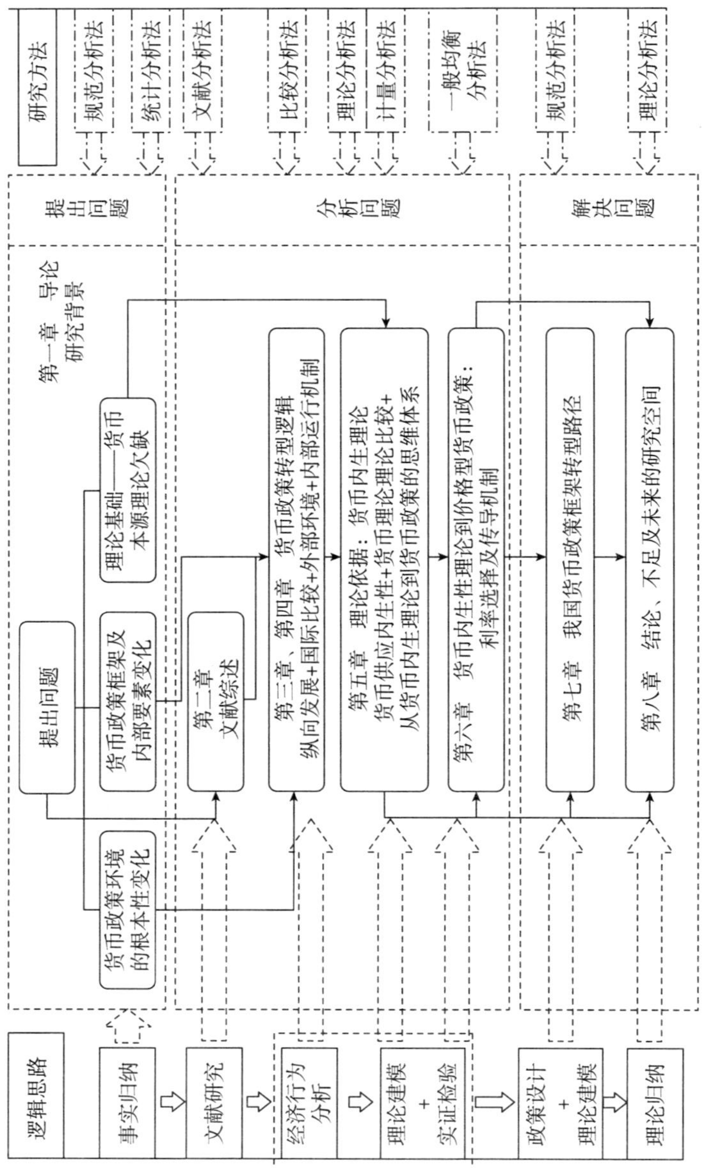
研究方法
规范分析法
统计分析法
文献分析法
比较分析法
理论分析法
计量分析法
一般均衡分析法
规范分析法
理论分析法
提出问题
分析问题
解决问题
第一章 导论
研究背景
提出问题
货币政策环境的根本性变化
货币政策框架及内部要素变化
理论基础——货币本源理论欠缺
第二章 文献综述
第三章、第四章 货币政策转型逻辑
纵向发展+国际比较+外部环境+内部运行机制
第五章 理论依据：货币内生理论
货币供应内生性+货币理论比较+
从货币内生理论到货币政策的思维体系
第六章 货币内生性理论到价格型货币政策：
利率选择及传导机制
第七章 我国货币政策框架转型路径
第八章 结论、不足及未来的研究空间
逻辑思路
事实归纳
文献研究
经济行为分析
理论建模
+
实证检验
政策设计
+
理论建模
理论归纳

图 1-1 本书逻辑框架

内部要素具体转型内容；第三，归纳总结我国当前货币政策框架转型时期内的货币政策“双失效”的显性特征，即数量型货币政策有效性逐步丧失和价格型货币政策有效性尚未建立；第四，梳理我国当前能够实现货币政策框架转型目标的现实条件；第五，总结出我国当前需要有科学的货币理论做指导的货币政策框架，并总结出货币政策框架转型的二维模型。

4. 第五章：货币内生理论

数量型货币政策框架所依靠的外生性货币供给理论已经不适用于货币政策新环境，构建内生性货币供给理论成为必需，本章从第三章的现象分析出发来寻找我国从数量型货币政策框架向价格型货币政策框架转型的理论基础。第一，简要介绍货币外生理论的发展概况；第二，系统地介绍货币内生的思想和理论及所推演出的政策理论，从银行学派、马克思货币本质观、局部修正的货币内生观点和后凯恩斯主义学者的货币内生理论四个阶段进行分析，其中，重点从马克思的货币本质观出发，系统分析了马克思的货币本源与职能、信用货币和利息理论，确定了本书内生货币理论的核心思想；第三，货币理论的比较与启示，从货币内生性与外生性理论、马克思货币内生思想与货币外生理论、马克思货币内生思想与后凯恩斯货币理论体系进行比较，经过这种分析比较进一步建立一套完整的从货币内生理论到货币政策的思维体系。

5. 第六章：价格型货币政策框架

本章所要讨论的问题是我国货币政策框架转型过程中的内部要素问题，即转型内容的问题，具体要围绕着未来价格型货币政策框架的转型目标，就如何进行利率选择及构建利率传导渠道与机制进行分析和实证检验。从逻辑上分为三个层次：内生货币理论指导下的价格型货币政策框架的外生性利率、内生性利率的关系及结构，基准利率的选择与实证，利率传导渠道及机制分析。其中，第一部分主要承接第四章的货币内生理论到货币政策的思维体系，论证利率的外生性与内生性的辩证关系，指出就央行而言，外生性利率目标是货币政策的逻辑起点；第二部分从基准理论的理论界定出发就 Shibor 能够作为基准利率被培养进行了实证分析和验证；第三部分是在构建价格型货币政策的传导机制模型的基础上展开的，分成基准利率的培育和基准收益率曲线的构建、货币政策工具如何对基准利率形成作用、货币与债券以及信贷市场间利率如何传导三个展开。

6. 第七章：我国货币政策框架转型路径

本章对前三章的内容进行进一步总结归纳，对转型后的发展方向和内容进行展望，明确我国当前货币政策框架转型时期的货币政策框架的改革路径。从三个方面寻找我国货币政策框架转型路径：第一，修补当前我国的数量型货币政策框架，进一步挖掘这种货币政策框架体系内适合当前我国经济结构转型的因素；第二，找到我国当前应该着手开始主要着力点，这些着力点从经济学技术层面能够构建相关的理论模型，这些理论模型所追求的目标在我国的货币政策框架的转型过程中能够逐步实现；第三，伴随着经济体制改革进程对我国的货币政策环境不断优化与完善，使之成为确保货币政策能够转型成功的配套改革。其中，第二点着眼于我国未来价格型货币政策框架体系内运转机制的培养是我国货币政策框架转型实现的根本之举，借鉴相关学者的研究成果，建立了三个货币政策模型：①Shibor作为基准利率的定价模型：短端 Shibor 定价模型（SSPM*）和长端 Shibor 定价模型（LSPM*）；②按照央行如何通过货币政策工具来影响基准利率的思路，构建了利率走廊模型：ISCM；③依据成熟金融市场下的价格型货币政策的传导机制和逻辑过程，系统地建立了三个市场的利率传导体系框架模型：SSMBM→SLBBM→LLBCM。

7. 第八章：结论、不足与未来的研究空间

作为本书的结束章节，本章主要是列出前述内容的主要结论，并结合本书可能出现的问题与不足，指出未来可能继续研究的空间。

第四节　研究方法与创新

本书在研究内生货币理论、利率以及货币政策框架的过程中，依据现实与理论相统一、逻辑与历史相统一和归纳与总结的方法论，运用下列具体方法来构建三者之间的有机统一体，以实现本书的科学性、严谨性目标。

就现实与理论相统一的方法论而言，主要体现在强调现实与理论的统一，既反对脱离现实的理论抽象，又反对脱离理论的单纯的现实描述。这是本书的主题方法论，其逻辑架构也坚持这样的现实与理论统一的原则，内生货币供应理论、利率机制、价格型货币政策框架构成了本书现实与理论统一的有机体。就逻辑与历史相统一的方法论而言，主要指货币政策框架从主要西方主要经济体和我国的发展趋势考察，共同点都在于从数量型货币框架向价格型货币框架转变，这是现

代经济中货币政策历史发展的必然，这种必然的规律之后，挖掘其背后的发展逻辑，使货币政策发展的历史与其内部逻辑能相互统一。就归纳与总结的方法论而言，主要表现在：通过事实描述、规范分析和统计数据等方法归纳总结出我国货币政策调控上存在的不足，如货币政策目标冲突、数量型调控机制有效性下降、央行决策机制不完善等，归纳总结出货币政策新环境下货币政策发展的确实及完善的空间，同时，本书也归纳总结了西方发达国家货币政策的发展经验和教训；在货币理论方面，通过比较外生货币理论和内生货币理论以及马克思内生货币理论和后凯恩斯内生货币理论的异同，总结归纳出符合当代中国经济发展条件的货币内生性特征。

一、研究方法

在上述三种基本方法论的指导下，本书运用以下具体的方法工具来分析研究内生货币理论、利率以及货币政策框架。

1. 文献分析法

文献分析法一般有搜集、鉴别、梳理、整理、比较、总结等分析和研究步骤，以形成对事实存在和理论科学的认识方法。西方国家货币理论历史久远，有大量关于货币政策的研究文献。文献分析成为本书的基础性工作，以此可以了解目前该领域的学术研究前沿，在总结现有研究成果和不足的基础上进行创新，以便可以在本书中提出具有创新和现实意义的研究成果。

2. 一般均衡分析法

现代经济学的任何一种理论几乎最终都会通过一般均衡分析来将各个经济变量建立相应的逻辑关系，经济变量之间错综复杂的交互关系尽可能完美地模拟经济系统的真实情况。本书根据这种经济学分析方法建立了价格型货币政策框架三个层次的模型：基准利率的选择定价模型（短端和长端 Shibor 定价模型 SSPM*、LSPM*）、利率走廊模型 ISCM、三个市场（货币市场、债券市场和信贷市场）的利率传导体系框架模型 SSMBM→SLBBM→LLBCM。

3. 理论分析与规范分析法

本书在分析货币政策新环境时进行了大量的理论分析和规范分析，找出新的货币政策框架及内部要素基准，并提出实现货币政策框架从数量型向价格型发展的政策建议。

4. 统计分析与计量分析法

计量分析方法是现代经济学研究常用的分析方法，通过使用数据，借助一定的计量方法，对变量之间的关系特别是因果关系进行考察，从而提出具有实际证据支持的理论成果。为了获得精确的研究结论，为新的货币政策框架建立提供精细化、科学化的参考依据，本书在分析货币政策新环境特征及其对现有货币政策的影响、预期的微观形成机制及货币政策效果评价等方面将使用统计分析方法和计量模型。

5. 比较分析法

科学理论研究需要严密的逻辑推演和实证检验，但是社会科学往往难以通过可控、可重复的实验对理论进行反复检验，因此，社会科学研究大量使用了比较分析方法，对不同的现象和实体进行分析对比，从区别中发现问题和规律。一般而言，会分为空间维度的横向比较和时间维度的纵向比较，本书在国际经验和货币政策实践中使用了比较分析方法。同时，在研究中也会对不同的货币理论、货币政策工具的调控效果进行比较等。

二、研究创新

1. 理论与实践结合上的创新

一般而言，货币理论与实践结合研究，主要集中于马克思货币（利息）理论与货币政策的利率目标或传导机制结合起来进行研究，但尚无将利率置于货币政策的整体框架通过货币理论予以解释并验证、评价其合理性的研究成果，尤其缺乏对于货币理论的起源和发展的本质性分析，因此，从这个角度讲，本书在货币理论与货币实践的结合上做出了创新性的尝试。而且，在内生货币理论、利率传导以及货币政策框架之间建立了合理的逻辑关系，并最终构建我国从货币理论到货币政策理论再到货币政策框架及实施的研究范式。

2. 研究内容创新

第一，通过将货币政策框架的价格型与数量型进行比较，对操作目标、中介目标和最终目标进行了重新审视，初步解决了理论界在操作目标与中介目标、中介目标与最终目标的混淆，总结了价格型货币政策框架下中介目标“存在非必需”的观点，也就是说，中介目标在价格型货币政策框架之下是作为一种补充和辅助性目标而存在，并非必需。

第二，本书对我国的货币政策框架的发展转型总结出了“三次转型”的观点，即货币政策环境的根本性变化所带来的三次货币政策框架的转型：改革开放经济发展的第一次转型——从计划经济时代财政政策附庸变为向直接调控的货币政策转型；市场化改革的第二次转型——从直接调控的货币政策向间接调控的货币政策转型；经济结构转型进程中的第三次转型——从数量型货币政策向价格型货币政策转型。本书将这三种转型的现象描述统一置于货币政策环境的分析框架之下，货币政策环境在本书的结构和框架上居于逻辑起点，可以将货币政策框架的发展逻辑和转型的背景进行统一安排，这种安排也属于本书的创新之一。

第三，当前货币政策新环境下，我国在从数量型货币政策框架向价格型货币政策框架过渡过程中，面临着“双失效”问题，即过时但依然存在的数量型货币政策框架有效性降低和先进的但尚未完全建立的准价格型货币政策框架有效性不足，这种观点也是基于对我国当前的货币政策的实施现状进行分析所提炼出来的。

第四，系统地总结归纳出了从货币政策的实施现象到货币政策的发展规律：转型的理论基础、转型的必要条件、转型的发展规律、转型的逻辑关系，并构建了货币政策框架转型的二维模型。其中，在转型的必要条件的分析中，对“独立执行货币政策的央行”的条件就其独立性进行了辩证的分析，总结出了货币内生理论下的央行独立性在“执行货币政策过程中是相对独立的，而非绝对独立”的观点。

第五，建立了一套完整的从货币内生理论到货币政策的思维体系：以马克思货币本质观为基础，借鉴并融合后凯恩斯主义学者对货币在金融创新格局下的理解，同时亦辩证地将货币主义对货币外生的解释融入进来，做到在新的经济发展体系下将马克思货币理论、后凯恩斯主义货币理论和货币主义理论进行有效统一与融合。在这个基础之上，进一步辩证地分析了利率外生性与利率内生性的辩证统一关系。

第六，突破了价格型货币政策和数量型货币政策在关系机理上是互不兼容的传统观念。这种传统观念秉持了价格型货币政策为货币供应内生与利率外生、数量型货币政策框架为货币供应外生与利率内生的观点，因此，任何经济体的货币当局只能二者选其一，本书通过货币内生理论分析，尤其是通过政治经济学的理论研究方法，立足于对货币内生理论的科学性认识，货币供应内生和利率外生是我们的价格型货币政策框架的基本选择，也应该成为我国央行确定货币政策的理论指导和基本思路，但更重要的是，要辩证地找到适合我国经济现状的具体价格型货币政策。

第七，借鉴现有的价格型货币政策框架研究成果，结合本书的分析逻辑和所归纳出的结论，建立了相关货币政策框架的理论模型：货币政策框架转型的二维模型、价格型货币政策框架传导机制模型、Shibor定价模型、利率走廊模型、三个市场的利率传导体系框架模型。这些模型为进一步深入研究适合我国的价格型货币政策框架内的各项要素提供了一种研究思路。

第二章 理论背景及研究现状

关于我国货币政策框架转型需要从货币理论和货币政策框架两个方面进行，要实现两个目标：一是构建我国从货币理论到货币政策理论再到货币政策框架及实施的研究范式；二是建立符合我国宏观经济环境的内生性货币政策框架和模型。进一步分解，需要从当前我国货币政策方面所面临的主要问题、货币内生理论、利率体系的外生与内生的辩证统一、价格型货币政策框架四个具有逻辑关联的角度进行，因此，本书的理论背景及研究现状从以下四个方面展开：第一，货币内生理论文献；第二，利率研究的文献；第三，货币政策框架及内部要素研究文献；第四，货币政策框架转型研究文献。

第一节 货币内生理论研究综述

对于货币内生理论的文献，应该从两个角度进行评述，一是货币内生理论主要涉及的各个经济学流派的奠基人和发展者的经典论著，二是对这些理论的总结、评论和分析的研究以及实践验证的文献。本书第五章会对前者进行详细的论述，在这里只进行简单的说明和观点的罗列。

一、货币内生理论发展概要

一国央行的货币政策模式是采用数量供给型还是价格需求型的调控模式，直接受到一国政府或央行对货币供给内生性或外生性机制的认知，西方学者对此形成了长期的争论。早期以李嘉图、弗里德曼为代表的货币主义，凯恩斯和新古典主义，理性预期学派等秉持货币数量论的货币外生性观点，在这种理论指导下，20世纪90年代以前，西方国家的央行对货币供给的直接调控均有足够的权威性。

货币供应的内生性理论自现代经济学之父亚当·斯密即存在了，早期以桑顿（Henry Thornton）和图克（Thomas Tooke）为代表的银行学派主张货币供给的内生决定观点，马克思继承了斯密和银行学派的观点并更加科学地论证了货币流通与商品流通的客观存在的关系，维克塞尔（Knut Wicksell）主要继承和发展了图克的货币供应内生论。现代学者凯恩斯（《货币论》时期）、熊彼特（J. A. Schumpeter）、英国拉德克利夫委员会（Radcliffe Committee）等经济学家也坚持货币内生性理论，20世纪50年代金融中介机构职能理论的代表人物格利（John G. Gurley）、肖（Edward S . Shaw）和托宾（J. Tobin）等继续发展着货币内生理论和思想。目前深刻地影响着西方国家货币政策的后凯恩斯学派学者卡尔多（N. Kaldor）、明斯基（Hyman Minsky）、温特劳布（Sidney Weinteaub）、莫尔（Basil Moore）将货币供应内生理论作为该学派理论的基石，具体而言，后凯恩斯主义可以分为“适应性”货币内生观点和“结构性”货币内生观点，相对而言，前者的影响力较之后者更大，但当前的研究成果表明，二者有逐渐融合的趋势，该理论研究视角改变了之前货币内生理论的货币需求决定货币供给的思路，结合当时的货币政策环境，其研究视角集中讨论中央银行在商业银行等金融机构的“倒逼”下通过再贴现、再贷款的方式对货币供给量的内生性变化。

二、西方学者对货币内生理论研究现状

除了上述这些相关理论奠基人的研究成果之外，尚有部分西方学者就这些理论进行了综合性分析与述评，伊藤诚（Makoto Itoh）和考斯达斯·拉帕维查斯（Lapavitsas Lapavitsas）（2001）的著作——《货币金融政治经济学》成为这方面的代表作，该著作采用马克思政治经济学的方法，以马克思经济学理论为基础考察了货币的历史与逻辑起源，讨论了生息资本和信用体系的性质及其产生的条件，并融入后凯恩斯的理论总结了货币供应的内生性特征以及内生信用货币的交换价值等理论。Fontana 和 Venturino（2003）在时间动态上建立了一个系统性的分析框架，综合研究了后凯恩斯主义两大学派（“适应性”和“结构性”）的理论并进而将二者进行了统一，指出“适应性”和“结构性”的两大学术主张在货币供给内生性的本质认识上是统一的，之所以有分歧主要是由二者的不同视角和条件假设不同所造成的。在关于货币内生性的实证检验性研究文献中，诸多学

者通过 Granger 因果关系用 VAR 的研究方法进行了货币供应的计量研究，Bernanke 和 Blinder（1992）、Bernanke 和 Mihov（1998）运用 VAR 方法验证了中央银行准备金的水平式的供给曲线（支持了后凯恩斯主义的"适应性"货币供应内生观点），Strongin（1995）则验证了准备金的供给曲线和商业银行的信贷供给曲线的向上倾斜特征（支持了后凯恩斯主义的"结构性"货币供应内生观点）。另外，案例分析的方法也被一些学者所采用，Hannsgen（2003）结合对瑞士、美国、德国、澳大利亚和英国的中央银行的货币供应 20 年数据的研究，认为无论从短期上还是长期上没有任何一个国家的实际情况可以证明该国的中央银行可以实现对基础货币的有效控制，从而证明了后凯恩斯主义货币内生理论的正确。除此之外，也有少数西方学者在综合比较分析货币内生和外生理论的基础上，倡导货币供给的内外共生的理论，代表学者为哈里斯（L. Harris，1989），他提出了货币供给内外共生论，他认为货币供给的因素来源于两个，一个是来源于经济体系之外，如政府因为某些非经济社会内部的原因的借款，另一个是来源于货币需求的变动，而且，货币需求和货币供给也会同时受到相同因素的影响。

在西方学者关于马克思货币理论的研究文献中，卢卡雷利（Bill Lucarelli）（2011）梳理了近期内关于资本主义货币基本性质解析的马克思主义文献，认为马克思货币理论提供了系统性的分析框架，能够把货币内生理论与信用理论融为一体，在这个基础上能够有力地解释金融资本的出现和信用货币的循环，据此，可以通过资本积累的一般规律考察和分析现代社会的金融危机。Pollin（1996）在分析马克思主义和后凯恩斯主义货币理论的区别时，指出了在分析方法上的两个不同：一是在金融危机和引发宏观波动的原因上，马克思主义学者注重对物质力量的剖析，后凯恩斯主义学者侧重心理预期的分析；二是在金融运转过程分析中，马克思是从阶级和权力作用的角度进行，后凯恩斯主义者对此忽略了。

三、国内学者对货币内生理论研究现状

国内学者研究货币内生理论的文献，主要集中在对西方货币内生理论的综述和结合中国经济条件论证货币政策的内生属性两个方面。

1. 对西方货币内生理论的总结与评述文献

国内学者在这一方面的研究成果均是以货币内生理论的发展时间为研究逻辑，按照上述各个阶段的经济学家的货币内生理论分别展开评述。较为代表性的

有赵准（2000）、周诚君（2001）、陈昭（2005）、胡宗伟（2005）、王楚明（2008）、周莉萍（2013）、王璐（2007）、杨宽欣（2015）等。这些学者比较系统地总结了货币内生性产生的历史背景及内涵要义，基本上对货币供应的内生性持肯定态度，但也有部分学者，如杨宽欣（2015）认为，货币供给的内外共生性比较合理，认为货币的共生性与外生性从商品交换的历史演绎而言均有其必然性。王璐（2007）依据货币性质和货币理论与价值理论结合的两条线索，在经济思想史上划分了货币自然观、货币财富观、货币面纱观、货币经济观、货币宏微观结合等不同阶段，认为这些理论的共性在于强调实物经济的两分法，因此实现不了对货币理论核心的本质分析，而马克思以劳动价值论为基础，将价值理论与货币理论有机结合，通过对货币产生、货币职能到货币本质的逐步展开分析，展现了以资本主义经济关系为分析基础的内生货币理论，表明了资本主义货币经济的本质是建立在其社会关系和利益冲突之上的竞争与积累，这正是马克思货币理论科学性的体现，并区别于其他货币理论。

另外，针对马克思的货币内生理论和思想，我国学者的研究成果颇丰。周诚君（2001）分析马克思是从货币需求的角度分析货币数量问题的，认为对于金属货币而言，马克思在劳动价值论的基础上货币供给是在商品流通过程中内生的，并指出马克思在研究纸币时，当时资本主义的经济社会条件下，将纸币仅仅作为了金属货币的附庸与代表，随着时代的发展纸币完全成为独立于黄金的货币符号时，需要后人进一步探讨货币的供给性究竟是内生的还是外生的，也就出现了格利、肖和托宾以及后来的后凯恩斯主义学者的货币供应内生理论。黄启才（2012）总结认为，马克思以劳动价值论为基础，把价值理论和货币理论融合在一起说明了货币的内生性，这种理论具有逻辑上的统一性，能更好地解释资本主义经济和社会现状，是最为科学的货币理论。王璐（2007）也认为马克思的货币理论是以劳动价值论为基础的，把货币理论置于资本主义生产过程当中，批判了货币“面纱论”得出了货币内生性的结论，但他也批判了马克思仅仅以货币的流通手段职能方面出发，所总结出的货币内生理论是不全面的结论。王娜（2012）在上述学者关于马克思的货币内生于商品流通的观点基础上，进一步拓展了马克思信用货币内生理论，分析了马克思将信用货币的创造置于了资本再生产过程中进行研究，得出了信用货币的数量内生于资本主义在生产过程中并由资本家的货币需求而决定。这些文献基于对《资本论》中的货币思想与内容的分析，从某一方面对于马克思的货币内生理论进行了分析，周诚君（2001）从马克思对货币流通规律的研究出发总结了货币供给内生性结论，王璐（2007）从货币供给与社会生产过程进行结合说明了货币内生性，黄启才（2012）将货币理论置于价值规律的视角下总结了货币内生性的原理，王娜（2012）补充了信用货币的理论与观点，扩充了马克思的货币内生的理论思想。相比较而言，赵准（2000）的研究成果虽然早于这些研究成果，但对马克思货币理论的研究更为严谨与完整，使得其对马克思货币理论的研究系统性更强。赵准（2000）分别从货币的起源与本质、货币的职能、货币的资本转化、货币作为生息资本和虚拟资本的存在等基本规定以及相应的货币在经济运行过程作用等方面重新解释了马克思货币理论，其对马克思货币理论的研究更加注重其“微观基础”的研究，为马克思货币理论到马克思货币政策理论再到具体实践提供了良好的分析方法和解决思路。

2. 结合中国经济条件论证货币政策的内生属性文献

早期的研究成果，主要从体制变迁的角度分析我国货币供应的内生性属性。在中国由计划经济体制向市场经济体制为主体的转换过程中，王兰芳（2001）通过统计数据的验证分析表明，在计划经济体制下货币供给的外生性是显著的，随着市场经济体制的改革和逐步完善，货币供给的内生性会逐步显现出来。周诚君（2002）按照短缺经济、转轨经济和过剩经济三种经济形态论证了货币供应的内生属性，说明了以货币供应量为中介目标的货币政策已经不适用于中国的经济条件和环境了，应该转向以利率为核心的需求型货币政策，而利率的选择必须以利率市场化为政策实施的前提环境，中央银行通过控制外生性的基准利率来影响市场利率。

有些学者从我国货币需求的主体出发，分析了我国的货币供应形成机制，说明了货币供应的内生性属性，万解秋和徐涛（2001）认为，在银行和公众等私人部门的经济独立决策能力加强的情况下，对经济做出的反应会改变我国的货币乘数和央行货币供应的控制能力，从而影响了货币供应。鲁国强和曹龙骐（2007）从整个宏观经济出发，认为家庭、企业和商业银行都会对央行的货币供给产生影响，另外，央行本身的中央国债、商业银行债权和外汇储备都是内生性资产，货币供应量应该从存款、贷款、央行债权及外汇资产等方面考虑。这些学者在构建货币需求主题和货币供应量的关系过程中，基本上都是运用计量方法验证了货币供给的内生性属性。除了上述的两篇文献之外，王曦和舒元（2003）、梁晓辉和黄玖立（2003）、唐彬（2006）、王杰和谢明（2007）、戴建军（2007）、张文（2008）等学者均是通过计量验证的方法阐明了类似观点。当然，也有一些学者从计量验证的方法验证了我国货币外生的属性，张延群（2010）检验了 M_1、M_2 和 GDP、CPI、利率等宏观变量之间的长期和短期关系，得出了 M_2 具有外生性属性的结论，应该被作为中介目标的结论。

在货币供应内生性的具体界定方面，一些学者基于对中国经济条件的不同理解而有所区别，例如，在资产价格的波动是否为货币政策的内生性影响因素上，郭田勇（2006）认为，限于当时中国市场环境的约束，还不适于将资产价格纳入货币政策的目标范围内，而赵进文和高辉（2009）则认为，在中国的货币政策范围内，为了促进房地产市场、金融衍生市场和股市的健康发展，应将资产价格的波动纳入货币政策的内生性因素范围内（具体纳入前瞻性的利率规则中）。

第二节　利率理论及研究综述

一、利率内生与利率外生理论研究综述

现有文献对利率是外生和内生的探讨与研究非常少，或者明确提出内生性和外生性利率的观点很少，主要是在对一国的货币政策分析过程中基于对货币供应的内生性和外生性的探讨而顺便提出。无论是从货币理论的发展还是各国货币政策的实践考察，利率外生性与利率内生性总是与货币内生性和货币外生性相伴而生的。

凯恩斯主义学者和弗里德曼代表的货币主义学者的学术主张和观点的主要相同点之一就是货币供应外生性，并且同时认可利率内生性的观点。虽然二者在选取货币政策中介目标的观点上有分歧，前者主张在有效需求不足的情况下，采取国家干预手段，对 IS－LM 以及 AD－AS 均衡条件下的利率施加影响，实行低利率的货币政策传导机制，实现收入增长的目标；后者认为利率对收入的弹性不足，而货币供应对收入的弹性系数非常高，这一点在弗里德曼和施瓦茨的著作——*A Monetary History of the United States*（1867－1960）（1971）得到证明，卡甘也对美国年广义货币量进行了分析论证得出了类似结论。

后凯恩斯主义学者温特劳布、卡尔多、莫尔在对货币供给决定于货币需求的基础上，认为利率水平是由中央银行决定的而不是由货币供求决定的（这一点与

凯恩斯主义的观点相反），具体而言，商业银行的短期贷款利率决定于中央银行的贷款利率，而长期利率通过商业银行的预期实现，这样中央银行可以直接利用对利率的控制影响货币需求并最终影响货币供给。

二、马克思利率理论研究综述

马克思对资本主义条件下利率的解释和分析框架的逻辑，就货币市场信贷资金的供求而言，是内生性与外生性的辩证统一体。一般利率是产业资本家和借贷资本家分割平均利润的结果，是货币市场上货币供求之外的因素决定的外生变量，是资本家集团竞争的结果，具有偶然性，竞争结果表现在中央银行对利率的决定上，同时市场利率是货币市场上借贷资本的价格，完全是由市场所决定的。

诸多的学者对马克思的利率理论从不同的视角进行了解读，西方学者主要以宇野弘藏（Uno，1980）和伊藤诚（Itoh，1980）对马克思宏观经济学的研究理论“劳动力短缺理论”中涉及的利率与利润率的关系研究，该理论认为，在资本积累过度扩张的背景下会伴随着劳动力短缺和工资上涨的现象，使得资本家的利润率下降至利率以下的水平，投资下降，并最终导致经济危机的发生。从货币理论高度对利率传导机制进行研究的成果，我国学者居于领先地位，尤其是涉及货币的本质、起源等追根溯源的研究，主要通过马克思政治经济学的视角来分析得到一定的研究成果。汤在新（1995）、赵准（2000）、陈享光（2000）、曾宪久（2001）、周诚君（2002）、李建建（2008）、黄启才（2012）等学者从不同的视角进行了分析与研究。这些学者研究马克思的利率理论的基础都是一致的：第一，在剖析生息资本的运动过程中揭示了利息的性质和本质：利息是平均利润的一部分，本质上来源于剩余价值，平均利润构成了利息的最高界限；第二，利率是产业资本家（职能资本）和货币资本家（生息资本）的竞争关系之下对一般利润的分割结果；第三，马克思利息理论框架体系中，利息被分为一般利率和市场利率。

汤在新等（1995）[①] 将马克思利息理论放在了马克思信用理论的框架之内进行分析，基于《资本论》第3卷第5篇的利息理论将研究视角扩展到了《政治经

① 在20世纪90年代关于马克思“六册计划”的研究上，《〈资本论〉序篇探索——关于马克思计划写的六册经济学著作》一书是最为有影响力的研究文献，该书由汤在新任主编、张种朴和成保良任副主编，集中了当时在马克思经济学研究领域的主要学者，例如，与本书研究相关的“关于《资本》册《信用》篇”的研究与编写由马建行担任、“关于《国家》册”的研究与编写由顾海良担任。

济学批判》六册结构计划（以下简称“六册计划”）中，指出了马克思根据“资本一般”研究对象的分析基础，利息问题属于较为具体且剩余价值表现形式层次上的问题，所以，汤在新等（1995）认为，《资本论》主要集中于对利息本质的揭示，对于利息量的决定因素及影响量的具体分析应该属于“六册计划”当中的《信用》编的研究内容，在具体研究上，该书首先认为利息的本质是平均利润的一部分，其次具体分析了利息量的主要决定因素是货币资本的供求关系且平均利润构成了利息量的最高限，最后研究了利率及影响利率的因素，包括了利润率的高低、贷出者与贷入者双方的竞争、产业周期的变化、资本的国际流动、利率与流通中通货量的关系、利率下降的整体趋势六个方面。赵准（2000）在理论比较的视野下，系统总结出了马克思利息的性质和利率的决定因素，即利息来源于生产过程，且利率是“没有规律的、任意的东西”，具体而言，她将马克思之外的利率理论的发展逻辑归纳为早期的纯货币生息理论（以亚里士多德、配第和洛克为代表）→实物资本利息理论或资本收益率理论（斯密、李嘉图和马歇尔为代表的储蓄—投资利率学说）→货币与经济运行融合理论（以维克塞尔为代表的“累计过程理论”）→“回归”的纯货币生息理论（以凯恩斯为代表的“流动性偏好”理论），在对实物资本理论的肯定与批判的基础上，赵准（2000）认为，马克思利率理论充分融合了维克塞尔的利率与利润率比较分析思想以及凯恩斯的心理预期利率理论思想，进而，她认为在货币市场上货币资本表现为无差别的“整个阶级共有的资本”，是能够引起生息的资本并有了创造价值的使用价值。陈享光（2000）指出，利率的决定来源于两方面：一是借贷资本的特性；二是借贷关系形成的基础。他认为，借贷资本通过借贷实现价值增值，所以利息并且利率要受一般利润率的决定；同时它也是一种资本商品，利率是这种资本商品的价格，这种价格机制下的借贷资本的供求关系同实体经济部门的投资储蓄活动相关联，同时也与货币部门的活动有关。

本书的研究对象是我国的货币政策以及与之相关的货币市场，货币分析的框架模型需要建立三个变量：货币供给、货币需求和货币的价格——利率，需要探讨三者的内生性与外生性，进而分析此经济模型中的自变量和因变量。上述马克思利率理论的研究文献在此分析框架之下并没有明确提出利率的外生性与内生性属性问题，但这些研究文献通过对马克思利率理论的梳理，还是可以进一步总结出在货币分析的框架模型之下的马克思利率理论的利率外生性与内生性的辩证统一的关系。汤在新（1995）的“利率及影响利率的因素”中蕴含了这方面的思想；赵准（2000）所认为的无差别的“整个阶级共有的资本”如果再向前走一步，就可以这种无差别“共有的资本”视为两大阶级集团的竞争的结果，并最终表现为由竞争胜利的阶级集团所代表的中央银行上，体现了利率外生性的属性；陈享光（2000）的“价值增值”和“资本商品价格”二分法分析逻辑也内含着货币市场上利率的外生性和内生性思想。

但对于本书的研究对象来讲，进一步明确这方面的界定是有必要的。同时，从对马克思利率理论的研究来看，专门研究利率外生性和内生性属性没有引起马克思主义学者的重视，从现有较少的文献来看，大致有曾宪久（2001）、周诚君（2002）和李建建（2008）等对马克思的利率理论从内生性与外生性的角度进行了探讨。

曾宪久（2001）较早研究了马克思利率理论中的内生性与外生性问题，他认为，利率由利润率、信贷资金供求和生产周期等真实经济因素决定表明了利率的内生性；利率的外生性由独立于真实经济范围之外的“独立的货币现象”（与凯恩斯流动性偏好类似）、总利润之前预先存在的利率以及风险等因素决定，他的研究框架是基于真实经济和非真实经济更广阔的层面上开展的，与本书的货币分析框架的范围不同。周诚君（2002）基于马克思货币内生性理论认为，利率的决定与货币市场的供求无关，利率是由外生于货币市场的其他因素而决定的外生变量，这种因素，主要来源于借贷资本家和产业资本家的竞争，其逻辑是利率是在剩余价值及平均利润率的范围内由借贷和产业资本家内部竞争决定，最终表现在中央银行对利率的决定上，而这就表现了利率的外生性。李建建（2008）基于马克思理论的二重性，指出了利率是集内生性和外生性为一体的辩证统一体，利率内生性说明了利率是由借贷市场资本的供求关系决定的（市场利率），利率的外生性是由央行外生力量所决定的［实际上他运用了周诚君（2002）的结论］，可以被用来进行宏观经济的调节（一般利率），可以被用作基准利率。

三、利率传导机制研究综述

对于利率传导机制的文献研究，应该从两个层次进行说明：第一，经济学原理之下的利率理论；第二，具体的货币政策框架之下的利率传导效果分析。

1. 经济学原理之下的利率理论

通过对利率外生与利率内生理论的文献进行总结可以得出，在马克思和后凯恩斯主义的货币内生理论观点中，利率是由中央银行外生控制的，应该作为货币政策中间目标（操作指标或中介指标）对最终目标形成影响。凯恩斯主义者和货币主义者虽然都秉承货币外生的观点，但在前者的政府干预以刺激经济增长的理论逻辑之下，依然把他们认为的内生性利率作为中间目标，而后者否定利率的在货币政策中的传导作用，认为将外生性的货币供应量作为中间目标更为有效。本书将在第四章中具体进行比较分析。从经济学原理之下的货币供应理论和利率理论的视角考察各国的货币政策实践，可以清晰地得出这样的结论：①美国从第二次世界大战之前到20世纪70年代初（有的学者也将整个70年代视为美国以利率为中介目标向以货币供应量为中介目标的过渡阶段），运用的是凯恩斯主义将利率作为中介目标干预货币市场和产品市场达到总供给和总需求的均衡；②20世纪70年代到1993年，是美国采用货币主义的货币供应量（M_1、M_2和M_3在不同的时期有不同的应用）为中介目标的自由主义经济时期；③1993年之后采用后凯恩斯主义的主张，更多地使用公开市场操作来调整联邦基准利率。

2. 具体的货币政策框架之下的利率传导效果分析

从文献研究的角度来讲，下述内容主要从是否选择利率作为中介目标、如何建立利率的传导机制两方面的研究成果进行介绍。

（1）比较利率和货币供应量作为中介目标的合理性。在20世纪70年代，货币主义学者针对美国的凯恩斯主义的利率中介目标展开了批判，普尔（M. Poole，1970）对中央银行如何就中介目标在利率与货币供应量进行选择进行了开创性研究，他以中介指标在不同冲击下使最终目标受到干扰的程度为研究的出发点（中介目标的抗干扰性），并补充了IS－LM的宏观模型，得出了在当时的经济条件下，货币供应量作为中介目标的合理性。卢卡斯（Lucas，1972）、Sargent和Wallace（1975）拓展了普尔模型，在货币中性的条件下得出了利率不适合作为中介目标的结论，McCallum（1988）也持同样的观点。国外学者主张利率作为中介目标首先建立在否定货币供应作为中介目标的基础上。Friedman和Kuttner（1992）证明了美国自20世纪80年代以后货币供应总量与实际产出的相关性严重下降，也就否定了货币主义的数量型货币政策。Bernanke和Blinder（1992）直接对美国的联邦基准利率和货币供应量的数据进行了对比研究，发现前者对经济中CPI、GDP等实际变量的预测性更强。Taylor（1993）经过对美国、德国、英国等发达经济体的研究发现，实际利率与投资规模和消费水平的负相关关系显著，利率与CPI和GDP增长具有唯一性、长期性和稳定性的关系，据此提出了泰勒法则（Taylor's Rule），建立了美国1993年之后的价格型货币政策框架的理论基础。Walsh（1995，2001）建立了一个包含卢卡斯供给曲线等因素的一般均衡模型，得出了在存在多种扰动因素的前提下，将货币供应量作为中介目标是不适宜的。McCandless 和 Weber（1995）通过对 110 个国家 30 年的数据进行验证，分析出货币供应量对实际产出是没有关联关系的，也就肯定了利率作为中介目标的意义。我国学者主张以利率作为货币政策中介目标也有一定的研究成果，谢平和袁沁敔（2003）从实际利率与名义利率的比较分析角度出发，分析认为，就货币政策的中间目标的名义利率而言，其对最终目标的物价稳定（通货膨胀率）影响不显著；相对而言，由于我国的利率调整具有滞后调整的特征，所以实际利率作为对最终的实际和名义产出的预测能力的指标，要优于名义利率或广义货币供应量等其他变量。孙华妤（2007）通过实证分析认为，在我国的货币政策中介目标的选择上，与货币供应量相比利率是更加适合的选择。张龙清（2013）认为，央行在实施宏观调控经济政策时，在不放松对货币供应的信贷渠道监管的基础上，应该把重心放在利率传导的作用上，具体需要对实际利率、长期贷款利率的中介传导作用进行研究。类似研究还包括刘斌（2008）、徐亚平（2009）、张屹山和张代强（2007）等。但同时，部分学者如刘东庆（2015）、梁骞等（2015）对二者的比较持反对意见或未置可否，前者认为，在当前中国经济结构条件下，货币供应的信贷渠道的传导效果要好于利率的传导效果；后者认为，利率渠道在对经济增长的促进方面会发挥更大的作用，而货币供应渠道对通货膨胀的作用发挥有更大影响。

（2）对利率传导渠道和传导机制的研究。对于利率传导渠道和机制研究而言，国外学者的研究较早，利率传导渠道属于传统的凯恩斯 IS－LM 模型的核心内容，被称为新古典价格机制（Tobin，1969），其经典的利率传导机制表示为：货币政策调整（表现为货币供应的调整）→货币市场短期利率变化→信贷与信贷市场利率变化→投资与消费的调整→实际产出的变化。代表性经典文献是 Taylor（1993，1995，2000）、Bernanke 和 Blinder（1992）、Mishkin（1995）等。Bernanke 和 Blinder（1992）从实证验证并得出了美国货币政策传导的现实模式是利率渠道的重要结论，而 Mishkin（1995）具体分析了货币政策与经济产出的相互影响的机制，验证归纳了在货币政策到经济产出的过程中利率渠道传导机制是一种单向传导路径的结论。2008 年金融危机爆发之后，新古典货币政策的研究出现了新变化，主要原因在于美欧的货币政策调控也出现了从货币市场短期利率向银行信贷利率的传导不畅的问题（Gertler、Karadi，2013）。近期研究成果在研究广度上和深度上又进了一步，Boivin 等（2010）针对发达国家成熟的金融市场进一步发展了这种路径：①央行通过货币政策工具影响货币市场短期利率；②货币市场短期利率在债券市场上通过跨期套利机制对债券长期利率形成作用；③债券市场长期利率被跨市场的套利机制所影响，与信贷市场的长期利率形成联动关系。针对发展中国家不同市场结构，Gopalan 和 Rajan（2015）指出，以中国为代表的新兴国家由于债券市场的不发达（主要表现为债权收益率的期限结构并未建立），货币政策的传导路径表现为直接由货币市场短期利率影响银行信贷利率的特征。

当前我国利率传导研究的核心是作为中间目标的基准利率如何选择及央行如何操作的问题。基准利率是资本市场无风险利率水平，对其他利率和金融资产的定价具有基准作用，对基准利率的研究，应该被作为一个体系进行研究，短期市场投资和储蓄行为受到基准利率的影响，而中长期的金融资产要受到基准收益曲线的传导和影响。这方面的研究主要集中在国内，其中，在对基准利率的选择的研究上国内学者的研究成果较多，而对基准收益率曲线的研究，国内学者研究较少。

对我国短期基准利率的选择研究上，我国学者结合中国的特殊经济与政策环境，基于利率双轨制和利率市场化下基准利率的传导机制做了研究，前者如何东和王红林（2011）、方意和方明（2012）、王宏生（2013）、张勇（2014）等学者，就利率双轨制下的传导机制做了代表性的研究，王宏生（2013）对利率双轨制下我国的基准利率的传导性进行了分析，张勇（2014）将利率双轨制引入带融资溢价的新凯恩斯模型，分析了利率双轨制的效率、利率双轨制的改革以及与利率双轨制相配套的最优货币政策；后者如戴国强和梁福涛（2006）、中国工商银行城市金融研究课题组（2008）、王志栋（2012）、柳欣等（2013）及曹凤岐（2014）等，从基准利率的不同功能特性出发对各种利率的统计关系进行比较，得出了7天期银行间回购利率、上海银行间同业拆借的利率 Shibor 等可以作为利率市场化后的基准利率的选择的结论。例如，梁福涛（2007）选取了再贴现利率、一年期存款利率、同业拆借利率和债券回购利率作为我国基准利率的候选，运用市场性、基础性、相关性和系统稳定性四个选择标准并利用 2001 ~ 2004 年的日、周数据的样本空间进行验证和分析，得出了债券回购利率最适宜作为我国短期基准利率的结论。王志栋（2012）使用 Granger 和 EGARCH 等模型，对我国 2001 ~ 2012 年货币市场候选基准利率的时间序列数据进行了基础性、市场性、波动性、测控性和预测性的检验，结果表明，7 天期银行间回购利率作为我国的短期基准利率是最好的选择，同时 Shibor 也有我国基准利率的潜质。

就基准收益率曲线的研究而言，杜金岷和郭红兵（2008）对央行所推出的银行间国债收益率曲线、政策性金融债收益率曲线与央行票据收益率曲线三条基准收益率曲线进行了分析，并对英、美、法、德、日、意等国的长期收益率曲线进行了考察，认为从长远看，国债收益率曲线应该成为我国金融市场的基准收益率曲线；在此基础上，郭红兵和钱毅（2008）进一步研究的结果表明，国债利率、政策性金融债利率、央票利率、银行间回购利率和 Shibor 等可以被选为不同期限的基准利率，长期性的基准收益率曲线由国债收益率曲线扮演唯一的角色成为未来的必选。梁琪等（2010）认为，在基准收益率曲线选择上国债回购利率发挥着重要影响，但需要进一步完善以加强其基准地位。但同时，陈炳才（2014）持不同意见，认为我国的国债收益率曲线对基准利率的选择和定价的参考意义较小。

另外，对于利率走廊的传导机制有些国内学者对国外相应的经验和研究成果也进行了介绍、分析和梳理，并随着我国央行的周小川行长和陈雨露副行长的频频在利率走廊方面的讲话，成为近期内的一个研究热点。贾德奎和胡海鸥（2004）、胡海鸥等（2006）介绍了加拿大、新西兰和澳大利亚等国的货币政策实践中利率走廊模式的调控效果；王超和陈乐一（2015）、巴曙松和尚航飞（2015）、曲彬（2014）近期内对国外利率走廊的国际经验进行系统归纳最新的成果，如曲彬（2014）、巴曙松和尚航飞（2015）归纳了典型国家利率走廊的三种模式的实践经验，分析了利率走廊在我国的实施条件等；人民银行 2015 年第 12 号工作论文《利率走廊、利率稳定性和调控成本》中，对我国经济转型时期建立利率走廊机制的可行性以及如何构建适合央行货币政策的利率走廊模型进行了分析和研究。除此之外，毛泽盛和李鹏鹏（2014）、方先明（2015）等分别从商业银行和央行的视角对利率走廊如何建立及如何实施的问题进行了理论建模和实证分析。

第三节 货币政策框架及实施研究现状

下文中基于整体与部分的方法论，对于货币政策的研究综述分为两部分：第一，货币政策框架的整体性研究；第二，货币政策的内部要素及实施效果，具体从货币政策目标、货币政策中间目标和货币政策传导机制三个方面进行。

一、货币政策框架整体性研究

现有的研究多是从货币政策的工具、目标、传导机制、实施效果等不同方面对货币政策进行理论与实证分析，很少有学者从货币政策的整体框架进行分析。西方国家最早明确提出这个概念的是国际货币基金组织（IMF），在1999年出版的《国际金融统计》中依据汇率锚（Exchange Rate Anchor）、货币总量目标（Monetary Aggregates Target）、通胀目标框架（Inflation Targeting Framework）、IMF支持的或其他货币计划（Fund－support or Other Monetary Program）以及其他（Other）五个方面将世界各国分为五大类货币政策框架，我国被划分到货币总量目标的货币框架一类。Fry等（2002）将货币政策框架界定为货币政策的决策与执行的制度安排。

在研究货币政策框架的文献中，有一类文献在讨论通货膨胀目标制是否应该被视为货币政策的框架还是规则时，涉及了货币政策的概念。Benanke和Mishkin（1983）在讨论货币政策的目标时认为，应该将通货膨胀目标制作为一种货币政策框架来讨论，这种通货膨胀目标制的货币政策框架应该具有高透明性和政策制定的连贯性，并以中长期的货币政策目标为着力点。Carare和Stone（2006）延续并发展了这一观点，将采取通货膨胀目标制货币政策框架的国家分成初始通货膨胀目标制度（ITL）、混合通货膨胀目标制度（EIT）、全面通货膨胀目标制度（FFIT）三类；中国学者高见（2006）认为，通货膨胀目标制可以替代盯住汇率或盯住货币供给量，可以被视为一种灵活的、以预测为基础的货币政策框架。

我国学者对货币政策框架进行研究，可能最早由我国学者易纲提出，他从货币政策的目标、货币政策的传导机制、汇率政策与货币政策的关系以及财政政策与货币政策的关系四个层面进行了解释（汪洋，2008）。戴根有（2001）认为，一国的货币政策框架应该由本国的经济情况来决定，并要随着经济金融变量的相互关系的变化进行调整，但没有将货币政策框架与货币政策操作框架进行严谨的区分。汪洋（2008）经过系统总结认为，由于货币政策的框架内部存在着制度性不相容的问题，应当对我国现行的货币政策的整体框架进行归纳总结，找到货币框架内的内生性制度缺陷。其他的学者如谢平和张晓朴（2001）、钱小安（2000）等虽然没有明确提出货币政策框架的概念，但也从不同的视角对我国货币政策的整体性进行了论述。近期内有影响力的文献为国家发改委经济研究所课题组（2014）的研究成果，该课题组认为，货币政策框架是由最终目标、中间目标和政策工具三部分构成，以政策传导机制将三者联系起来，相应地，货币政策框架内部的机制安排可通过政策目标和政策工具的选择以及政策传导机制的建立和完善来实现。

二、货币政策目标研究

国外关于货币政策目标的研究和观点主要见于各种宏观经济学理论中，在宏观经济理论以及西方各国的货币政策实践过程中，对于货币政策的目标体系虽有局部和细节上的争议，但整体的认知是一致的，认为货币政策目标应在宏观调控的经济增长、充分就业、价格稳定和国际收支平衡四大目标之内形成，但这些目标的重要性排序会随着经济社会环境的变化而变化。中国的货币政策作为宏观调控政策的两大手段之一，为实现“经济增长、充分就业、价格稳定和国际收支平衡”的调控目标而由央行运用货币政策来执行。国内的货币政策目标研究的相关文献主要集中在三个方面：①中国货币政策调控目标的选择和定位；②货币政策调控目标之间以及与财政政策调控目标的关系研究；③货币政策调控目标值研究。鉴于本书的研究对象在于货币政策框架的转型，因此主要针对第一个方面的研究成果进行分析，对该方面的研究文献又可以从以下几个角度进行分类。

第一，全面而系统地研究宏观调控的目标体系。这一层次的研究成果较为丰富。早期国内外此方面的重点研究领域集中在经济增长、失业与通货膨胀三者之间的关系上，其中，在三者关联性研究方面，菲利普斯曲线一直是研究的核心，但学者对该曲线及其形成机制上一直有分歧和争论，尚未实现理论和经验分析的统一（Turnovsky，1996）。对于货币政策目标而言，经济增长与通货膨胀一直是研究的重点，尤其是近年来一些国家出现了新的发展状况，存在两种截然不同的观点，如 Barro（1996）、赵国庆等（2008）等认为经济增长和通货膨胀负相关，另一些学者持相反观点，如 Stanners（1996）、Krugman（1999）、郭雄和李亚琼（2006）等。另外，专门针对中国的货币政策目标的研究和评价性文献集中在我国汇率机制的研究上。汪洋（2008）认为，我国的货币政策是以人民币币值稳定为首要目标的货币政策框架，也就是说，我国的货币政策以外部均衡为首要目标，主要表现在唯人民币汇率政策马首是瞻，这样会导致货币政策与汇率政策之间的冲突。近期专门针对中国的货币政策目标的代表性研究有方福前（2014）的二重目标研究成果，他认为我国宏观调控体系自20世纪90年代中期初步建立以来就一直承载着二重目标：第一重目标——改革、发展和稳定，第二重目标——促进经济增长、增加就业、稳定物价和保持国际收支平衡，论述了这两重目标各自的含义、范围以及之间的辩证逻辑关系。国家发改委经济研究所课题组（2014）从《中国银行法》关于货币政策的目标“保持货币币值的稳定，并以此促进经济增长”出发，也认为我国的货币政策的目标同时兼顾了宏观调控中的四大目标，但侧重于维持价格水平的稳定目标，另外，该课题组进一步通过对国际上发达、发展中国家宏观调控目标体系的系统梳理和总结，指出了我国在这方面存在的不足，国际收支平衡的目标成为我国宏观调控上的“短板”，建议应该进一步建立开放性的宏观调控目标体系。

第二，特定社会经济环境下宏观调控目标（含货币政策的调控目标）的优先顺序和最优目标值的测算。这部分的研究成果可以通过“盯住”某种目标的策略实现特定经济条件下的宏观调控目标，大致可以从经济增长、就业增加和物价稳定等几个经济目标进行分类：持“盯住经济增长率”观点的学者主要有方福前和孙永君（2010）、匡家在（2004）等；持“盯住失业率”观点的学者主要有高辉清（2002）、李连根（2009）、周天勇（2009）等；持“盯住通货膨胀率”观点的学者主要有郭向军（1994）、夏斌和廖强（2001）、高见（2006）、汪洋（2008）等。夏斌和廖强（2001）的研究成果较有影响力，他们通过实证分析了货币供应量作为中介目标的诸多不足，认为应该建立以通货膨胀率为主要目标的货币政策框架。对于特定经济形势下我国宏观调控最优目标值的测算方面，以最受关注的经济增长目标的研究而言，中国社会科学院经济研究所宏观经济调控课题组（2010）运用趋势滤波法对我国1979～2009年的经济增长率趋势平滑计算测算了8%～12%的GDP的增长区间，类似的研究包括高铁梅和梁云芳（2005）、石柱鲜和王立勇（2005，2006）、郑挺国和王霞（2010，2012）、朱剑冰等（2015）等。

第三，针对宏观经济环境的变化及发展趋势，提出应该对宏观调控目标体系（含货币政策的调控目标）进行调整和完善。代表性的观点有“调结构”目标的加入，刘伟（2014）指出，宏观调控在长期内应以供给管理为主、需求管理为辅的策略，经济发展的本质在于结构变化，而结构变化一定是效率提升的结果，效率提升则必须是创新的结果，包括技术创新和制度创新，创新则是长期累积而成的，供给管理长期政策目标和效应在于调整和升级经济结构，王立勇等（2011）、张杰和翟福昕（2014）也持类似观点。有其他学者强调“稳定经济、减少波动”的目标，如方福前（2014）研究指出，我国宏观调控的目标，应主要定位于经济稳定。也有学者加入了“防风险”的调控目标，张杰和翟福昕（2014）结合当前经济脆弱性，提出了此类调控目标。还有学者专门针对金融行业（具有系统性风险且传导性强的行业）提出了“金融稳定”的货币政策目标，马勇（2013）指出，当前宏观经济环境下，货币政策取向能影响金融机构承担风险的倾向，金融稳定的目标应该在货币政策中予以体现，修正后的货币政策要能够对金融体系的风险承担做出必要的应对。

三、货币政策中间目标研究

一般而言，一国中间目标（包括操作目标和中介目标）的选择说明了该国的货币政策是数量型还是价格型货币政策，反映了货币供应的外生性还是内生性。以此分类，有三种不同的观点，即以货币供应量为货币政策的中介目标、以利率为货币政策的中介目标和货币政策中介目标的多元化。对于第二种主张，本书在利率的研究文献中已经做出了说明，此处说明第一种观点和第三种观点。

第一种观点——主张以货币供应量为货币政策的中介目标。戴根有（2001）认为，央行当时选择以基础货币为操作目标、以货币供应量为中介目标是符合中国的经济条件的。具体而言，一些学者在采用狭义货币供应量 M_1 还是采用广义货币供应量 M_2 方面有不同意见。认为 M_1 适合作为中介目标的学者有陆军和舒元（2002）、瑛琨等（2005）、耿中原和惠晓锋（2009）、王曦和邹文理（2012）等；认为 M_2 合适的学者有王建国（2006）、宋旺和钟正生（2006）、彭方平等（2008）、蒋益民和陈璋（2009）；也有一些学者认为 M_1 和 M_2 都合适，如王大用（1996）、董承章（1999）、刘明志（2006）等。

第三种观点——主张货币政策中介目标的多元化。夏斌和廖强（2001）持有直接盯住通货膨胀率的观点并认为应同时将货币供应量、利率、经济景气指数等作为监测指标。秦宛顺、靳云汇和卜永祥（2002）认为，应该选择货币供应量和利率作为中介目标并灵活运用。陈利平（2006）认为应该设定一个综合性的中介目标，广义货币供应量 M_2 和贷款量应该重点关注，同时也要监测货币市场利率。刘金全和刘兆波（2008）认为，当前以货币供给量为中介目标前提下，应同时运用名义利率作为辅助性的中介目标。

四、货币政策传导机制研究

梳理已有文献可以发现，货币政策传导机制研究主要集中在信贷传导渠道、利率传导渠道、资产价格传导渠道、汇率传导渠道、预期（公共沟通）渠道。基于本书的研究范围，利率传导渠道和信贷传导渠道的研究成为主要关注的领域。对于利率传导渠道和机制的研究现状在利率的研究文献中已经做出了分析和说明，这里主要就信贷渠道的传导机制研究进行概要说明。关于信贷传导渠道的研究时间跨度比较大、研究成果最为丰富，可以追溯到 Roosa（1951），从 Tobin（1969）、Brunner 和 Meltzer（1972）、Blinder（1987）、Bernanke（1983）到 Bernanke 和 Blinder（1988）的狭义信贷渠道传导研究发展到 Bernanke 和 Blinder（1989）、Bernanke 和 Gertler（1995）的广义信贷渠道传导的研究成果形成了清晰的研究逻辑，Bernanke 和 Gertler（1995）的广义信贷渠道的研究影响力较大，该研究文献通过引入信用市场外部融资溢价①的概念说明了利率在资产负债表和银行贷款两种渠道下的效力会被放大。我国学者王丹翎（2014）研究了信贷渠道的货币政策传导机制，并分析了货币政策传导机制中信贷渠道的作用。董华平（2014）从银行资产负债结构的微观视角、银行业市场结构的中观视角以及社会融资结构的宏观视角三个维度对我国货币政策信贷渠道的传导效应进行了理论与实证方面的分析与研究。

上述的货币政策传导渠道和机制的研究主要从与货币政策相关的经济现象本身出发进行研究，基于货币的本质或者从货币理论方面采取更为宏观的视角进行研究的文献更为值得关注。杨天宇（2006）、杨天宇和刘国鹏（2008）在这方面通过挖掘马克思的宏观经济思想，系统地表述了马克思经济学体系下的货币政策传导机制，具体而言，杨天宇（2008）通过三个维度的逻辑关系来系统梳理马克思的货币政策传导思想：①两个主要命题——社会再生产的经常性失衡和经济危机源于消费不足与投资需求不足之间的矛盾和因果关系；②信用的二重性在这两个命题上的具体作用；③马克思货币政策传导机制的结论与观点。最终的结论表明：在经济衰退时期马克思的货币政策传导的着眼点在于如何实现存货投资

① 外部融资溢价（External Finance Premium）为外部融资（如发行股票和债券）成本与内部融资（保留收益）成本之间的差额。

(I_{inv})[①] 的市场价值而不是促进新投资（I_{new}）上，与传统的凯恩斯宏观经济学理论认为货币政策在经济衰退期的作用主要体现在如何促进新投资上有着本质不同，就这一点而言，马克思的衰退期货币政策传导机制的思想观点对我国当前的供给侧改革能提供有力的指导。

第四节 货币政策框架转型研究综述

就货币政策框架转型研究的文献来看，主要从两个角度进行：第一，从现有货币政策的有效性不足或失效解释应该进行货币政策框架的转型；第二，从利率市场化的背景下论述货币政策框架从数量型向价格型转变的必要性。

一、货币政策有效性研究

关于货币政策有效性的研究文献浩如烟海，实际上，上述的有关货币政策的目标、中间目标和传导机制等研究文献最终的研究成果基本上体现在一国货币政策的有效性评价上。对于专门研究货币政策有效性的文献来说，一般分为两大类，一是针对新古典经济学家的所谓“货币中性”的货币政策（中长期）无效论的争论与理论分析，如卢卡斯（Lucas，1972）的货币经济周期模型等；二是在承认货币政策有效性的前提下，基于现实经济条件的现有货币政策是否有效的研究，主要采取的是实证检验的方法。本书主要讨论第二种情况的研究文献。上述在利率传导机制的文献中，国外学者 Friedman 和 Kuttner（1992）、Bernanke 和 Blinder（1992）、Taylor（1993）、Walsh（1995，2001）、McCandless 和 Weber（1995）的研究成果都证明了价格型货币政策框架较数量型货币政策框架更加有效。

就国内的研究成果而言，国内学者基于我国数量型货币政策框架的实施效果进行了研究，其研究成果大致可以按照 2008 年金融危机的发生分为两个阶段：2008 年金融危机之前，有大量的研究成果表明，我国的数量型货币政策框架失

① 马克思．资本论（第 3 卷）［M］．北京：人民出版社，2004：272. 存货投资主要包括生产出来但没有进入流通领域的商品，马克思认为，没有进入流通领域剩余价值就没有实现。

效的原因主要在于经济货币化（易纲，1996；刘明志，2001；谢平、张怀清，2007），这些学者主要基于M0/GDP、M_1/GDP和M_2/GDP的历史数据进行分析而得出的结论，如谢平和张怀清（2007）指出，中国的M0/GDP的增速与M_2/GDP的增速比较而言相对稳定，主要原因就在于内部货币[①]的增长迅速和商业银行不良资产所导致的。2008年金融危机之后，部分学者认为之前的研究成果已经不能解释中国现有的数量型货币政策的失效，其主要原因在于经济结构方面出现了新的变化，主要表现在“四万亿”的刺激政策之下我国房地产市场和地方债务的急剧上涨，陈彦斌等（2015）指出，由于房地产泡沫和地方债务的扩张使得家庭和政府的持币意愿增加，降低了货币流通速度，减少了流入实体经济的货币量，使得通货膨胀率相对降低，导致了数量型货币政策框架的有效性降低。彭方平等（2013）从低通胀预期的角度说明了恶性通货膨胀与我国的货币高速扩张没有同步的原因。就国内学者对价格性货币政策框架的研究而言，国内学者主要通过VAR、多元回归计量模型、动态随机一般均衡模型（DSGE）等计量和量化分析模型对我国当前的货币政策框架有效性进行分析。例如，高枝宝和王伟（2014）基于动态一般均衡模型（DSGE）对利率传导的货币政策效果进行了研究；印文和裴平（2015）通过建立多元回归计量模型，对我国近年来的货币政策有效性进行了实证检验；刘东庆（2015）运用多元回归计量模型把货币政策的传导机制分成了三类，并实证研究了这三类不同的货币政策的有效性。

二、利率市场化下向价格型货币政策框架转型研究

这一方面的研究成果国外学者由于利率市场化的改革在20世纪90年代之前基本已完成，因此，利率市场化改革的研究成果主要集中在国内，在利率化市场改革背景下，国内大量的学者论证了货币政策由数量型向价格型转变的必要性。林仁文和杨熠（2014）基于DSGE模型，从利率市场化等要素配置市场化改革及放开行业准入限制的角度，分析了我国市场化过程中的货币政策的有效性。郭豫媚和陈彦斌（2015）通过论述利率管制的弊端，说明了数量型货币政策的中介目标在利率市场化的过程中有效性快速下降，货币政策框架应该迅速转向以利率为中介条件的价格型货币政策框架。陈彦斌等（2014）对利率市场化的合理进程进

① 内部货币的概念相对外部货币的概念而言，外部货币主要指的是央行提供的法定货币，内部货币指的是商业银行的存款。

行有效论证，构建了中国金融市场的 DSGE 模型，突破了现有模型无法实现“低利率与高储蓄并存”的不足，实现了利率管制条件下的瓦尔拉斯均衡，在此基础上，陈彦斌等认为，利率管制加剧了总需求结构失衡程度，如果利率市场化改革可以有效提高家庭可支配收入，但同时由于贷款利率的提高会导致资金成本的上升及总产出的下降，在中国当前的经济条件下后者所带来的负面效果会大于前者的正面效果，因此，利率市场化改革应该稳步推进，不应盲目。陈彦斌等（2015）也论证了我国自 2008 年金融危机以后的数量型货币政策由于房地产泡沫和地方债务的影响而逐步失效，从侧面说明了向价格型货币政策转型的必要性。其他学者如姜再勇和钟正生（2010）、金中夏（2013）、章上峰等（2014）、李斌（2014）等从不同的角度考察了我国利率市场化对货币政策利率传导渠道及其效应的影响。

第五节　文献评述

通过对已有文献系统梳理和深入的比较分析，可以发现这些研究成果对我国货币政策调控实践起到了重要的指导作用，对相关理论的完善也有重要帮助。尽管如此，已有文献还存在进一步改善和拓展的空间，主要从以下几方面进行说明。

一、内生货币理论研究

本书对我国货币政策框架转型的研究，主要目标之一就是构建我国从货币理论到货币政策理论再到货币政策框架及实施的研究范式，这也从另一个角度说明了当前我国对于货币政策的研究被众多学者分割为两块：政治经济学领域的研究者基于马克思经济学中的货币理论或宏观经济思想的理解，对弗里德曼为代表的货币主义经济学或后凯恩斯主义经济学的货币理论及宏观经济学进行批判，当然会涉及相应的数量型货币政策理论或价格型货币政策理论，但对数量型或价格型货币政策框架内部各要素及具体实施缺少理论指导。宏观经济学领域或金融学领域的学者主要基于一般均衡原理下的 DSGE 模型、多元回归计量模型、VAR 类等数量分析工具对货币政策框架内部要素及实施进行分析和评价，但对货币政策理论的货币起源及发展的本质性问题缺少分析。

另外，货币内生与货币外生理论的比较研究较少且不系统。我国学者有限的研究成果主要集中在马克思货币理论与其他内生性货币供应和外生性货币供应理论的比较分析与研究上，表现在研究成果较少，而且系统性不足，这就导致对造成这些理论差异的根源问题研究不足，这一点主要体现在介绍性的点对点的比较，整体系统性的批判性比较文献较少。

二、利率研究

当前政治经济学领域的学者对马克思货币理论以及蕴藏其中的货币政策思想还需要进一步地深入研究、充分挖掘和系统分析，其研究成果大多数集中于《资本论》（第1卷）中就货币和商品进行论述，这样，就造成了对马克思货币理论中的货币本源、发展逻辑、内容框架对现当代的货币政策理论的指导性研究还不够深刻的结果，同时也缺少马克思主义对现实条件下货币政策的批判与研究，尤其体现在对货币政策实施方面的核心要素之一的利率在内生性和外生性的分析与研究存在着不足，即使从仅有的曾宪久（2001）、周诚君（2002）、李建建（2008）等研究成果看，在马克思的利率外生性和内生性的辩证关系论述上还需要进一步严谨地深入分析与研究。

马克思的利率内生性与外生性辩证统一的二重性观点是本书的推论性观点，马克思本人并没有明确提出。马克思在平均利润率的基础上，通过分析生息资本的运动过程，把利率分为平均利润率下的一般利率和货币市场供求关系下的市场利率。外生性主要体现在一般利率本质属性上，主要体现在两个方面：第一，表现为一般利率来源与本质属性上，利息从本质上讲是平均利润的一部分，资本主义条件下是由剩余价值带来的，一般利率的上限是平均利润率，是产业资本家和借贷资本家分割平均利润的结果；第二，表现在一般利率的最终的竞争结果上，平均利润率的差别体现了产业资本家和借贷资本家（银行家）的竞争结果，在货币市场上货币资本表现为无差别的“一个阶级的自在的共有资本”[①]（赵准，2000），这种无差别“共有的资本”代表了两大阶级集团的竞争结果，并最终表现在由竞争胜利的阶级集团所掌控的中央银行对利率的决定上。内生性一般体现在市场利率的波动性上，市场利率货币市场上借贷资本的价格，完全是由市场所决定的。

---

① 马克思．资本论（第3卷）［M］．北京：人民出版社，2004：413.

三、货币政策研究

国内外学者对货币政策及内在调控机制进行了大量而深入的研究，取得了丰富的研究成果，对我国货币政策调控实践起到了重要的指导作用，但就我国经济结构转型进程背景下货币政策新环境是否到来尚存在一定的理论研究不足。

首先，很多研究成果的时效性较差，特别是我国经济转型时期下宏观调控的目标定位和目标体系会进行相应调整，货币政策目标当然也会发生变化，如结构调整、系统性金融风险防范、市场化改革等，对这些国家层面的经济发展目标货币政策框架之下的规则应考虑这些因素，寻求适应我国经济结构转型进程中的宏观经济调控最优的、前瞻性的、稳健的货币政策规则，无疑这些方面的研究成果是不足的。

其次，对当前我国货币政策实施过程中的特殊变化和新型政策工具的研究尚需深入。一是转型期特殊的货币政策，已有研究成果主要是对国外相关研究进展进行梳理和总结，或者是对国外后金融危机时代货币政策的经验教训进行总结，对我国具体国情下的转型期特殊货币政策缺少实质性关注；二是对利率市场化和经济转轨进程中央行所倡导的“利率走廊”模式的研究存在完善的空间，主要体现在现有文献关于“利率走廊”的研究仅停留在对这一调控模式的经验介绍或描述上，缺乏关于我国“利率走廊”调控的有效性及基准利率体系、走廊区间、准备金率变化对“利率走廊”调控效果影响的学术研究或实证研究，另外，对短期利率向中长期利率传导机制的研究较少。

四、总体评价

货币政策框架从数量型向价格型转变，其核心是从传统货币数量调控下的利率管制向以利率渠道为主、通过调节利率影响总需求的思路转变。但这种转型过程有以下几个方面就现有的研究成果而言还存在不足。

第一，货币政策框架的前源性理论指导研究不足，当前就货币的内生性与外生性研究的争论是建立在对各国货币政策执行效果的有效性评价上，具有滞后性，难以从根本上回答为什么货币供应是内生的，也就无法从前源性上对各国的货币政策的选择与实施进行指导。为什么货币是内生的，需要从货币的起源和本质问题出发来进行研究，考察资本主义社会发展的货币理论，马克思货币理论无疑是唯一能严谨、科学地解决这一问题的理论，但当前对马克思货币理论的研究，上述所列文献中的学者对马克思货币理论的研究主要集中在《资本论》第1、2、3卷中（有的学者也将研究视角扩展到第4卷），从实际情况来看，马克思的货币理论思想在《资本论》中得到了系统的总结，这种系统的总结是建立在马克思之前在政治经济学领域大量的分析手稿之上，因此，《资本论》中马克思的货币理论呈现给读者的仅仅是“结论”，如果仅仅对《资本论》的这种“结论”进行研究，难免会陷入缺少“微观”基础的境地，这也是通过赵准（2000）等学者的文献得到的启示。如果将马克思货币理论作为一个整体来看待，《资本论》中的货币理论可以作为“上层建筑”，而马克思的《〈政治经济学批判〉1857～1858年手稿》《〈政治经济学批判〉第1分册》等手稿中大量零乱且重复的货币研究内容构成了其微观研究基础，而这种微观基础现在看来意义重大，因为它体现了马克思对货币与经济运行关系的整体性和完整性研究，使其货币理论从货币起源、本质和职能，到货币转变为资本、货币资本的生息再到虚拟资本形成一个完整的体系，只有认识到这一点，才能真正地将马克思货币理论的科学性和揭示货币发展的规律性从空喊口号变为真实而严谨的研究。

第二，价格性货币政策转型的适用性及过渡期限问题。美国的货币政策框架自1993年从数量型向价格型的利率中介目标调整，是建立在美国完全的市场化基础之上的，且随着利率市场的完成，美国货币供应量的增长与物价和产出的稳定相关性关系被破坏之后立即转向价格型货币政策框架，应该说，美国具有立即从数量型货币政策转向价格型货币政策的条件与环境。但中国与之不同，体现在两点：一是货币供应量的增长与产出及物价的关系非常不稳定、波动性较大；二是我国的汇率市场化进程、地方财税制度、国有企业改革、汇率机制改革等市场化改革尚未完成，“预算软约束”的问题将长期存在。地方政府债务和国有企业的改革问题将成为价格型货币政策发挥实效的制约条件，货币政策框架的转型需要这些改革条件的分步实施与推进才能最终成功。但这些问题，尤其是后者在现有的研究成果中无法得到有效解决。

第三，在货币政策框架转型过程中的利率传导的研究上，我国学者主要是直接运用了国外的模型与方法（以动态一般均衡模型DSGE下均衡利率为主），由于我国自由化的金融市场机制尚未形成，利率形式上和实际层面的双轨制是现实存在的，真正意义上的短期基准利率以及基准收益曲线尚未形成，因此，我国的价格型利率传导机制与国外的市场环境不同，导致国外的模型与统计计量方法的前提假设条件与中国不同，直接套用的实证结果是无法令人信服的，也就是说，我国利率双轨制下的基准利率、基准收益曲线、均衡利率的估算与验证方法需要进一步拓展与完善。

第四，认为货币供应的信贷渠道优于利率传导渠道的现有文献，主要是基于中国现有的经济结构和条件，未曾关注中国的利率市场化和汇率市场化的改革，其研究成果存在严重的短期性。实际上，对刘东庆（2015）、梁骞等（2015）的研究成果进行研判，也会得出类似于孙华好（2007）、张龙清（2013）的结论：随着中国金融市场化改革，伴随国有企业和地方政府的“预算软约束”等局面的改变，利率传导效果要好于货币供应的传导效果。并且，对我国货币政策框架体系内的传导渠道和机制的研究，应该认识到基于货币内生的本质属性，就中国未来合理的货币政策框架提出建议或预期，而不应该仅仅立足于当下，就当前结构调整下的经济状况来论证我国的货币政策的传导途径。

第五，对我国的货币政策利率的传导机制，当前学者主要通过格兰杰因果检验、运用 VAR 的方法从宏观的加总数据进行实证研究我国的货币政策的利率传导机制，直接考察货币政策的调整对于货币市场短期利率的影响所引起的 GDP、投资等产出数据的变化，忽略了利率传导上的核心环节：货币市场短期利率对金融市场利率的影响和传导，而且由于加总数据的中间数据处理和分类上的不同，得出的结论并不一致，标准难以统一。并且，这些数据分析、加工和处理没有对经济主体（如上市公司）的考察进行微观视角的解释，也缺乏说服力。

第三章 货币政策框架转型的国际比较及发展规律

本章内容从发现问题的研究视角进行分析：提出货币政策框架转型的必要性，并为所需要的货币内生理论提供基本支持。从两个层次进行分析，第一，横向比较层面——货币政策框架的国际实践；第二，纵向对比层面——我国货币政策的制度变迁。其中，通过横向比较层面的国际实践比较能够为我国货币政策框架的转型提供经验教训和有效借鉴；纵向对比层面立足于我国货币政策发展的制度变迁视角，基于货币政策环境的变化系统总结了三次货币政策框架的转型：改革开放经济发展的第一次转型——从计划经济时代财政政策附庸变为向直接调控的货币政策转型；市场化改革的第二次转型——从直接调控的货币政策向间接调控的货币政策转型；经济结构转型进程中的第三次转型——从数量型货币政策向价格型货币政策转型。

第一节 货币政策框架转型的国际实践比较

世界各主要发达国家的货币政策框架的发展与转型，深受两个方面的影响：一是本国内外部经济环境的发展与变化；二是世界货币理论以及与之相关的货币政策理论发展的影响，这两个方面也是相互影响的，是西方国家的货币政策理论与实践相结合的结果，最显著的表现就是 20 世纪 80 年代之前西方国家实行的数量型货币政策框架由于经济的滞胀以及石油危机的影响，西方学者如后凯恩斯主义学者对当时的凯恩斯和弗里德曼货币政策理论为指导的货币政策的实施进行了反思，西方国家从 20 世纪 80 年代起开始利率市场化的进程，在 90 年代完成，开始执行到现在为止的价格型货币政策框架。

下述内容也主要从这两个方面对美国、欧盟、英国和日韩的货币政策框架的转型进行分析比较，从中找到对我国货币政策框架转型发展的有效借鉴。

一、美国货币政策框架转型实践

1. 美国利率市场化之前的货币政策框架

20 世纪 70 年代之前，美国基本执行利率管制的数量型货币政策框架，美联储主要依靠 1933 年《格拉斯—斯蒂格利茨》被授权发布“Q 条例”对商业银行的储蓄及定期存款的利率上限，50 年代美联储与联邦财政部达成协议独立的执行和实施货币政策，其联邦储备公开市场委员会成为货币政策的最高决策机构，公开市场操作、贴现率即法定准备金率成为当时的主要操作工具。在 70 年代以前，依据菲利普斯曲线理论，美联储一直执行过度宽松的货币政策，并将固定利率作为中间目标，在 60 年代末开始出现滞胀问题并且在 1973 年石油危机引发了全球性的高通胀，物价上涨的情况下会提高对货币的需求，而维持固定利率就会提高货币供应量更加剧了通货膨胀的程度。这种局面下，利率市场化改革的呼声与理论探讨随之而来。这一时期主要货币政策理论的支撑者为凯恩斯主义主张下的相机抉择的货币规则，其显性特征就是选择将固定利率作为货币政策的中间目标。

2. 美国利率市场化改革进程中的货币政策框架

美国从 20 世纪 70 年代开始进行利率市场化改革，逐步取消了“Q 条例”对存款利率的限制，从 1970 年开始到 1986 年 3 月截止（张建华，2012）。在利率市场化改革的过程中，美联储开始将货币供应量 M_1 作为中介目标，具体而言大致分为三个阶段：在整个 70 年代，美联储以联邦基金利率为操作目标，主要运用非借入准备金（Unborrowed Reserve）围绕着该操作目标进行操作；在 80 年代初，美联储开始反向操作，即非借入准备金为操作目标，允许联邦基金利率的上下波动，在该时期，名义收入增长率（最终目标）与 M_1 增长率（中介目标）和非借入准备金的增长（操作目标）三者之间有非常显著的联动关系；在 80 年代中后期，美联储将联邦基金利率引入与 M_1 一起作为中间目标，操作目标选择为借入准备金（Borrowed Reserve），该借入准备金在当时被认为是评价商业银行资金缺口的主要指标。这一时期主要货币政策理论的支撑者为弗里德曼的货币主义学术主张下的单一货币规则①，其显性特征就是将货币供应量 M_1 作为其中介目标，相应地将基础货币作为操作目标。

3. 美国利率市场化改革完成后的货币政策框架

1986 年 3 月 "Q 条例" 完全被废止，利率市场化的改革进程结束，为美国货币政策框架转型提供了基础，90 年代开始美联储主要采用公开操作的手段围绕着联邦基准利率的操作目标实施货币政策，同时将 M_2 增长作为中介目标（在 M_1 的基础上加入了商业银行的准备金），主要的传导途径为：美联储联邦储备公开市场委员会确定联邦基金利率的目标值，纽约联邦储备银行据此通过联邦基金市场卖出或买进政府债券影响商业银行准备金的供求关系。1993 年泰勒法则②的出现，为美国的货币政策框架转型提供了理论与实践上的依据，该年美联储前主席格林斯潘放弃了以货币供应量为中介目标的货币政策框架，改为一直沿用至今的以联邦基金利率为操作目标并对市场利率进行影响的价格型货币政策框架体系，其最终目标确定为物价稳定和充分就业。泰勒法则表明通货膨胀和产出缺口的关系，通过这种关系美联储可以设定联邦基金目标值，最终实现物价稳定的目标。美联储每两周依据商业银行的日均存款情况计算出法定存款准备金水平，以 17（14+3）天为一个考核周期进行考核，通过对储蓄头寸的管理来影响市场利率，分两种情况：在联邦基金利率目标值低于银行间市场利率水平时，商业银行间的拆借会转向美联储（拆借成本更低），拉低市场拆借利率；反之，美联储就会抛售国债，吸收商业银行的超额储备，拉高市场拆借利率。美联储会连续反复地进行操作，使市场形成市场预期达到货币政策的目的。货币供应量作为中介目标在利率市场化完成后在美联储的货币政策框架体系内已经不存在了，虽然诸多学者认为美国实际上执行的是"通胀目标制"的国家（汪洋，2008），但在美联储的官方文件中一直未曾明确，也就是说，当前美国执行的是凯恩斯单步法（"政策工具—操作目标—最终目标"）的货币政策框架。

---

① 货币主义的政策主张。为了防止货币成为经济混乱的原因，给经济提供稳定的运行环境，依照货币主义的观点，最优的货币政策是按单一的规则控制货币供给量，其货币增长速度等于经济增长率加上通货膨胀率。

② 依据泰勒法则 $R = R' + a(P - P') - b(U - U')$ 所核算出的名义利率 R 与联邦基金利率的目标值非常接近，为该法则在美国对货币政策的指导提供了强有力的证据。

金融危机之后，美国的货币政策框架之下，由于“零利率”的出现，应急性的数量型货币政策工具（量化宽松）开始出现，美联储直接干预中长期贷款和债券利率水平，并在最终目标上充分就业被视为比物价稳定更重要，这些临时性的数量型货币政策工具为美国降杠杆、率先走出后金融危机做出了一定的贡献，并且在此期间，美联储引入了阈值指引（Threshold Guidance）代替了以前的时间指引（Calendar Guidance）作为预期管理工具对其价格型货币政策框架进行了有益补充。

美国货币政策框架转型的关键还在于利率市场化的完成，但这并不是美国能成功地从数量型货币政策框架转向价格型的唯一因素，还有两项在金融市场上的重要因素：一是债券市场的发达（伴随着资产证券化的发展），二是影子银行的发展所造成的社会融资规模的迅速膨胀。这两项因素连同利率市场化打破了数量型货币政策操作工具的效力，为货币政策框架的成功转型提供了客观条件和环境。

二、德国[①]及欧盟货币政策框架转型实践

1. 德国利率市场化之前的货币政策框架

同美国一样，德国20世纪70年代之前也是执行利率管制的数量型货币政策框架。德国的利率管制要追溯到1929年的经济危机。为防止资金外流，当时的德国政府开始执行利率管制的政策，与美国不同的是，德国利率管制的范围要更广，存贷款利率、票据贴现率和各种银行手续费都有详细的管制约束，德国当时的央行通过确定再贴现率影响商业银行的利率水平并传导至实体经济层面。第二次世界大战后德国的经济政策以及宏观调控手段属于由弗莱堡学派的秩序自由主义演化为德国社会市场经济体制的一个重要组成部分，德国银行体系结构两个重要的特征是独立性央行的确定和以国有银行为主的德国银行结构。第一，德国央行独立性原则在西方国家明确较早，早在1949年的宪法——《联邦德国基本法》（*Grundgesetz für die Bundesrepublik Deutschland*）就在第88条规定联邦政府应当建立独立的中央银行，并于1957年颁布的《德意志联邦银行法》（*Gesetz über die Deutsche Bundesbank*）确定德意志联邦银行为独立执行货币政策的德国央行，是在废除两级中央银行体制并在改组与合并各个州中央银行的基础上建立的

① 本书中的德国专指联邦德国。

(Deutsche Bundesbank)[①]，德国的货币政策框架在成立之初便以物价稳定为其最终目标，其数量型货币政策框架的操作工具、操作目标和中介目标严格围绕最终目标进行，具有完全的独立性，不受联邦政府的影响，成为西方国家中独立性中央银行的典范。第二，德国金融机构是以国有银行为主的结构，其国有性质的德国储蓄银行、州立银行和合作银行的资产比例达到53.1%，要高于私人银行的资产比例（郭迎锋、沈尤佳，2014），这期间，德国的货币政策的操作目标是央行的基础货币。德国的管控型货币政策框架符合当时德国的经济环境并且有正确的理论指导，使得第二次世界大战后成立的德国央行——德意志联邦银行能够很好地运用这种货币政策框架，对德国战后的经济恢复和腾飞起到了重要的作用，其失业率和通胀率在发达国家中居于较低水平。随着德国战后经济的恢复，20 世纪 50 年代末期德国马克自由兑换和资本账户的自由化，由于外部的冲击（具体表现在美国等国家的更强波动利率变化打破了德国较为稳定的利率水平），导致德国资本外流加剧，使得德国央行相对稳定的利率政策大打折扣，放松利率管制开始利率市场化改革被提出。

2. 德国利率市场化改革进程中的货币政策框架

德国从 20 世纪 60 年代开始利率市场的改革，开始于 1962 年德国修改《信用制度法》中缩小了对利率限制的对象范围，并在 1965 年、1966 年、1967 年分步骤做出了 2.5 年以上的定期存款利率、超过 3 个月 100 万马克以上的大额存款利率、全面放松利率管制的规定，从法规形式上解除了利率管制（体现在解除了“强制”利率规定），但为了避免自由利率下的竞争混乱，德国在1967～1973 年实行了金融同业组织相互协商的“存款指导利率”的建议措施（实际上实施了实质性的利率管制），到 1973 年废止。在这一过程中，德国于 1966 年成立的存款保险制度“商业银行存款担保基金”为德国的利率市场化后的金融稳定起到了关键作用。不同于美国利率市场化之后较快时间实行价格型货币政策框架的中间目标（联邦基准利率），德国在 1973～1987 年依然采用基础货币作为操作目标，因为德国融资结构中非金融企业的银行贷款比例一直稳定保持在 55% 左右（主要原因在于德国以国有银行为主体的金融市场体系），其数量型货币政策框架在信贷渠道的传导机制上依然可以保持其效果。

① http://www.bundesbank.de/Navigation/DE/Bundesbank/Organisation/organisation.html.

3. 德国利率市场化改革完成后的货币政策框架

虽然德国的间接融资在金融市场中一直占有比较高的比例，但由于金融创新工具的发展，资产证券化趋势下金融衍生品也从美国影响到了德国，德国居民的资产结构发生了变化，银行存款比例开始从20世纪70年代的平均比例53.9%下降到欧洲32.8%①，导致了货币乘数的波动，在基础货币M_0到M_2的关系上无法像之前进行推算与预测，因此，1987年德意志联邦银行将能够体现中长期特征的货币供应量$M_3$②引入作为中介目标。德国的货币政策框架在利率化市场改革之后的操作目标经历了从“利率走廊”到回购利率的过程，利率走廊的上限是伦巴德贷款利率③，下限是再贴现率利率，1985年之后，德意志联邦银行开始采用市场公开操作的工具进行有价证券的回购，就是现在德国仍然采用的短期回购利率（7天或14天回购利率）。

1998年欧洲中央银行在德国央行的运行基础上在德国法兰克福成立，该机构的单一目标是维持物价稳定，并执行了通胀目标制的目标，把HICP指数④在2003年明确规定为2%的水平，欧洲央行是对隔夜拆借利率的操作实现物价稳定的目标，同时也要依据HICP对欧元区国家执行通胀指标的情况进行评估。另外，欧洲央行通过*The Monetary Policy of the ECB*的报告加强与欧洲民众及机构的信息沟通，其所公布的HICP目标值成为预期实现的最主要的工具。欧洲央行在中间目标和最终目标的设置上也延续了德国的做法，操作目标采取隔夜拆借率有上下限的利率走廊机制⑤，最终目标采取HICP的通胀目标，在欧洲央行货币政策框架的实施过程中其“双支柱”策略是主要特征。在“双支柱”策略目标值的设置上，第一支柱为类似于德国的M_3货币供应量增长率，其参考值明确为4.5%；第二支柱是对未来价格风险的广泛评估，大约包括对工资、汇率、债券价格和财政政策等，主要通过对银行信贷和资产价格的观测，如果二者同时增加被认为是

---

① Deutsche Bundesbank Monthly Report, January 1999.

② M_3一般理解为M_2与私有机构和公司的大额定期存款，具体统计口径包括钞、隔夜存款、两年期内存款三个月内可通知赎回存单、回购协议、货币市场基金股份及货币市场票据、两年期内的债券。

③ “伦巴德贷款”是德意志联邦银行向信用机构提供的、以某些证券和债权为抵押品的3个月以内有息贷款。原则上，联邦银行提供伦巴德贷款仅仅是为了满足信用机构的临时性流动资金需要。伦巴德贷款利率与再贴现利率只差一般不到1%。

④ HICP：Harmonized Index Of Consumer Prices（消费者物价指数HICP），是欧洲央行的通货膨胀和物价稳定的消费物价指数，采用欧元的成员国价格指数的加权平均。

⑤ 隔夜拆借率上限为：欧洲央行管理委员会每月所确定的再融资利率水平；隔夜拆借率下限为：吸收商业银行剩余资金的存款便利。

泡沫经济的出现。

三、英国货币政策框架转型实践

1. 英国利率市场化之前的货币政策框架

在英国20世纪70年代初开始的利率市场化之前，英国对利率管制的形式是所谓的“利率协定”，分为两层：第一层是中央银行设定的再贴现率，第二层是商业银行以再贴现率为基础的存贷款及银行间拆借利率。“利率协定”规定了存款利率、贷款利率和银行间拆借利率与再贴现率的关系，通过这两层关系之间“利率协定”的设置，英格兰银行作为英国中央银行通过调整再贴现率影响着市场利率，当时英国的金融机构分业经营互不干扰，如住房融资服务归属于专门的英国住房抵押贷款经营、银行专注于存贷款业务，这也是英国这种利率管制体制可以成功运转的主要因素。这个时期英国货币政策体系最终目标是多元化的，每一阶段侧重点不同，50～60年代是为了维持国际收支平衡。同美国一样，英国20世纪60年代末开始出现“滞胀”问题，在公众对高通胀率的预期之下英格兰银行难以通过控制利率水平来实现或货币政策的目标，无奈之下，引入了以货币供应量为中介目标，另外，国际资本在英国政府放宽金融市场限制之后开始进入英国银行业加剧了银行业的竞争，在缺乏弹性的利率管制局面下导致了英国资本的外流，最终引发了英镑的贬值，这种局面下英国开始考虑利率市场化改革。

2. 英国利率市场化改革进程中的货币政策框架

为了快速有效地解决国际短期资本流入波动过大和英镑币值不稳的问题，英格兰银行执行了一步到位式的利率市场化改革，1971年5月发布了*Competition and Credit Control*报告并于9月实施，一举废除了银行间利率协议。同时取消了分业经营限制和贷款限额管理等。由于英格兰银行没有独立行使货币政策的权力，英国政府在高通胀、经济衰退和本币贬值的情况下干涉了利率，使得英国在1981年才最终取消了最低贷款利率，利率完全自由化，在1982年同德国一样也推出了存款保险制度。在这期间，货币政策的最终目标在20世纪70年代侧重于稳定物价，中介目标是坚持货币供应量，操作目标也相应地变为基础货币。

3. 英国利率市场化改革完成后的货币政策框架

随着英国的利率市场化改革和英国1986年的英格兰金融混业经营的出现，英国的货币政策框架从数量型过渡到价格型，20世纪90年代开始实行价格型货币政策框架，其最终目标确定为单一性的维持物价稳定，并同欧洲央行一样确定了物价变动的范围，中间目标也从货币供应量转为利率监测，操作目标是一组短期利率，包括隔夜拆借利率、3 个月国债利率和 3 个月银行拆借利率，操作工具包括了公开市场操作、存款准备金制度、特别存款和道义劝说等。1998 年英格兰银行被正式确定为独立行使货币政策权力的机构之后，英国的货币政策框架进一步发展到现在的价格型货币政策框架，随着直接融资市场比例扩大并且资产证券化的金融衍生工具的发展，英国金融市场结构发生了显著变化，逐步发展到现在的两周回购利率（Repo Rate）作为其操作目标，主要的操作标的是金边债券（因为它是英国公开市场业务中质量较高的工具），以此向货币市场提供流动性，该货币市场利率通过利率传导渠道，最终实现对宏观经济的调控。其最终目标为单一型的货币政策——物价稳定，同时设定了通货膨胀目标率（2.5%）作为中介目标。

四、日本、韩国货币政策框架转型实践

第二次世界大战以后，服从日本高度集中和管控的经济政治格局，日本采用了约束型的金融体制，同英国一样采用了分业经营的模式，但要比英国的规定更为严格，在面对不同规模和层次的存贷款客户对象由不同的金融机构提供服务，且不得越界，实行严格的利率管制就成为当时的必然选择，利率管制始于 1947 年《利率调整法》，其主要特点是对不同的利率采取有针对性的直接限制或指导性限制形式。这种管制体制下的利率长期保持了低水平，在恢复日本经济方面做出了重要贡献。在日本经济腾飞后的 20 世纪 70 年代开始日本直接融资市场迅速发展，企业对银行的依赖度降低，这一时期旧的分业经营限制和低利率管制导致银行经营困难，同时日本金融机构的海外业务摩擦不断，加上恶性通货膨胀使利率市场化和金融自由化的呼声越来越高。同其他发达资本主义国家不一样，日本在 1971 年首先实行了存款保险制度之后才在 1977 年启动利率市场化改革，针对不同时期的经济形势采取了分步实施的利率市场化，于 1994 年结束，利率市场化之后的银行竞争加剧，风险偏好趋于激进，在日本“经济泡沫”破灭之后银行的呆账、坏账激增造成了大量银行倒闭，这种影响一直持续至今，因此日本的价格型货币政策框架的最终目标始终有金融稳定，除此之外，物价稳定是另外一个最终目标（同美国一样，日本央行没有设定通胀目标），但在利率市场化过程中国际收支平衡也是其中之一。在中间目标的选择上，70 年代之前是贷款增加额，利率市场化进程中改为货币供应量，随着利率市场化完成，货币供应量作为

中介目标的重要性越来越低。其操作目标在1997年的《日本银行法》中明确为隔夜拆借利率，主要通过公开市场操作工具调节银行在日本央行的准备金账户头寸来实现对货币市场利率的控制，其他的操作工具主要包括再贷款和存款准备金，窗口指导的手段随着利率市场化的完成逐步被取消。

韩国政府从20世纪50年代开始执行严格的政府管控的金融体制，韩国1952年颁布的《利息限额法》将金融机构的利率调整权力划归至财政部，为了使资金流向重点支持的行业，韩国政府制定了范围广泛利率水平极低的政策性贷款计划，形成了金融机构利率与市场利率的严重脱节，这种局面下货币供应量迅速增加，使得韩国相对发达国家较早地进入了滞胀局面。从80年代起，韩国开始了利率市场化改革的金融自由化政策，与发达国家不同，其利率市场化改革的进程较为波折，经历了从开放到管制再到开放的两个阶段，其货币政策的中间目标也在信贷控制和货币供应量之间摇摆，但最终取得了成功，突出表现在以下几个方面：一是对通货膨胀的抑制作用；二是货币供应量增长平稳；三是流动性增加推动了资产价格。随着利率化市场改革的成功和非银行金融机构的发展壮大，将货币供应量作为中介目标越来越不适宜，表现在货币供应总量和实体经济指标的关系逐渐变弱，在这种情况下，90年代初，韩国央行在其货币政策框架转型期扩大了货币供应的观察范围，将MCT（M_2 + CDs + 货币信托）引入进行货币总量的计算，以此来反映体现非银行金融机构活动对货币政策最终目标的影响。当前韩国的价格型货币政策框架执行单一型的最终目标——物价稳定，设定了通货膨胀目标率（2.5% ~3.5%）作为目标值，公开市场操作、存款准备金和一定的借款工具成为其操作工具。

第二节　第一次转型：从“准货币政策”到直接调控的货币政策

货币政策框架是一国货币当局进行宏观经济调控的制度基础，严格意义上来讲，它是市场经济体制下的产物，因为计划经济体制下生产、交换和消费均由政府统一计划与分配，可以说，即使没有货币该经济体系也可以运转，当然就不存在货币政策了，随着市场经济体制的逐步完善和市场化程度越来越高，中央银行需要更多地采取间接调控的方式和市场化的手段调控经济，利用市场化的传导机制影响实体经济的运转并实现宏观调控目标的实现。因此，总体上而言，我国的货币政策框架的制度变迁应该从改革开放之后开始。

一、中国货币政策的前身：从财政政策附庸到“准货币政策”

这一时期的时间跨度为 1979 ~ 1983 年。改革开放之前的计划经济时代不存在货币政策，计划经济时期国家财政是国民收入与分配的主体，财政政策在经济调控中居于主导地位，银行仅仅作为财政政策的附庸而存在，不存在相对独立的中央银行，中国人民银行居于从属地位。我国的货币政策严格上讲应该是从1984 年中国人民银行正式履行中央银行的职责开始的，从 1979 年改革开放到 1983 年，中国人民银行的贷款计划只是当时计划委员会投资计划的一个组成部分，依然摆脱不了财政政策的附庸地位，但中国人民银行在此期间内同时具有了中央银行和商业银行两项职能，不可否认的是，已经在改革开放的背景下具有了中央银行执行货币政策的职能，并且这种职能随着中国农业银行、中国银行、中国建设银行和中国工商银行逐步从中国人民银行分离，其作为货币政策执行机构的角色越来越明显。从国家政府层面而言，中国人民银行作为中央银行在党中央国务院层面也开始着手进行。1981 年 8 月首先由中国金融学会提出建议，1982 年 7 月批转同意开始组建中央银行体制，并在 1983 年 9 月颁布了《关于中国人民银行专门行使中央银行职能的决定》。从实践操作层面而言，1981 年开始的“拨改贷”政策，打破了之前“长期资金财政拨款解决、短期周转资金银行贷款解决”的局面（孟建华，2006），企业的资金需求改由贷款解决，初步形成了信贷政策并建立了信贷渠道。因此，这一期间的货币政策我们可以称为“准货币政策”阶段。

二、直接调控的货币政策

这一时期的时间跨度为 1984 ~ 1992 年。1984 年 1 月 1 日，随着中国工商银行的组建，中国人民银行开始正式行使中央银行的职能，货币政策正式成为中国的两项宏观调整政策之一。1984 ~ 1992 年是中国人民银行独立执行货币政策的探索阶段，这一阶段的显性特征是信贷规模的扩张，操作目标是直接控制贷款规模或贷款最高控制限额，直接控制贷款规模具体体现在 1985 年所颁布的《信贷资金管理试行办法》“统一计划、划分资金、实贷实存、相互融通”的要求中，实行了三层信贷计划的操作工具：国家结合信贷计划、人民银行信贷计划和专业银行；贷款最高控制限额体现在 1989 年实行的“限额管理、以存定贷”的办法来核批各商业银行的贷款限额①。因为中国人民银行直接控制了贷款规模，不需要中介目标的存在，最终目标是币值稳定和经济发展，但在实际执行过程中以经济发展为主，整体上是信贷规模高速扩张所带来的物价指数高企的时期，M0、M_1、M_2 增速远远大于 GDP 增速，在政策实施方面出现了紧缩与扩张的反复当中，缺少必要的前瞻性措施和手段，并且出现了几次大的经济波动，直接调控的货币政策的实施效果不够稳定。

第三节　第二次转型：从直接调控到间接调控的货币政策

这一时期我国货币政策框架的典型特征是从对贷款的直接限额调控逐步向以货币供应量为中介目标的间接调控方式转变，并在 1998 年基本确立了公开市场操作为主要工具的间接调控货币政策框架，到 2008 年一直维持着外汇占款为主的货币投放政策格局。

一、直接调控向间接调控过渡的货币政策

这一时期的时间跨度为 1993 ~ 1997 年。在吸取了 1984 ~ 1992 年货币政策的经验教训，结合 1992 年出现的经济发展过热、通胀率过高的情况，我国的货币政策开始进行一系列的改革，以促进货币政策有效性的提高，当时货币政策的显性特征是“适度从紧”的反通胀措施。1995 年颁布实施的《中国人民银行法》和《国务院关于金融体制改革的决定》进一步明确了中国人民银行的中央银行执行货币政策的职能。公开市场操作作为货币政策工具之一被提出，标志着货币政策的间接调控方式开始得到重视，同时，也取消了同业拆借利率的最高限额，并拉开了利率市场化的序幕，在 1997 年 6 月，人民银行通过《关于银行间债券回购业务有关问题的通知》建立了全国统一的银行间债券市场，在该市场上可以

① 中国会计网，http：//www. kuaiji. com/fagui/1442052？utm_ source = fagui&utm_ content = zx_ right。

开设银行间债券的回购业务，连同1996年财政部开始通过证券交易所发行国债，使得场外业务（银行间市场为主）和场内业务（交易所为主）得以共同发展，为货币政策的传导建立了基础性渠道。但这一时期依然保持着对商业银行贷款额度规模管理的信贷计划，使得货币政策也保持着直接调控的方式，因此处于从直接调控向间接调控的过渡阶段。这一阶段确立了货币供应量作为中介目标，1996年开始公布M0、M_1和M_2三个层次的货币供应量指标，所以操作目标也从控制信贷规模开始向控制基础货币的目标过渡，具体的操作工具转向了以再贴现、存贷款基准利率等间接性操作工具为主。应该说，这一阶段首要的最终目标是物价稳定，同时M_2的增速也较上个时期逐年回落，同时GDP也在平稳回落中保持了适度增长，1996年出现了“高增长、低通胀”的良好宏观经济环境。

二、外汇占款格局下间接调控为主的货币政策

这一时期的时间跨度为1998~2008年。这一时期的货币政策正好处于1997年东南亚金融危机的爆发到2008年全球金融危机之间，面对东南亚金融危机我国坚持货币不贬值的政策使出口迅速减少，并带来了总需求不足、物价负增长和通货紧缩的局面，为了解决这种负面影响，在1999年开始实行反通缩的稳健货币政策。1998年人民银行确定存贷比作为其监管手段之一，取代了商业银行的信贷限额，开始编制基础货币规划，根据货币供应量的中介目标和外部经济环境来确定基础货币数量，并在该年5月开始正式实施了公开市场操作，标志着以间接调控为主的数量型货币政策框架开始确定，基本建立了人民银行→货币市场→金融市场→实体经济的数量型货币政策额度间接调控机制。

这一时期货币政策的外部环境有两个显著特点：一是中国伴随着煤炭、钢铁、水泥等产业的发展使得粗放式的经济发展格局凸显；二是我国加入WTO后形成了大量的经常账户盈余和人民币升值预期，大量的国际资本开始进入我国，在中国的强制结售汇制度之下，使得基础货币增长迅速，人民银行需要对冲外部注入的流动性，提高了商业银行的存款准备金率，提高了商业银行的资金成本，为了解决这一问题，人民银行提高了存贷款基准利差，造成了流向实体经济层面的资金成本过高，一定程度上造成了金融市场与实际经济的脱节，实际上形成了数量型货币政策失效的结果。1998年，在操作工具上人民银行引入了窗口指导，为间接调控为主的货币政策加入了直接调控的工具。操作目标和中介目标依然保持着基础货币和货币供应量的目标，最终目标的选择多元化，包括物价稳定、经

济增长、充分就业和国际收支平衡，并且在不同年份的侧重点依据当时的宏观经济形势而有所不同。在制度建设层面比较重要的有 2005 年开始实行有管理的浮动汇率制度，拉开了汇率市场化改革的序幕。

第四节　第三次转型：从数量型到价格型货币政策框架转型

这一时期我国货币政策框架的典型特征如下：伴随着金融危机之后国内外经济环境的巨大变化和中国的利率市场化改革的逐步深入，我国的货币政策框架的中间目标从货币供应量的调控方式向基准利率的调控方式转变，并以 2012 年我国政府的一系列金融体制改革政策的加快部署与实施为分界岭划分为两个阶段。

一、金融危机后的财政政策主导下货币政策

这一时期的时间跨度为 2008 ~ 2012 年。相比 1997 年的东南亚金融危机，2008 年金融危机给我国带来的影响更大、更深远。为了应对更加困难的经济放缓局面，中央政府出台了 4 万亿的财政刺激政策，货币政策作为辅助手段进行了全面宽松的操作，导致 2009 年的 M_2 的年增速达到了 28.05%，这是自 1997 年以来的最高位，其所追求的促进经济增长的目标也基本实现，达到了 9.24%。从经济结构调整和转型的效果来看，这种数量型货币政策框架是失效的，但与上一周期的外汇占款所导致的失效原因不同，2008 ~ 2012 年的失效原因主要是信贷资金的主要流向渠道集中在房地产和地方投融资平台上，信贷扩张中大约 50% 的份额流向了这两个渠道，造成了房地产泡沫，2008 ~ 2012 年的房价收入比达到了 11.3% 的不合理水平，地方债务在 2008 年之后扩张速度也惊人，2009 年地方债务余额的增速达到了 61.9%（陈彦斌等，2015），这种局面下，加强了家庭和政府的持币意愿，降低了货币流通的速度，降低了货币政策框架的实施效果。在这一时期，货币政策框架体系内的操作工具、操作目标和中介目标均无显著变化，在最终目标的重点顺序上，首先强调了经济增长，其次是保证就业。同时，影子银行和金融创新开始涌现，直接融资的比重上升，银行信贷的间接融资比例下降趋势明显，这也是当时的数量型货币政策框架有效性不足的原因。另外，利

率市场化改革的进程不明显，人民银行的推进工作也不显著，汇率市场化改革在2005 年实行有管理的浮动汇率制度之后再无进展。

二、经济结构转型进程中利率市场化改革

2012 年以后，我国社会经济步入了“三期叠加”的局面，增速放缓、经济结构调整、前期刺激政策消化成为货币政策所面临的主要宏观经济形势，原有的数量型货币政策框架有效性不足，基于此，人民银行加快了利率市场化改革的步伐，2015 年 10 月 23 日，人民银行放开了我国存款利率上限，标志着我国利率管制时代的结束，我国的货币政策框架正式进入了从数量型向价格型转型的时期，同时，外汇占款下滑、直接融资市场比例扩大、信贷资产证券化开展、汇率市场改革加快等方面的因素也促进了向价格型货币政策框架转型的步伐。由于转型期内旧的数量型调控工具和传导途径逐步失效、新的价格型调控工具和传导途径的有效性尚未建立[①]，需要转型期内特殊的货币政策工具，人民银行也进行了创新：短期流动性调节工具（SLO）、常备借贷便利（SLF）、中期借贷便利（MLF）和抵押补充贷款（PSL）等，并且为了解决上一周期全面宽松的不利后果采取了定向宽松的货币政策（降杠杆的要求），如 2013 年 4 月人民银行为了解决“三农”问题和中小企业融资难的问题对农业银行和中小银行进行定向降准措施。在货币政策最终目标的选择上加入了金融稳定的结构性调控目标使调控的难度加大、复杂程度提高，总结而言，这五项最终目标的重要性顺序应当为在保证金融稳定、结构不失衡的前提下首先考虑保证经济的平稳增长，物价稳定、就业平衡、国际收支平衡的目标成为次级目标。

因此，2012 年以后的货币政策框架转型的核心就是利率市场化在结束利率管制后的继续深入，包括培育货币市场基准利率、市场无风险收益率曲线、完善金融市场等促进数量型向价格型的转变。所采取的基本途径为采取以公开市场操作为主的工具调节市场基准利率并传导至金融市场利率，最终实现对物价调控的目标，在这个过程中，尽量采取相对单一的目标体系以保证价格型货币政策的连续性并提高微观主体的预期。

① 第四章谈到的“数量型货币政策和价格型货币政策的双失效”问题。

第五节 货币政策框架发展的规律

第一，转型的货币理论基础。西方发达国家的货币政策框架转型按照利率市场改革前、改革中和改革后分成了三个阶段。在三个阶段中，可以清晰地看出货币理论指导下货币政策的具体实践的不同。改革前这些西方发达国家的数量型货币政策框架的理论指导来源于凯恩斯主义，其标志就是将固定利率作为操作目标，中央银行可以直接通过利率的调控实现对消费和投资的引导，中央银行尚不具备独立执行货币政策的职能；改革中这些国家的数量型货币政策框架的理论指导来源于弗里德曼代表的货币主义，标志就是将货币供应量（M_1 或 M_2）作为中介目标并且将基础货币作为操作目标；改革后这些国家采用了泰勒规则下的货币政策理论，将基准利率作为货币政策的操作目标并实现以物价稳定为核心的最终目标，这些货币政策框架背后的货币理论指导均有适合这些国家具体发展实践的土壤，因此，对我国的货币政策框架转型，就需要找到适合我们自己国情发展需要的货币理论体系作为指导。

第二，转型的必要条件。货币政策框架从数量型向价格型转变需要四个必要条件：一是以利率市场化为核心的金融自由化改革；二是独立执行货币政策的央行；三是“三元悖论”下的汇率自由兑换；四是以债券市场为核心的高度发展的直接融资市场。第二个必要条件“独立执行货币政策的央行”，在基本的理解上存在一定的偏差，独立执行货币政策的央行，在很多学者看来是货币内生理论和货币外生理论的主要区别和标志，他们认为，货币外生是由于央行可以独立决定货币的发行量，不受其他因素的影响，将货币的发行作为货币政策的起始点；货币内生下的央行货币的发行量要受到货币需求决定，不是货币政策的起始点，会受到政府的影响，故认为外生性货币政策的央行是完全独立的执行货币政策，而内生性货币政策的央行不具备独立性。但本书认为，这种观点是一种形而上学的观点，因为按照即使内生货币政策的货币供应要受一国的货币需求的决定，也并不代表该国央行必然受到一国政府的政治与经济政策影响，相反，其货币政策的起点在于该国经济循环过程中的货币需求，该国央行只要能依据实际经济需求发行货币，这种客观性就是其独立性的具体表现，内生性货币政策理论的科学性也可以通过该国央行这种独立性体现出来，因此，一国央行的独立性与内生性和外生性的货币政策没有必然联系，美联储和德意志联邦银行无论是转型前还是转型后的货币政策都由于其独立性而被视为各国央行的典范，因此，本书就“独立执行货币政策的央行”的观点而言，认为只是一种相对独立的执行货币政策的央行，而非绝对独立，无论是从欧美主要发达经济体的货币政策转型实践考察还是对未来我国的货币政策框架转型的建议，都应坚持这一点。

第三，转型的发展规律。从发达国家的货币政策框架转型的经验以及我国的货币政策框架的发展逻辑来看，随着各国以利率市场化为核心的市场经济结构不断完善，其货币政策框架的发展规律可以划分为信贷规模控制、盯住货币总量和基准利率调控等市场化机制由浅入深三个不同阶段，而这三个不同的发展阶段各国所依托的内部宏观经济环境和外部国际经济发展趋势基本一致，这也使中国的货币政策框架需要加快转型以适应并融入国际社会的宏观经济环境。

第四章 我国货币政策框架转型内涵及发展逻辑

本章内容继续基于发现问题的视角进行分析，从数据分析和现状梳理进一步归纳出我国的货币政策框架转型内涵及特征。通过第三章货币政策框架转型的国际实践比较以及我国货币政策框架转型发展的规律，明白了随着货币政策环境的变化，作为宏观经济调控的货币政策应该随之变化甚至转型。本章内容对第三章提到的我国货币政策框架的第三次转型背景，即当前我国面临着经济结构的转型和调整，结合本书第一章对货币政策框架的基本概念，在数据分析的基础上进一步探讨，从而在此基础上可以界定当前我国货币政策框架的转型内涵，并进一步归纳总结出当前我国货币政策框架在实施过程中的“双失效”显性特征，同时结合当前我国金融体系改革的进程就货币政策框架转型的现实条件进行分析。

第一节 货币政策新环境

货币政策新环境是我国货币政策框架转型的背景，是指货币政策在制定、实施、修正过程中所处的环境，本书第一章对货币政策环境进行了概念说明，指出了随着我国经济结构的转型，我国货币政策新环境随之出现，进一步系统归纳，货币政策新环境可以从内部（国内）宏观、中观、微观三个层次以及外部（国外）环境等方面具有如下显性特征：

第一，经济增长方式的改变引起了宏观政策目标发生了重大变化。原先的高增长模式是在原有的货币政策支持下发生的，表现为货币供应与 GDP 之比、信贷余额与 GDP 之比的增长幅度大大超过了多数发达经济国家，“货币超发”成为原有增长模式之下货币政策的显性特征，主要的手段包括货币供应量 M_2 和信贷的快速增长（见图 4－4　中国 M_2 增速与 GDP 增速对比情况）、利用通货膨胀进行强制储蓄（投资拉动）① 等。但当前经济增长方式发生了改变，高增长率不再是我国的宏观经济的政策目标，新的适度合理的增长目标已经不需要这些“旧的”货币政策手段了。

第二，新的金融格局之下的金融创新及影子银行体系的发展。近年来，金融创新与影子银行体系的发展使我国的金融格局发生了显著变化，使原先的货币政策有效性明显下降。首先，金融创新带来的中国整个经济社会的流动性，使原先的货币统计口径落后于这种创新所带来的变化，例如银行承兑汇票等表外业务虽然改变了社会流动性，但由于无法体现在银行的资产负债表中，使货币统计口径与实际的流动性产生了偏差，包括新的信息技术所带来的支付手段的革新也造成了货币统计口径与实际货币需求的脱节；其次，融资结构的多元化冲击了原有的信贷渠道下的货币政策的效果，如表 4－1 所示，人民币贷款所占社会融资总规模的比例 2002 年为 91.9%，到 2010～2014 年由于企业债券、信托、互联网金融等非信贷融资所带来的冲击使得这一比例只能占到 50%～60%，不同的融资所带来的利率水平不同，使央行的利率操作目标的确定和调整越发复杂、困难，2015～2017 年，由于强监管对场外配资的限制使得人民币贷款所占社会融资总规模上升至 70% 左右。这些方面的变化改变了传统金融业的生存业态和货币流通的速度，影响着商业银行的超额准备金，破坏了央行货币供应与经济增长和通货膨胀水平的有效关联。

第三，市场化改革进程下微观预期的作用越发突出。党的十八大报告明确了市场在资源配置中的决定性作用，微观主体预期在货币政策传导过程中的角色越来越重要，而且货币紧缩和货币宽松下的微观主体的预期是不同的，对下一步货币政策的调控机制、模式和传导渠道提出了改善要求。现有数量型货币政策框架有效性降低的原因之一就在于这种微观预期，主要表现是其边际效应越来越低、边际成本越来越高，同时，由于新的利率市场机制建设尚未完成，这种微观预期难以正确发挥作用。

---

① 通货膨胀强制储蓄效应是指在经济达到充分就业水准条件下，政府通过向中央银行借债，造成直接或间接增发货币，从而强制增加全社会的储备总量，这种储备成为用于投资的货币积累，导致物价上涨的经济行为。

表 4 – 1　2002 ~ 2017 年各类融资方式在社会融资总量（新增）中的占比情况

年份	人民币贷款（%）	外币贷款（%）	委托贷款（%）	信托贷款（%）	未贴现银行承兑汇票（%）	企业债券融资（%）	非金融企业境内股票融资（%）	其他社会融资（%）	合计（%）
2002	91.9	3.6	1.0		-3.3	1.8	3.1	1.9	100
2003	81.1	6.8	2.0		6.2	1.5	1.6	0.8	100
2004	79.2	5.1	10.9		-1.0	1.6	2.4	1.8	100
2005	78.5	4.7	6.5		0.2	6.7	1.1	2.3	100
2006	73.8	3.4	6.3	1.9	3.5	5.4	3.6	2.1	100
2007	60.9	6.5	5.7	2.9	11.2	3.8	7.3	1.7	100
2008	70.3	2.8	6.1	4.5	1.5	7.9	4.8	2.1	100
2009	69.0	6.7	4.9	3.1	3.3	8.9	2.4	1.7	100
2010	56.7	3.5	6.2	2.8	16.7	7.9	4.1	2.1	100
2011	58.2	4.5	10.1	1.6	8.0	10.6	3.4	3.6	100
2012	52.1	5.8	8.1	8.1	6.7	14.3	1.6	3.3	100
2013	51.4	3.4	14.7	10.6	4.5	10.5	1.3	3.7	100
2014	59.4	2.2	15.2	3.1	-0.8	14.7	2.6	3.4	100
2015	73.1	-4.2	10.3	0.3	-6.9	19.1	4.9	3.4	100
2016	69.9	-3.2	12.3	4.8	-11.0	16.9	7.0	3.3	100
2017	71.2	0.0	4.0	11.6	2.8	2.3	4.5	3.6	100

资料来源：根据中国人民银行网站和国家统计局数据整理。

第四，国际收支与外汇管理体制的变化改变了我国基础货币的投放渠道。自20世纪90年代以来，中国长期保持“双顺差”的格局。同时，2005年以后国际资本市场对中国人民币有长期的升值预期，在我国外汇管理体制之下，“双顺差”给中国带来的结果就是外汇储备规模快速增加，如图4－1所示，2000年以后增速加快，尤其是在2005～2014年6月增速极快，外汇储备规模在2014年6月达到顶点39932亿美元之后开始降低，2017年1月为近几年的最低点29982亿美元，之后开始逐步回升，2017年12月的外汇储备规模为31399亿美元，2018年以来又开始逐步回落。我国常年的贸易顺差和人民币升值预期意味着资本流入，并使得外汇占款的状况尤为突出，最终导致中国的货币政策成为事实上的美元本位制（外汇结算的货币主体是美元），为了消除这种巨大的外汇占款流动性所带来的风险，一是持续且大幅度提高法定存款准备金，二是为了解决提高法定存款准备金给银行带来的损失，执行存贷款利差的管理，拖累了我国金融市场化改革进程。在新的市场化改革阶段，外汇管理体制与资本账户开放的改革会逐步深化，改变这种外汇占款所带来的流动性风险局面成为明确的预期。同时，人民币国际化趋势也会改变我国当前美元本位制的货币供应，而且全球经济在新的工业化革命下会实现“再平衡”，为我国货币政策的调整带来时间和空间上的客观环境。

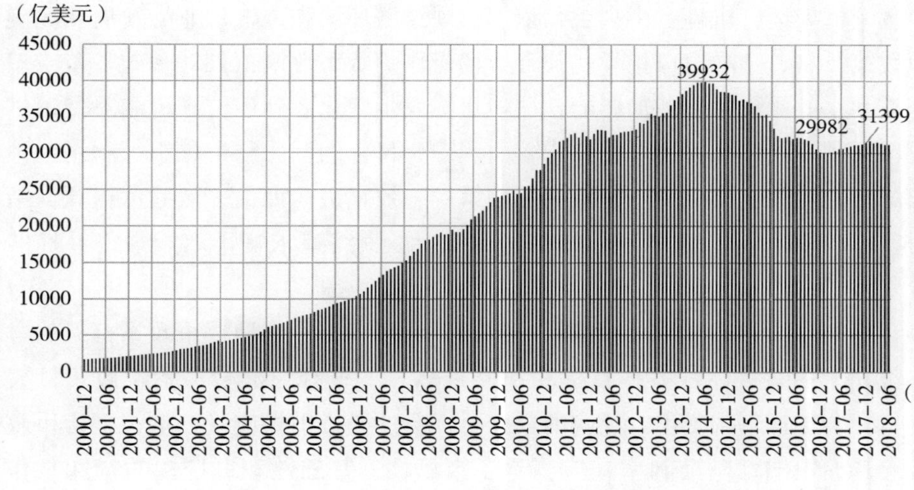

图 4-1 2000~2018 年中国外汇储备规模

资料来源：国家外汇管理总局。

第二节 货币政策框架转型内涵

本节主要讨论我国货币政策的转型，是在本书导论部分关于货币政策框架及内部要素的基本概念基础上，探讨我国货币政策框架体系内的运行机理及相应的分类，然后对货币政策框架下的货币政策最终目标、中介目标和操作目标的转变进行分析，实现对其进行内涵界定。相应地，货币政策传导机制也进行了改变，由数量型的传导机制向价格型传导机制转变。

一、货币政策框架运行机理及分类

货币政策框架是一国中央银行为了实现宏观经济目标，通过货币政策的传导机制而联系在一起的货币政策操作工具、操作目标、中介目标和最终目标的逻辑框架，其中也包含了为保证货币政策实施的相关制度。

1. 货币政策框架的运行机理

基于本书导论部分对货币政策框架基本概念的介绍，可以系统归纳出一般性的货币政策框架运行机理：中央银行依据宏观经济环境和金融行业的发展状况确定货币政策策略，选择窗口指导、公开市场操作等货币政策工具对基础货币或短期性基准利率的操作目标施加影响，操作目标发生变化后利用传导机制对货币供应量或市场利率的中介目标发生作用，引起中介目标的变化，中央银行利用这种变化，配合其他经济指标的变化对货币政策实施效果进行评估，然后依据评估结果，对货币政策工具进行重新选择并进行完善，最终追求货币政策最终目标的实现。

结合本书导论中对货币政策框架的理解，数量型与价格型货币政策框架的本质区别就在于中间目标（操作目标和中介目标）的选择，数量型货币政策框架的操作目标会选择基础货币，相应的中介目标会选择货币供应量；价格型货币政策框架会选择短期性基准利率（应当具备市场性、基础性和可控性的特性）作为操作目标，由于有完善的利率市场机制可以保障央行的基准利率向金融市场和实体经济层面顺利传导，并最终实现物价稳定等最终目标，至于中介目标是否有存在的必要，需要就具体的经济环境进行分析。同时，两种货币政策框架的最终目标一般来源于宏观调控目标，维持物价稳定是最基本的也是最重要的货币政策最终目标。图 4 - 2 表明了我国当前的数量型货币政策框架的内容和运行机理。

2. 货币政策框架基本分类

货币政策框架的基本分类有如下两种：

第一，可以依据内生性货币供应理论和外生性货币供应理论的区别，把货币政策框架分为价格型货币政策和数量型货币政策。就本书而言，在我国货币政策新环境背景下，我国货币政策框架要从数量型货币政策框架向价格型货币政策框架进行转型。

第二，依据货币政策最终目标，采用国际货币基金组织的分类方法，通过将最终目标定义为“锚”可以将世界各国分为汇率锚（Exchange Rate Anchor）、货币总量目标（Monetary Aggregates Target）、通胀目标框架（Inflation Targeting Framework）、IMF 支持的或其他货币计划（Fund – support or Other Monetary Program）以及其他（Other）五类货币政策框架，我国被划分到货币总量目标的货币框架一类。这种分类方法的所谓“锚”，在操作目标、中介目标与最终目标的区分上不是很清晰，例如，数量型货币政策框架将基础货币 M_0 作为操作目标，将货币供应量 M_2 作为中介目标，而将物价稳定、充分就业、经济发展和国际收支平衡作为最终目标（当前中国央行的做法），这样就形成了三个层次上的“锚”，尤其在中介目标的“锚”货币供应量 M_2 和最终目标的“锚”通胀目标上需要进一步分析和研究，在学界也很少有研究成果对其进行严格表述与区分。实际上，在数量型货币政策框架和价格型货币政策框架的中介目标取舍上，中介目标作为操作目标和最终目标的中间目标并非不可或缺，在数量型货币政策框架体系下，在基础货币和最终宏观经济目标之间由于市场机制的传导相对不足，作为间接融资手段的信贷渠道成为主要的传导路径，因此，基于对信贷渠道和货币乘数的考量，货币供应量 M_2 成为必要的中介目标之“锚”，而且由于信贷渠道可控，货币供应量 M_2 也成为基本可控、指向清晰并有明确指标；就价格型货币政策框架而言，一国央行一般将物价稳定作为最终核心甚至唯一的目标，由于市场现场机制的健全、传导渠道的畅通和机制的完善，基准利率所扮演的操作目标角色，可以通过货币市场、债券市场和信贷市场之间不同期限的利率结构进行传导并对最终的物价水平产生影响，而不需要考虑类似于数量型货币政策框架之下通过信贷渠道和货币乘数的影响，因此，不再需要将广义货币供应量 M_2 继续作为中介目标。

3. 数量型货币政策框架

一国央行直接以基础货币供应量操作目标，主要通过对公开市场操作业务、存款准备金率等工具调节基础货币供应量，以实现对广义货币供应量 M_2 的调控。在我国，数量型货币政策框架的典型特征和表现是利率管制，人民银行通过利率管制（直接规定基准利率及其上下限）控制金融资源的配置确定金融机构的信贷配给，理想状态下，经济低迷时期人民银行可以通过直接降低利率释放信贷量来“创造”总需求，在经济过热时期人民银行反向操作来压低社会总需求。图 4 –2 表明了当前我国数量型货币政策框架的基本逻辑，具体而言，在我国存款准备金制度条件下，广义货币供应量 M_2 由基础货币供应量间接决定。就基本理论而言，数量型货币政策有效的主要标志是货币供应量增长率与物价指数（通货膨胀率）的同比率增长或 M_2 与 GDP 的稳定关系。前者一般需要满足两个条件：一是货币供应增长率的变化能够对应通货膨胀率的变化；二是货币流通速度的相对稳定，即费雪货币交易方程式（MV = PY）中的前提假设 V 是相对稳定的。只要这两种方式任何一种得不到满足，即视为货币数量理论的失效，针对第一个条件的检验，Lucas（1980）、Whiteman（1984）、Sargent 和 Surico（2011）利用此条件对美国的货币供应的有效性进行了检验（后两篇文献是基于第一篇文献所做的研究）；针对第二个条件，陈彦斌（2015）利用此条件对我国的数量型货币政策框架的有效性进行了检验。后者可以直接通过 M_2 与 GDP 的比值的纵向比较来考察，郭豫媚（2015）对此进行了讨论。

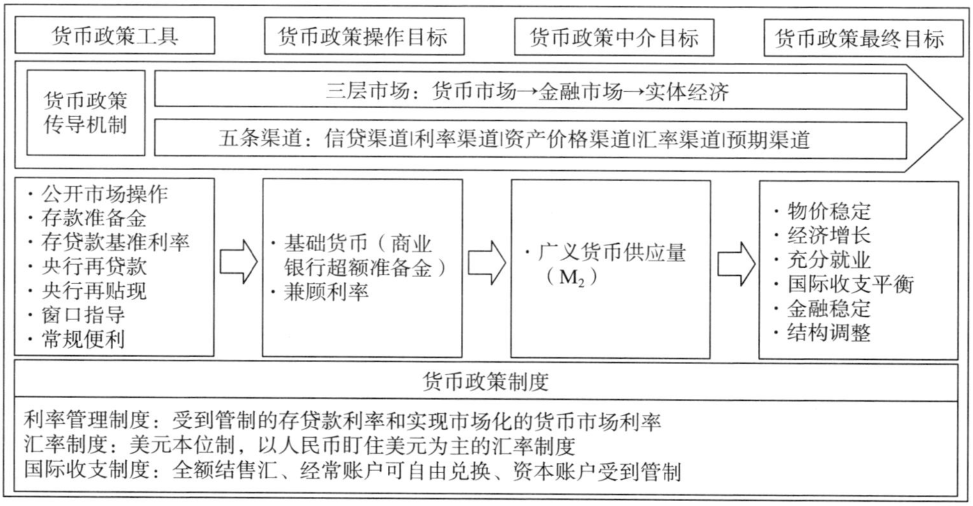

图 4-2　我国现有货币政策框架模型

资料来源：笔者根据相关资料总结。

4. 价格型货币政策框架

2012 年《金融业发展与改革“十二五”规划》虽然表述了要将货币政策以数量型调控为主转向以价格型调控为主的模式，但对于价格型调控的准确定义，其内涵与外延均没有给出，其价格型货币政策框架的最终目标（“锚”）、中介目标、操作目标以及三层目标之间的传导路径和机制均没有给出清晰的界定，考察西方发达经济国家的价格型货币政策框架并结合上述货币政策框架的运行机理可以基本总结出其概念：价格型货币政策框架是在利率市场定价的基础上，主要通过公开市场操作工具，采取市场基准利率为操作目标并在金融市场上通过利率传导渠道对市场利率体系产生影响，进而对实体经济形成作用，实现以物价稳定为主的经济目标。一国央行在价格型货币政策框架之下所采取的方式一般通过完整的通胀目标预测机制来实现，具体而言，如果通胀率的预测值高于通胀率的目标值，所采取的货币政策为紧缩性，否则采取扩张性财政政策，如果二者一致，货币政策则保持不变。当前采取价格型货币政策框架的国家或经济体一般有两种类型：一是以物价稳定为唯一目标的单一目标制，二是以物价稳定为主同时兼有就业稳定等其他目标的多元制目标；前者以德国和欧洲央行为例，后者以美国、日本央行为例。在实行单一目标制的国家，往往会设置通货膨胀率作为最终目标的衡量指标。通胀目标制的运作机理如下：一国央行明确物价稳定为货币政策唯一目标，并按照制度安排就未来时期所要达到的通货膨胀目标值向本国公众公布，同时，该央行要设计科学可行的预测模型对未来时期的通货膨胀率预测得到预测值，而后依据预测值与目标值之间的偏离程度来确定货币政策操作工具，达到通货膨胀率实际值与通货膨胀率目标接近的目的。

通过表4－2可以看出，价格型货币政策框架相对数量型货币政策框架（以中国央行为代表）而言更加单一化、目标指向更清晰，在最终目标的选择上，物价稳定成为各个国家的必选项，欧洲央行、韩国央行执行物价稳定的单一目标，美国和日本分别增加了充分就业和金融稳定的目标；在操作目标的选择上，市场基准利率围绕着短期国债回购利率（以欧洲国家为代表）和同业隔夜拆借利率（以美国和日韩为代表）来操作并传导至金融市场的利率水平上，而公开市场操作构成了价格型货币政策框架的核心操作工具，同时辅之以存款准备金和借款工具两种手段进行操作。相对而言，数量型货币政策框架的最终目标更加多元化，操作工具更加丰富，意味着在实际操作构成中更加灵活并随着外部经济环境的变化而有所创新，但缺点也显而易见：一是对货币当局的能力提出了更高要求，因为多样性的选择意味着复杂程度的提高；二是对微观主体的预期有不确定性影响，在公共沟通上带来不利影响；三是行政化工具与手段明显，操作工具上存贷款基准利率由央行直接确定并且还有央行对商业银行的窗口指导；四是在各个金融市场层级上（如信贷市场、债券市场、产权交易OTC、汇率市场等）分割严重，多头监管（如表4－3所示），造成了市场之间替代性差的局面。因此，由表4－2可以明显看出在传导渠道的选择上，价格型货币政策国家在资产价格、市场预期和汇率的传导渠道上由于各个市场联动性更强且有较强的替代性，因此比数量型货币政策国家的传导途径和机制更加有效。

表4－2　各国货币政策框架比较

指标	类型	价格型货币政策框架					数量型货币政策框架
	国家	美国	英国	德国/欧盟	日本	韩国	中国
操作目标		联邦基准利率	国债（两周）回购利率	国债（一周或两周）回购利率	隔夜信用拆借利率	无抵押隔夜拆借利率	基础货币
中介目标		无	无	无两大支柱：M_3 和未来价格风险	无	无	广义货币供应量
最终目标	物价稳定	√	√	√	√	√	√
最终目标	经济增长						√
最终目标	充分就业	√					√
最终目标	收支平衡						√
最终目标	其他				金融稳定		金融稳定
操作工具	公开市场操作	√	√	√	√	√	√
操作工具	存款准备金	√	√	√	√	√	√
操作工具	借款类工具	贴现窗口、TAF（短期拍卖工具）	FLS（融资换贷款计划）	TLTRO（长期再融资操作）	再贷款	待查	SLO、SLF、MLF、再贷款，再贴现
操作工具	存贷款基准利率						√
操作工具	窗口指导						√
传导渠道	利率	▲▲▲	▲▲▲	▲▲▲	▲▲▲	▲▲▲	▲▲
传导渠道	信贷	▲▲	▲▲	▲▲▲	▲▲	▲▲	▲▲▲
传导渠道	资产价格	▲▲▲	▲▲▲	▲▲▲	▲▲▲	▲▲▲	▲
传导渠道	汇率	▲▲▲	▲▲▲	▲▲▲	▲▲▲	▲▲▲	▲
传导渠道	预期	▲▲▲	▲▲▲	▲▲▲	▲▲▲	▲▲▲	▲

注：在传导渠道的选择上，▲越多说明该国更加倚重该渠道的传导作用；韩国在转型期曾经将类似于德国的 M_3 的广义的货币供应量作为专心期内的货币政策的中介目标，后放弃。

资料来源：笔者根据中国人民银行、美联储、摩根士丹利研究院相关资料绘制而出。

表4-3　中国债券市场的监管体系

类别	具体品类	监管机构
债券市场	银行间债券市场	人民银行
	交易所债券市场	证监会
债券品种	政府债券	财政部、人民银行、证监会
	中央银行债	人民银行
	政策性银行债	人民银行
	商业银行债券普通债	银监会、人民银行
	商业银行债券次级债	银监会、人民银行
	特种金融债券	人民银行
	非银行金融机构债券	人民银行
	证券公司债	证监会、人民银行
	证券公司短期融资券	证监会、人民银行
	短期融资券	人民银行
	资产支持证券	银监会、人民银行
	企业债	国家发改委、人民银行、证监会
	国际机构债券	人民银行、财政部、国家发改委、证监会
	可转换债券	证监会
	公司债	证监会、人民银行

注：中央结算公司是中国债券市场的总托管人，接受三方监管：在业务上受央行和财政部监管；在资产与财务管理上受财政部监管；在人事和组织机构上受银监会领导，并接受其定期审计。此外，如参与集中性交易市场业务，根据《中华人民共和国证券法》还受证监会管辖。

资料来源：笔者根据相关资料总结。

二、我国货币政策框架转型内涵

通过对上述数量型和价格型货币政策框架的内涵界定和比较分析，借鉴发达国家在利率市场化改革进程中从数量型向价格型货币政策框架的转型经验，并且回顾我国货币政策框架的制度变迁，可以对我国货币政策框架转型的逻辑及内部要素的转型方向进行具体分析。

1. 货币政策目标转变

（1）货币政策最终目标的转变。虽然《中华人民共和国中国人民银行法》规定人民银行的职责是保持币值稳定和促进经济增长，但长期以来我国央行的货币政策框架一直执行着实际上的经济增长、物价稳定、充分就业和国际收支平衡四项宏观经济的目标，在后金融危机时代的经济结构转型时期又加入了金融稳定的结构性目标。这些目标之间在实际经济运行过程中常常会相互矛盾，因此，不同的时期人民银行在各个目标的选择上会有不同的选择顺序，例如，根据人民银行发布的《货币政策执行报告》，在2006～2008年上半年人民银行将目标重点确定为稳定物价和外部平衡的目标上，在2008年下半年至2009年货币政策目标被调整为稳定经济增长和保证就业。当前，在我国经济结构转型期内，经济增长持续下行，央行的目标重点放在了在结构失衡不恶化情况下促进经济增长上，依然通过数量型货币政策的调控手段（如转型期的特殊货币政策工具定向宽松）解决融资成本问题来支撑国内需求，其他的物价稳定、就业市场和国际收支平衡三个方面成为次重点目标。传统的数量型货币政策框架的最终目标总体上仍将经济增长目标放在了首位，这也导致了我国货币政策对通货膨胀和资产价格超比例上涨的反应迟缓，如1992～2013年，全国的房产价格年平均上涨速度超过10%，而GDP增长年平减指数为5.377（Ma，Li，2015）。

未来我国的货币政策框架要实现从数量型向价格型转变，就要将数量型的绝对多元化目标向相对多元化或单一化目标发展，其思路是在人民银行（相对）独立行使货币政策的前提下将物价稳定作为核心目标来对待，当然借鉴美国美联储和日本央行的做法，可以补充充分就业或金融稳定作为第二个核心目标来对待，但未来常规性的价格型货币政策最终目标不宜过多，因为根据丁伯根法则（Tinbergen's Rule），每个独立的政策目标必须至少有一个独立的政策工具（如果有多个政策工具对应一个政策目标，这些政策目标应该线性无关），过多的政策工具无疑会加大货币政策的实施难度和复杂程度且容易产生相互矛盾的问题。另外，在未来如果继续执行相对多元化的货币政策最终目标，需要进一步解决多元化目标之间的矛盾问题。分析发现，美国实行最终目标的多元化（物价稳定和充分就业），如果采取通货膨胀率的中介目标，就有可能与充分就业的最终目标相矛盾，例如，物价上涨严重的情况下，按照凯恩斯理论认为是经济过热，需要实行紧缩性货币政策来减少需求，来实现抑制经济过热、稳定物价的目标，达到需求与供给的平衡，但物价上涨还有另一种可能性，就是供给不足，如果这种情况下依然采取紧缩性货币政策无疑会加剧供给不足，扩大总供给与总需求的不平衡状态，会导致失业率的上升，最终影响货币政策充分就业目标的实现。

（2）货币政策操作目标和中介目标的转变。从数量型货币政策框架向价格型货币政策框架的转型，核心点在于货币政策中间目标的转变，由于当前我国的数量型货币政策失效，诸多学者将解决这种问题的关键依然放在了数量型货币政策框架范围之内。例如，向松祚（2013）建议货币政策中介目标由货币总量转向信用总量；彭兴韵等（2014）建议由信贷转向广义信贷，但信用总量在现实操作中不易准确度量和把控，并且政府对广义信贷的控制和影响无法如传统信贷政策主要依仗于通过利率来影响借款者的总体债务融资成本。因此，应该在价格型货币政策框架范围内，以利率为主的价格型调控并辅以公开市场操作来加快货币政策框架的转型。

当前我国处于转型期的货币政策框架的操作目标依然是以基础货币供应 M_0 为主，虽然全面放开了存贷款利率上下限，但依然由人民银行直接指定基准利率，可供市场自发调节的基准利率正在培育，尚无法确定（虽然业界的普遍共识是上海银行间同业拆借利率 Shibor 较为适合，但尚存在不确定性因素需要进一步完善与培育，教训如 Chibor 被培育为基准利率但最终退出），且利率传导机制和渠道建设尚不完善，如上所述，原因主要在于金融市场的不健全，在数量型货币政策框架失效和价格型货币政策框架有效性难以建立的情况下，可以借鉴德国货币政策框架转型的经验，建立利率走廊①：将当前央行的常备借贷便利或者抵押贷款利率作为其上限，下限可以定义为超额存款准备金利率。但在具体实施上可以分步骤通过建立法定（显性）利率走廊和不公开的隐性事实走廊，后者要比前者更窄，央行通过公开市场操作维持较窄的事实走廊。

未来价格型货币政策框架体系的操作目标建设应该在国债回购利率和银行间市场拆借利率二者之间进行选择（具体的探讨会在本书第六章进行），现实的选择是借鉴美联储和日韩两国央行的做法，把同业拆借利率作为基准利率来培育，主要基于以下两个选择：

第一，我国的国债市场建设落后于同业拆借市场的建设，主要表现如下：①我国国债的期限结构不合理，国债市场上以中长期国债为主，短期国债（一年期国债）品种少且占比过低，仅占总量的 20% 以下，而美国的比例高达 80%，使短期国债的无风险利率的有效性不足。②国债二级市场不活跃，换手率低于 1，远远低于上述几个发达国家的水平。③场外的银行间国债市场与场内的交易

① 人民银行在其网站上也发布了 2015 年第 12 号工作论文《利率走廊、利率稳定性和调控成本》，阐述和分析了我国经济转型时期建立利率走廊机制的可行性。

所国债市场分割严重，其监管机构不同甚至交叉严重，人民银行、证监会、银监会甚至财政部均有监管权限，影响了有效的收益曲线的形成（如表4－3所示）。④较小的市场规模，全部的债券市场2013年的总额（包括国债、公司债）仅能占到GDP的50%，而发达国家往往可以达到100%的水平[①]。

第二，人民银行已经开始着手培育银行间同业拆借利率作为市场基准利率，当前上海银行间同业拆借利率Shibor已经成为市场基准利率的重要选项，金融市场开始逐渐形成了以Shibor为基准的定价群。但从目前来看，由于我国转型期内诸多不确定因素的影响，Shibor的波动幅度依然很大，用变异系数（标准差与平均利率的倍数）衡量的数值其波动幅度是美国、日本、韩国、印度隔夜利率波动幅度的2~4倍（牛慕鸿等，2015），在第六章表6－1中有所表示。

就中介目标而言，在数量型货币政策框架体系下，广义货币供应量M_2成为其必然选择，但在价格型货币政策框架体系下，完善的利率市场机制使中介目标的存在不再成为必需，由于信贷渠道已经不是多元化金融市场体系下的主要传导渠道，货币供应量已经不能准确衡量宏观经济的整体情况，不再满足作为中介目标的三个前提条件（可预测性、可控性和关联性）了；即使选择价格型货币政策框架的中介目标也是基于现实经济环境的复杂性而对操作目标和最终目标之间传导过程的补充。实际操作中，基于可预测性、可控性和关联性三个前提条件以及现实经济条件的复杂性，借鉴类似于货币政策框架转型期内韩国的MCT（M_2＋CDs＋货币信托）和德国及欧盟将M_3作为中介目标的做法（弥补了多元化金融市场体系下的信贷渠道传导的缺陷），对数量型货币政策框架体系中作为中介目标的广义货币供应量M_2进行外延扩充。这也是本书的主要观点之一——价格型货币政策框架的中介目标“存在非必需”的体现。

但依然需要注意，货币政策框架转型期应该如何就中介目标进行取舍和选择，由于直接融资市场的发展造成了间接融资渠道难以反映总体的社会融资规模的问题，也就丧失了作为数量型货币政策框架中介目标的作用，因此，关键问题在于如何用我国的社会融资总规模指标来弥补当前的数量型货币政策框架的不足，现实可行的做法是借鉴德国和韩国在转型期内对M_2进行扩充的做法，将广义货币供应量M_2进一步外延：借鉴德国央行和欧洲央行的做法，扩展到M_3，或

① 摩根士丹利中国宏观经济团队：中国央行货币政策框架全解读，2014年12月9日，载于华尔街见闻：http://wallstreetcn.com/node/216570。

者借鉴韩国转型期做法，扩展到 MCT（M_2 + CDs + 货币信托），进行货币总量的计算，以此来反映转型期非银行金融机构活动对货币政策最终目标的影响。

2. 货币政策工具的转型

对商业银行直接信贷规模的控制在 1998 年正式结束，但直到现在人民银行依然保持了窗口指导的直接调控方式对商业银行的贷款规模、行业投向以及贷款节奏进行指导，因此，当前我国的数量型货币政策框架不是彻底的间接调控型货币政策框架。我国央行的常规性货币政策工具包括公开市场操作、存款准备金、存贷款基准利率、窗口指导、央行再贷款/再贴现等；转型期特殊政策工具包括短期流动性调节工具（SLO）、中期流动性调节工具（MLO）、常备借贷便利（SLF）和抵押补充贷款（PSL）等。前者常规性货币政策工具主要着眼于对总量的控制，后者特殊性货币政策工具主要适用于当前的结构性调控经济政策，解决当前的流动性缺口。从期限上进行分类分别有：短期性工具——公开市场回购和逆回购操作工具、公开市场短期流动性调节工具；中期性工具——央行票据发行、再贷款利率和再贴现、常备借贷便利；长期性工具——抵押补充贷款。这些工具都属于数量型货币政策框架体系下对基础货币投放进行影响的工具。在转型期，这些工具之间本身具有一定的矛盾性，如前所述，抵押补充贷款（PSL）的目的在于培育一个中远期基准利率，与一直培育的短期基准利率（如 Shibor）的关系处理上没有清晰的界定，而且很少有转型成功的国家在金融货币市场上是短期基准利率和中长期基准利率并存的。

当前的转型期内，对货币政策工具的选择应当基于上述操作目标进行利率走廊的建立和有效实施来进行，并考虑社会融资总规模（对广义货币供应量的外延）中的外延部分确定一部分特殊而有效的操作工具。可以预见的是，现存直接调控的窗口指导操作工具将会逐渐退出，而上述的特殊性操作工具在完成其调结构的使命之后也会逐步淡出，央行也会将其庞大的操作工具进行简约化处理，围绕着短期基础利率的操作目标进行公开市场操作，并补充存款准备金率的操作工具实现对货币市场、金融债券市场和实体经济的传导，实现以物价稳定为核心的最终目标。

3. 货币政策传导途径转型

发达国家的货币政策传导渠道具有多重性，这主要源于这些国家完善的市场结构和成熟的市场机制，货币政策能够更好地通过利率、资产价格、预期、汇率的传导渠道影响实体经济的需求与价格。相对而言，信贷渠道在这些国家对货币政策的传导只能占次要地位，但对我国来说，这些完善的市场结构和成熟的市场机制尚不具备，银行信贷依然居于主导地位，两者的比较如图 4－3 所示。从数据现象上来分析，虽然人民币贷款从 2002 年以来呈下降趋势，但依然保持在 50%以上，且 2014 年以来呈现反复上升的迹象，该比例从 2013 年的 51.35%上升到 2014 年的 59.36%（具体数据可参考表 4－1），同时也反映了直接融资市场的不够发达。从原因上分析，首先，我国国有金融机构的主要业务依然集中在存贷款的表内业务上，表外化的信贷资产证券化、银行理财、投行等业务所占比例不高；其次，一些操作工具也强化了信贷渠道的作用，例如，窗口指导对贷款额度的直接规定、抵押补充贷款（PSL）再贷款给国家开发银行支持基础设施建设替代了财政政策的职能；最后，一些学者（Sander 和 Kleimeier，2004；Gopalan and Rajan，2015）也实证了如中国的新兴市场国家由于债券市场的不完善，由于短期债券市场的缺失导致债券收益率的期限结构并未建立，在从货币市场的基准利率影响信贷市场利率的过程中是直接传导的，缺少了债券市场的过渡，而在成熟的发达市场这三个市场之间的关系（货币市场→债券市场→信贷市场）的逻辑步骤是构成货币政策影响企业借贷利率的途径（Boivin 等，2010）。

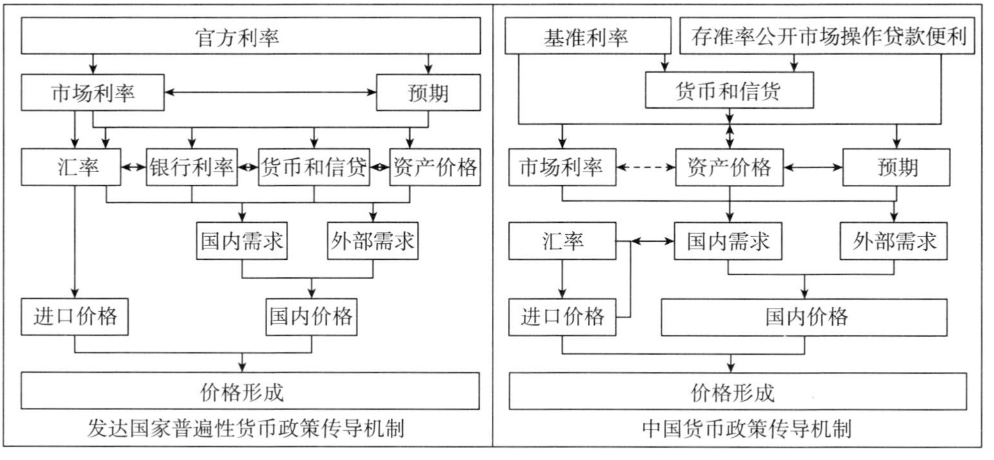

图 4－3　发达国家与中国的货币政策传导机制比较

资料来源：Morgan Stanley Research，摩根士丹利中国宏观经济团队。

另外，通过表 4－2 也可以看出，在货币政策的信贷传导重要性上，德国相比其他的发达经济体，其信贷传导渠道更为有效，这与该国以国有银行为主体的金融市场结构高度关联，例如，德国严格限制区域经营的地方储蓄银行承担了促进当地中小企业发展的公共职责，德国中小企业专业技术高度发达且出口竞争力强的特点离不开这些国有性质储蓄银行的信贷支持（郭迎锋、沈尤佳，2014），这也可以说明，价格型货币政策框架并不能代表信贷传导渠道的次要角色地位，而是要依据这个国家的具体经济结构和环境来确定。

未来我国建立适合国情的价格型货币政策框架的传导渠道，方向上要在利率市场化改革的基础上，培育利率传导、资产价格传导、预期传导以及汇率传导渠道四种渠道，对应着当前我国债券市场改革与发展、房地产市场和股票市场深化改革、国有企业改革及地方政府的预算软约束问题的解决、汇率市场化改革等几个方面的改革与调整，都是复杂而艰巨的任务，而且每项改革之间也会相互影响甚至相互矛盾，需要政府统筹兼顾并且各个部门和层级统一协调地推进这些改革。同时，这四种未来建设和改善的传导渠道与传统信贷渠道的关系也要处理好，德国的经验告诉我们，信贷渠道也可以在价格型货币政策框架体系内发挥重要作用。

第三节　我国当前货币政策框架“双失效”的显性特征

当前我国货币政策的外部环境发生了根本变化，货币政策框架必须依据这种变化进行调整，如果旧的货币政策框架无法适应新的货币政策环境的变化，货币政策将会无法实现宏观经济目标，尤其随着我国利率市场化改革的逐步深入，使得我国货币政策框架处于从数量型向价格型转型，在这种转型过程中出现了数量型和价格型货币政策的“双失效”局面。所谓货币政策框架的“双失效”，即原有数量型货币政策框架的效应逐步丧失，应当建立的价格型货币政策框架的有效性尚未建立，前者通过货币政策环境的变化以及相关的数据分析容易理解，但后者还需要进一步解释。

一、数量型货币政策框架有效性逐步失效

货币政策新环境（如本章第一节所述）使得数量型货币政策框架有效性降低甚至失效。货币政策环境作为一国货币政策框架的外部条件，由于所产生的新的变化导致了我国原有的数量型货币政策框架有效性不足，满足不了我国对宏观经济调控的要求，具体而言，M_2 作为货币供应的中介指标，与实体经济的稳定关系可以表明货币数量理论的有效性，但当前货币政策的一个突出问题就是货币供应与实体经济的脱节，陈彦斌等（2015）通过构建涵盖了房地产和地方政府债务的 DSGE 模型，验证了由于房地产泡沫和地方政府债务的膨胀导致 M_2 增加的部分很少能真正流入实体经济层面。

从实际经济数据来考察，可以通过货币供应量与 GDP 和 CPI 的相关性来分析。

（1）我国货币供应量 M_2 与 GDP 的比较。在我国货币供应量 M_2 与 GDP 的比较上，一方面，可以通过 M_2 货币供应量和 GDP 的绝对值比较，如图 4－5 所示。在 1995 年我国 M_2 的发行量首次超过了当年的 GDP，同时，从 M_2 增速与 GDP 增速的比较来看，M_2 为代表的货币供应量指标变化已不能很好地反映 GDP 的变动。M_2 与 GDP 的比值不断上升，在 1999 年该比值为 134%，2008 年该比值为 151%，金融危机之后，2009 年迅速上升到 179%，到 2016 年攀升至目前最高的 208%，2017 年该比值有所回落，但依然保持在 204%。另一方面，可以通过 M_2 的增速与 GDP 的增速比较来考察，如图 4－4 所示。有两个现象值得注意：一是 M_2 增速与 GDP 增速的背离，可以看出我国历史上（自 1990 年以来）曾经有过两次 M_2 增速与 GDP 增速的背离，一次发生在 1990～1992 年，另一次发生在金融危机之后的 2008～2010 年；二是 M_2 的增长速度一直远远高于 GDP（实际）的增长率，说明了我国货币供应一直以来脱离实体经济的发展，背离了商品交换的实际所需的货币需求，不符合货币内生理论，同时也说明了数量型货币政策框架有效性的降低，透支了人民币潜在的升值空间，使得自 2005 年“汇改”时开始的人民币升值周期到 2015 年 8 月 11 日宣告结束①。图 4－4 和图 4－5 都表现了当前我国的数量型货币政策失效现象。

---

① 2015 年 8 月 11 日上午，央行公布人民币兑美元汇率中间价报 6.2298，较上一个交易日贬值 1136 点，下调幅度达 1.9%，为历史最大单日降幅。

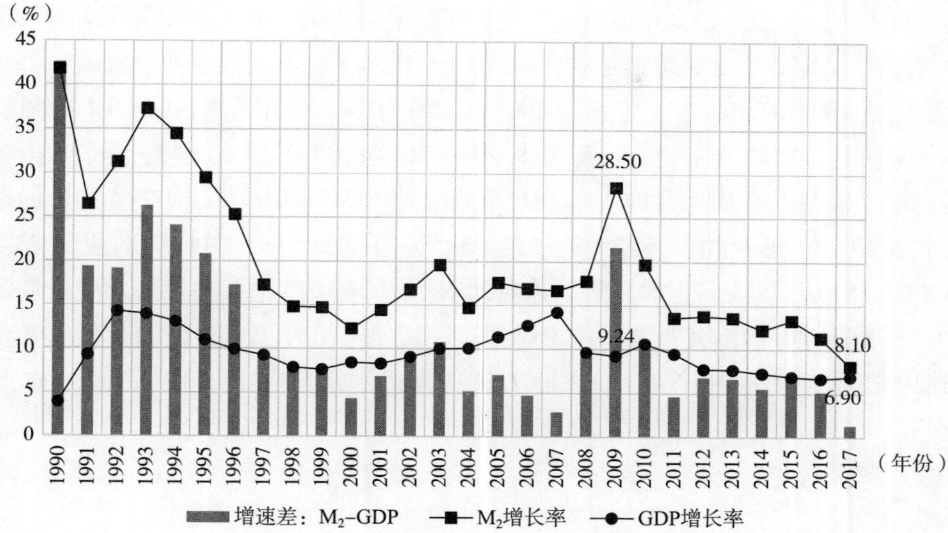

图4–4　中国 M_2 增速与 GDP 增速对比

注：此处的 GDP 绝对额为名义 GDP。

资料来源：GDP 数据来源于国家统计局，M_2 数据来源于中国人民银行网站。

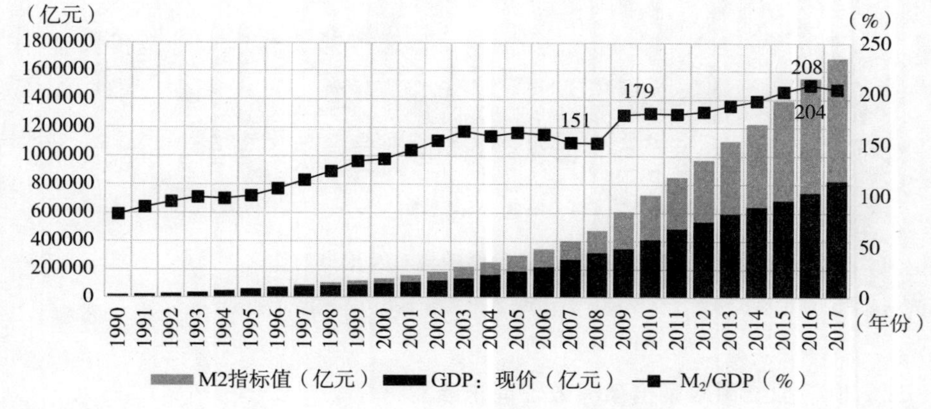

图4–5　中国 M_2 与 GDP 之比走势

注：此处的 GDP 增速为剔除物价因素后的增速。

资料来源：GDP 数据来源于国家统计局，M_2 数据来源于中国人民银行网站。

（2）从我国 M_2 增长速度与 CPI 增长速度来考察，按照数量型货币政策理论，货币供应增长率的变化能够对应通货膨胀率的变化。但从实际情况来看，这种相关性自 2003 年之后越来越弱，如图 4－6 所示。突出表现在两个阶段：第一个阶段是 2003～2007 年，尤其是 2003～2004 年 M_2 的增长率从 19.6% 下降到 14.7%，而 CPI 却从 1.2% 上升到 3.9%，M_2 增长与 CPI 的相关性可以达到 0.67%（张杰、翟福昕，2014）。第二个阶段是 2008～2016 年，2008 年 M_2 的增长率从 17.8% 迅速增长至 2009 年的 28.5%，但 2009～2011 年迅速下降至 13.6%，但 CPI 却保持上升趋势，该时期 M_2 增长与 CPI 的相关性从上个时期的 0.67% 下降到 0.19%（张杰、翟福昕，2014）。M_2 作为中介指标的数量型货币政策与物价指数作为最终目标的相关性的偏离度越来越高。

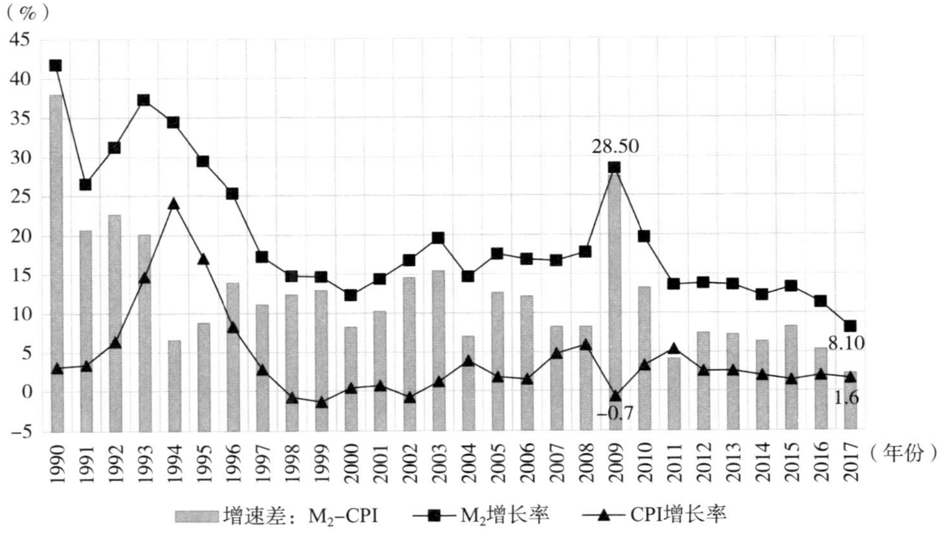

图 4－6　中国 M_2 增速与 CPI 增速对比

资料来源：GDP 数据来源于国家统计局，M_2 数据来源于中国人民银行网站。

二、价格型货币政策框架有效性尚未建立

当前我国价格型货币政策框架的有效性尚未建立主要表现在两个层面。第一，央行价格型货币政策框架的规划实施路径和相应的计划节点尚不明确；第二，利率传导体系不健全，突出表现在以下三个方面：①从货币市场到信贷市场的基准利率传导渠道的缺失。②金融市场的竞争不充分，缺乏内外部激励和约束条件。③货币政策的预期机制不完善或者央行货币政策信息不够透明导致微观主

体决策不充分。

1. 我国央行对于价格型货币政策框架的规划不甚明晰

我国央行对于价格型货币政策框架的规划不甚明晰也是造成当前价格型货币政策框架的有效性难以建立的原因。我国正处于全面改革深化的攻坚阶段，处于经济结构转型的关键时期，货币政策中间目标（操作目标和中介目标）的转换速度过慢会直接影响到货币政策的可操作性和有效性，从上述的货币政策框架转型的现实条件来看，我国已经具备了转型的相应外部环境，可以适当加快中间目标的转换速度。我国的《金融业发展与改革“十二五”规划》提出了“推进货币政策从以数量型调控为主向以价格型调控为主转型”的目标，但目前来看，除了在利率市场化加速推进之外（表现在存贷款利率放开），在其他方面的表现还有待完善，例如，2014 年第一季度央行继续强调重申了“货币政策调控框架将由‘量’向‘价’转变”，但如何转变缺少实施路径和计划安排，“十二五”规划的目标难以进一步开展，相应地，我国《金融业发展与改革“十三五”规划》如何就其进行部署与实施有待观察。

2. 市场化基准利率体系的培育尚未完成，其市场化的传导途径还不完善

一般而言，基准利率应当具备市场性、基础性和可控性的特征，市场性主要指资金的定价（利率）由资金的供应与需求决定，需要真实而有效地反映市场的供求关系；基础性主要指在一定期限内基准利率可以作为无风险利率信号，为金融市场上其他金融产品的定价起到参照或指导作用，并通过金融市场作为传导渠道对实体经济产生影响；可控性主要指央行可以通过公开化的市场操作工具实现对基准利率形成影响。同时，基准利率属于货币政策框架体系内的操作目标的范畴，如本书第一章所述，操作目标被选择还应当具备可预测性、可控性和相关性的前提条件，这些前提条件应该相对中介目标而言。基于市场性、基础性和可控性特征，当前国际上所选择的基准利率主要分为两种：一种是国债回购利率，主要被英国和欧盟内的德国、法国和西班牙等国采取；另一种是银行间同业市场利率，较为熟知的有国际金融市场的 Libor 和美国的美联储联邦基金利率。各国采取哪种基准利率应当根据本国货币市场、金融市场和实体经济的具体情况而选取，英国因为其金融市场上短期国债的市场容量最大、最能反映资金市场的供求关系，而美国的联邦基金市场是对商业银行流动性最大的资金市场。

但当前我国的货币政策框架离价格型的差距还较大，表现在以下几方面：

第一，市场基准利率还不能完全确定，汇总当前我国学者的研究成果，大部

分认为应当采用银行间同业市场利率作为我国市场的基准利率［戴国强、梁福涛（2006）；中国工商银行城市金融研究课题（2008）；王志栋（2012）；柳欣等（2013）；曹凤岐（2014）］，认为7天期银行间回购利率、上海银行间同业拆借的利率Shibor比较合适，这也与我国当前国债市场不发达、期限结构不合理有关。

第二，我国央行当前的货币政策执行上依然采取直接设定存贷款基准利率的手段，还没有采取公开的市场操作或者调控再贴现率的间接手段。

第三，现有的货币政策采取了转型期特殊的定向投放的操作工具，但依然属于数量型货币政策范畴，虽然在局部或短期内产生一定的效果，但不具备整体性和长期性效应，这也是我国货币政策框架转型过程中的特殊货币政策工具本身的过渡性特征所决定的，同时这也是由于我国利率传导机制不健全和传导途径不通畅而采取的为了解决当前经济结构转型问题的应急措施。在这一点上，我国央行也有一定的认识，《2014年第二季度中国货币政策执行报告》曾经认为，定向降准的结构性措施只是辅助性的，若长期实施会存在一些问题。例如，央行2015年推出的抵押补充贷款PSL的目的在于培育一个中远期基准利率，表明了央行尽快实现价格型货币政策框架的效应的态度，但这样的创新型操作工具不符合基准利率市场化的要求，同时，与一直培育的短期基准利率（如Shibor）的关系处理上没有清晰的界定，因为世界上很少有国家的金融市场上短期基准利率和中长期基准利率并存。

3. 利率市场化需要进一步深化，完善金融机构内部激励与外在约束机制

存贷款利率上下限的完全放开并不代表利率市场化的实现，金融市场的竞争充分也是利率市场化实现的条件之一。充分竞争的市场能够有效地配置资源。充分竞争的金融市场所决定的价格才是真正的市场化的利率，但当前中国以银行业为主的金融市场存在竞争不充分的地方，主要体现在外部约束力较强和内部激励不足，外在约束主要表明的是市场公平竞争和市场纪律，需要解决金融垄断、市场准入不合理、隐性担保和刚性兑付的问题；内在激励一般而言指的是产权结构和公司治理结构，我国金融机构需要解决其产权关系和产权约束，进而优化金融机构的公司治理架构的问题，这些问题突出表现在国有银行的独立性不足、银政不分的问题所导致国有银行间的竞争不充分（郭豫媚、陈彦斌，2015）。

4. 预期管理的缺失或者央行货币政策的不透明

预期管理机制是货币政策在公共沟通方面的具体体现，美国前任美联储主席

伯南克和现任主席耶伦均强调了公共沟通在货币政策实施方面的积极性，2012年1月，美联储引入了阈值指引（Threshold Guidance）代替了以前的时间指引（Calendar Guidance）。阈值指引能够使大众对联邦基金利率形成预期，能熨平不确定性扰动，起到自动稳定器的作用与功能。对我国而言，尤其在货币政策框架转型过程中可以部分地解决由于中间目标的缺失而造成有效性降低的问题，因为良好的预期可以不过多地依赖中间目标而使微观主体了解政策意图进而引导其行为，可以弥补价格型货币政策框架有效性尚未建立的缺陷，而且可以为价格型货币政策有效性逐步建立赢得空间和时间。但当前我国在预期管理上的缺失使得这种可能性几乎不存在，一些转型时期的特殊货币政策被部分专家学者和机构解读为不同，甚至相互矛盾的市场预期和市场信号，其主要原因在于以下两方面：其一，与公共沟通的不足或者央行货币政策的不透明，相对于降准和降息的常规性操作工具，当前所采取的定向宽松更加复杂，更加需要央行的信息公开并且要提前向市场传递相关信号，但实际情况却有待改善，例如，SLF等定向宽松工具在央行2014年第三季度货币执行报告公布之前该年5月就在其他媒体上出现，信号的传递作用严重滞后，还有，就是当前央行实施“稳健的货币政策”，期限长（连续4年）且含义模糊（“既包括防止通货紧缩，也包括防止通货膨胀”）；其二，货币政策的最终目标过多，如前文所述，货币政策事实上执行了“经济增长、充分就业、价格稳定、国际收支平衡”以及金融危机之后的“金融稳定”的目标，最终目标的过多无疑增加了市场预期的难度，影响了预期的稳定性。

第四节 转型的现实条件分析

货币政策环境的变化使得我国的数量型货币政策框架难以发挥其效用，同时我国央行自1995年开始提出利率市场改革的基本思路，到2015年10月，存贷款利率完全放开，尤其是党的十八大以来，随着市场化改革的逐步深入，为价格型货币政策框架的利率传导机制打造了一定的条件。

党中央、国务院从20世纪90年代初期就提出了利率市场改革的基本思想，在1993年所发布的《关于建立社会主义市场经济体制改革若干问题的决定》和《国务院关于金融体制改革的决定》中最先得到了明确。党的十六大报告中进一步明确了“要稳步推进利率市场化改革，优化金融资源配置”，我国由央行主导的利率市场化改革和货币政策框架的转型在这种思想主导下逐步开展，其工作在央行每一季度发布的《货币政策执行报告》中得到了体现，央行在《2014 年第一季度货币政策执行报告》指出，价格型货币政策框架下的利率传导机制需要三个必要性条件：第一，金融市场机制的完善；第二，微观主体对市场利率的高敏感性；第三，汇率机制具有充分的弹性①。当前来看，虽然距发达国家尚有差距，但随着利率市场化的快速推进已经得到了很好的改善，使得我国向价格型货币政策框架的转型具备了一定的实施条件。

一、金融市场的逐步完善

我国的金融市场虽然一直存在着准入资格的市场垄断、法制建设相对落后等不足，但在直接融资和间接融资的构成上得到了一定的改善。在金融市场的不足方面，主要表现为社会融资规模增量的减少（增速的降低），如图 4－7 所示。社会融资规模的增速在 2008 年金融危机之前和金融危机之后表现得截然不同，2009 年社会融资规模的增速达到 99.28% 的最高水平，但在之后的几年增长乏力，2002～2009 年的社会融资总规模从 20112 亿元增长到 139104 亿元，增长了 5.9 倍，平均增速为 84.52%；2017 年的社会融资规模达到 164773 亿元，2009～2017 年仅增长了 0.4 倍，平均增速为 4.97%，两个区间的差异明显。

金融市场的改善方面，主要表现在直接融资比例最近几年的上升，图 4－8 中直接融资与间接融资的比例表明了这一趋势，虽然期间有所波动，但间接融资比例下降和直接融资比例上升是比较明显的趋势，2002 年以人民币贷款为代表的间接融资比例达到了最高的 92%，到 2013 年这一比例下降至 51%；直接融资额为每一年度的企业债券发行和股票所募集的资金之和，该额度所占社会总融资额度的比例从最低的 2003 年的 3.1% 上升到最高的 2015 年的 24%。未来直接融资比例的上升趋势应该会继续得到加强，2015 年 11 月 3 日的《国民经济和社会发展第十三个五年规划的建议》提出：“加快金融体制改革，提高金融服务实体经济效率。积极培育公开透明、健康发展的资本市场，推进股票和债券发行交易制度改革，提高直接融资比重，降低杠杆率。”但值得注意的是，这种趋势会在

① 2014 年第一季度货币政策执行报告［R］. 中国人民银行，2014 年 5 月 6 日. http：//www.pbc.gov.cn/eportal/fileDir/image_ public/UserFiles/goutongjiaoliu/upload/File/2014 年第一季度中国货币政策执行报告.pdf.

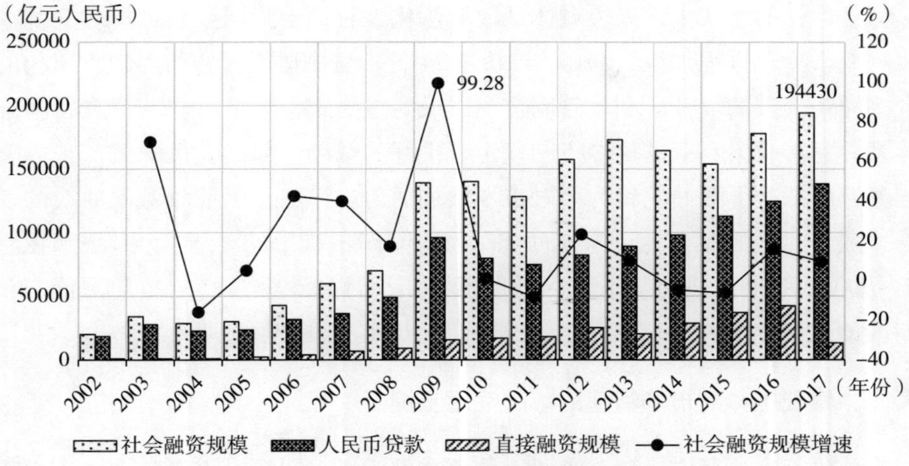

图 4－7 中国社会融资总额及结构

资料来源：中国人民银行网站。

局部或一定时期内由于外部环境的影响而有所反复，例如，直接融资比例从2012年的15.9%下降到2013年的11.7%，从2016年的23.8%大幅下滑至2017年的6.8%（2017年和2018年是我国降杠杆的攻坚期，属于短期性宏观经济政策调整期，债券发行和股票融资都处于近十年来的最低点）。

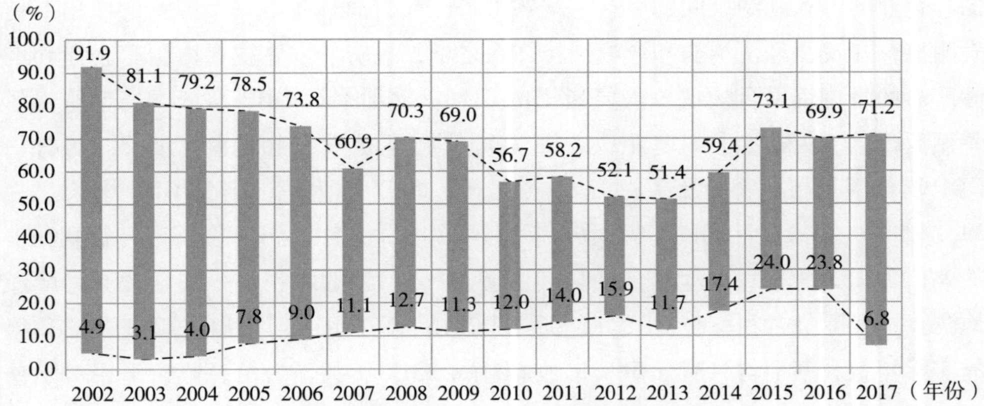

图 4－8 直接融资与间接融资比例比较

注：间接融资比例通过人民币贷款占社会融资总额的比例来表示；间接融资为企业债券融资额与非金融企业股票融资额之和。

资料来源：中国人民银行网站。

另外，党的十八大以来金融体系改革深化也有助于我国金融市场的完善。第一，利率市场化进程加快，2015 年 10 月 24 日随着中国人民银行对银行机构的存款利率浮动上限的放开，利率管制在我国成为过去式，为下一步培育央行基准利率体系并完善政策利率的传导机制奠定了良好的基础。第二，信贷资产证券化也在国务院的部署下开始，将为金融市场增加活力。第三，国债收益率曲线的逐步完善，随着我国加入 SDR，为了符合作为国际储备货币的要求①，财政部在原有的 5 ~7 年的中期国债的基础上逐步发行了 3 个月和 6 个月等的短期国债，今后长期国债也会逐步发布来形成完善的国债收益率曲线。

二、微观主体对市场利率的敏感性逐步提高

货币政策的央行政策利率需要传导至金融市场，同样也需要从金融市场传导至实体经济，微观主体对利率市场的高敏感性就成为必要条件。

微观主体对市场利率的不敏感性是我国金融与实体经济脱节的主要原因之一，不敏感性主要来源有以下两个：第一，我国经济增长速度与利率的差距过大，如图 4 -9 所示。2002 ~2010 年，这种差距保持在 3.7% 以上，这种较大的差距说明资金成本远远小于预期收益，造成了投资率过高和消费率过低的总需求结构失衡的结果，成为我国经济结构失衡的主要原因。第二，地方投融资平台和国有企业的预算软约束问题，这一问题由来已久，而且在第一个因素的作用下越发明显，在我国经济结构和产权结构体系之下，投资的主体主要由国有企业和地方政府的投融资平台构成。需要指出的是，贷款利率和 GDP 经济增长率的实际差额要比图 4 -9 所示的差距大，因为贷款利率是没有扣除物价因素的数值，GDP 增长率是扣除物价因素之后的数值。以 2007 年为例，名义 GDP 增长率为 23.14%②（国家统计局的 GDP 增长率为 14.20%），名义 GDP 增长率与贷款利率的差值为 15.68%，远远大于图 4 -9 所示的 6.73% 的水平。一些学者更为严谨地测算了实际贷款利率与 GDP 的差距，陈彦斌等（2014）指出，2000 ~2012 年的实际贷款利率平均只有 3.56%，在 2008 ~2011 年甚至为负，并指出相对于一般的国际经验而言，10% 的经济增长率应该对应 7% 的实际贷款利率，但中国的

① 加入 SDR 之后，作为国际性的储备货币，国际货币基金组织会员国的货币当局会配置相应的中国主权资产，短、中、长期齐全的国债成为现阶段的必然选项。

② 根据国家统计局数据计算得出：$(GDP^{2007} - GDP^{2006})\%/GDP^{2006}$ =（268019.35 亿元 -217656.59 亿元）%/217656.59 亿元 =23.14%。

实际贷款利率只有3.5%左右，二者的差距达到了6.5%。

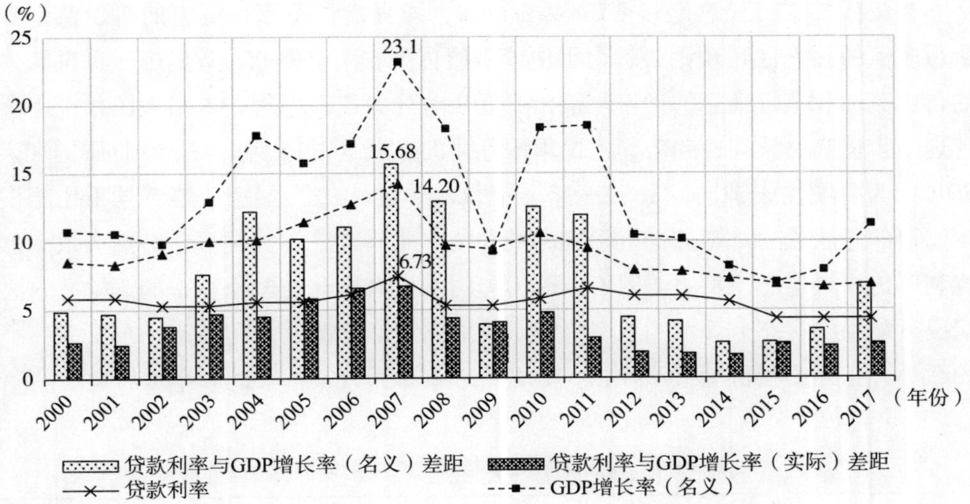

图4-9　我国贷款利率与经济增长率比较

注：贷款利率来源于世界银行，GDP增长率（实际）来源于国家统计局，GDP增长率（名义）为笔者根据相关资料核算。

资料来源：世界银行、国家统计局。

但同时，从图4-9可以看出，从2011年开始，贷款利率与经济增长率的差距在逐步下降，在2011年贷款利率和GDP增长率反向变动，也就是贷款利率增长、而GDP增长率下降，这说明了微观主体对市场利率不敏感性的第一个来源的作用在逐步减弱。也有研究成果表明（郭豫媚、陈彦斌，2015），利率市场化后的贷款利率会增至4.5%，而2016~2020年我国的潜在经济增长率为5.4%，其差距会迅速缩小到1%左右的水平。随着贷款利率与经济增长率差距的降低，地方投融资平台和国有企业的预算软约束问题会得到逐步改善，同时，地方政府债务高企的问题越发突出也会降低其向地方国有企业的“输血”及兜底能力，也会一定程度上缓解国有企业的预算软约束问题，《中华人民共和国预算法》的修订和国有企业的混合所有制改革也会使预算软约束问题逐步从根本上得到解决。因此，就长期趋势而言，微观主体对市场利率高敏感性的条件正在逐步完善，会成为价格型货币政策框架的利率传导机制的有利条件。

三、人民币汇率弹性机制逐步建立与加强

在蒙代尔“三元悖论”（The Trilemma，即固定汇率制、资本的自由流动和货币政策的独立性）理论下，为了使价格型货币政策框架能有效实施，保证资本的自由流动和执行独立的货币政策，要逐步放开固定汇率制。未来人民币汇率弹性进一步提高是长期性趋势，人民币国际化的发展（2015 年 11 月 30 日中国加入 SDR 即为阶段性成果）、“一带一路”倡议和“走出去”国家战略背景下中国资本账户的开放成为必然选择。汇率制度在资本账户开放的情况下，必然会成为影响利率传导渠道的一项主要因素，因为国内利率必然会受国际利率的影响，这种情况下如果没有充分弹性的汇率机制，采取固定汇率制度，利率市场与汇率市场的联动和相互影响机制就不存在，势必会影响货币政策框架的利率传导渠道。

表 4-4　我国浮动汇率制度下的浮动比例概况

时间	2005 年 7 月	2007 年 5 月	2012 年 4 月	2014 年 3 月	2015 年 8 月 11 日
浮动比例	±0.3%	±0.5%	±1.0%	±2.0%	±2.0
特征	报价方式（汇率中间价）：由央行制定“指导价格” 当天汇率市场被允许在该“指导价格”上下浮动比例范围内交易				报价方式（汇率中间价）：基本由市场供求决定。由做市商在每日银行间外汇市场开盘前，参考前一日银行间外汇市场收盘汇率，综合考虑外汇供求情况以及国际主要货币汇率变化，向中国外汇交易中心提供中间价报价 当天汇率市场由市场决定的中间价格上下 2% 浮动
结果	在 2005 年 7 月至 2015 年 8 月 11 日期间，人民币汇率基本呈升值状态，有效汇率升值将近 40%				2015 年 8 月 11 日，受外汇市场供求关系的影响，人民币汇率连续三天下跌，单日跌幅达到了 1.9%

资料来源：中国人民银行网站。

我国的人民币汇率改革从 1994 年开始提出。为了实现市场供求在人民币汇率中的决定性作用的目标，央行自 2005 年实行了有管理的浮动汇率制度，到 2014 年 3 月历经的浮动比例为 0.3%、0.5%、1.0% 和 2.0%，如表 4-4 所示，

使得人民币汇率弹性显著增强，为价格型货币政策框架的实施和拓展形成了一定空间。尤其是2015年8月11日央行实施“完善人民币兑美元汇率中间价报价”的新政，其汇率中间价由央行的“指导价格”发展为基本由市场供求所决定，有利于减少行政干预并提高人民币汇率弹性，预计未来会进一步提高人民币汇率的浮动比例，并且会继续完善人民币汇率中间价的形成机制，使其能朝着进一步市场化的方向发展，或者更远的将来取消中间价也成为其中选项。

第五节　货币政策实施的理论指导与逻辑

本节立足于第三章与本章内容从货币政策框架制度变迁的纵向比较、国际实践的横向对比以及我国货币政策框架的外部环境和内部运行机制三个层面对我国货币政策框架的显性特征进行了分析与描述，结论如下：

第一，转型逻辑关系。我国的货币政策框架的转型应该从两个逻辑关系上进行分析。第一种逻辑关系：从直接调控的行政干预式向间接调控的市场调节式转型，这方面应该站在政府与市场关系的处理的高度来进行，解决政府与市场应该在什么样的原则下进行资源的配置，政府直接干预的货币政策传导渠道的选择上，信贷渠道更为直接有效，而市场调节下的传导渠道中，利率传导、资产价格传导、汇率传导和预期传导更为有效。第二种逻辑关系：从数量型向价格型转型，转型的核心是传统的利率管制下的数量调控向完善的利率市场机制下的价格调节转变。在这个过程中，一是要确定转型过程是如英国转型的“一步到位”和韩国的激进式的快速市场化，还是如德国、日本的渐进式的市场化，在这个过程中，实际上是要回答如何处理数量型向价格型过渡阶段过程中的特殊货币政策工具的取舍与评价；二是多元化的目标体系向单一化目标体系转型，完善的市场机制条件下，单一型的目标体系说明在操作工具、操作目标和最终目标的选择上都有一项必不可少的选项，具体而言，一国货币当局主要运用公开市场操作工具对基准利率（唯一性，可选货币市场的拆借利率或债券回购利率）施加影响，实现以物价稳定为主的目标，其他少量的目标（如充分就业的最终目标）和其他少量的操作工具（如存款准备金）作为其补充。数量型货币政策框架的多元化无论是在操作工具、操作目标（除了基础货币外还兼有管制利率）还是最终目标上相对价格型货币政策都具有多样性，而且是以货币供应量作为中介目标而实施的，价格型货币政策框架视中介目标的存在为“存在非必需”。基于上述两种逻辑关系的理解，我们可以从直接与间接、数量与价格构建货币政策框架的二维模型（如图4－10所示）看出，间接调控的价格型货币政策框架是基于这两种逻辑发展的最优模式和最成熟的阶段。

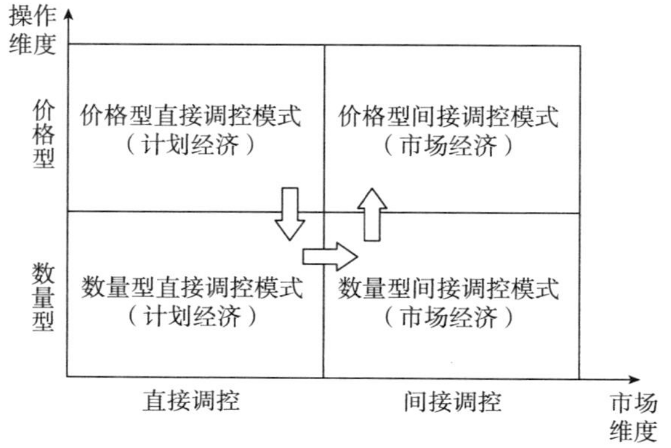

图4－10　货币政策框架转型的二维模型

资料来源：笔者根据相关资料绘制。

第二，转型期特殊应对方案的选择。在我国当前经济结构调整的转型期内，最终目标侧重于结构失衡不恶化情况下的经济增长，因此，定向宽松被人民银行广泛采用，但从实际效果看尚不清晰，有待评价，但在操作目标的选择上，除了传统的基础货币之外，可以借鉴德国和欧洲央行的做法，建立转型期间的利率走廊，并分步实施由宽到窄以完成未来培育并确定短期基准利率的目标。转型期内中介目标的选择可以在两个方向上进行努力与尝试：一是借鉴德国（M_3）和韩国（MCT：M_2＋CDs＋货币信托）转型期做法，对现有中介目标进行扩展，将广义货币供应量 M_2 进一步外延，采用社会融资总额的做法进行范围更广的货币供应量的监控，以此来反映转型期非银行金融机构活动对货币政策最终目标的影响；二是对未来价格型货币政策框架考虑是否需要设立中介目标，本书对价格型货币政策的中介目标“存在非必需”进行了说明，从实际情况看，美联储和日本央行基于货币政策最终目标多元化（两项）的选择而没有采用通货膨胀率作为目标值，而韩国、英国和欧洲央行基于货币政策最终目标单一化而采取了通货膨胀率作为目标值与物价稳定的最终目标建立传导关系，由此可以看出，如果选择价格型货币政策框架，从逻辑关系上而言，在最终目标之前如果存在一个目标值使得货币政策围绕着该值进行操作，就具备了货币政策框架中介目标的存在特征，就必须选择通货膨胀率作为中介目标，因为价格型货币政策框架的最终目标的核心目标（多元化目标体系）或唯一目标（单一化目标体系）是物价稳定。

第五章 货币内生理论

西方发达国家货币政策实践的发展与转型，深受当时国际主流货币理论以及与之相关的货币政策理论发展的影响（如第三章的所总结的“转型的货币理论基础”），当前在我国货币政策新环境之下，货币政策从数量型调控转向以利率调控为主的价格型货币政策框架过程之中，需要探讨新的理论基础，建立新的理论框架，之前数量型货币政策所依靠的外生性货币供给理论已经不适用于这种变化，构建内生性货币供给理论框架成为必需，本章内容就是从第三章和第四章货币政策框架转型逻辑及现状分析出发来寻找我国从数量型货币政策框架向价格型货币政策框架转型的理论基础，大致基于货币理论的比较，首先介绍了西方国家货币外生理论的发展概况，其次对内生货币理论从马克思货币理论与非马克思货币理论两个方面进行梳理与分析，最后对货币内生理论与外生理论、马克思货币内生理论和后凯恩斯主义的货币理论进行比较与分析。

第一节　货币外生思想及理论的发展

应该说，认为货币供应外生是西方主流的经济学理论，该理论认为，货币供应是可以由中央银行独立控制的变量，在凯恩斯主义、货币主义和理性预期学派的经济模型中，货币供给曲线是垂直的。

从经济学的发展角度讲，主张货币供给外生理论主要有通货派学说、费雪交易方程式和剑桥学派现金余额数量学说、凯恩斯流动性偏好学说、以弗里德曼为代表的货币主义学说。这些理论的出发点都是基于中央银行能够外生决定基础货币的供应并影响经济社会的所需货币供给量。本书的下述内容按照现代宏观经济学（其标志是凯恩斯主义经济学的建立）的建立前后做了简单分类，因为以货币政策和财政政策理论为两大组成的宏观经济学正是在凯恩斯的收入和就业理论的基础上，逐渐发展成为当代经济学中的一个独立的理论体系。

一、货币政策理论诞生前的货币外生思想

1. 货币外生理论的源头：通货学派学说

货币外生理论的源头是 19 世纪 40 年代的通货学派的学术主张，这种学术主张起源于早期的货币与物价因果关系的争论上，即对“货币供给—信贷—货币流通数量—物价水平”的逻辑传导途径的理解，穆勒和亚当·斯密认为，应该是从右向左传导，形成了货币供应内生的观点，同时代的一些学者如大卫·李嘉图持反对意见，主张从左向右的传导，当时的货币面纱论或货币名目观就是这种学术主张的代表，通货学派学说继承了这些学术主张，并针对当时英国所爆发的 1825 年和 1836 年的经济危机后货币政策进行了系统总结，当然这种总结是建立在与银行学派（坚持穆勒和亚当·斯密商品物价决定货币供应的观点）的争论基础之上产生的。

通货学派学者以奥威尔斯顿（L. Overstone）为代表，他们从货币决定物价的简单逻辑出发，对货币供应外生性的解释延伸到了信用、银行以及货币流转速度等环节上，认为货币供应对商品物价的影响作用体现在货币供应数量与商品数量的相对变化上，这种影响作用在短期与长期的期限上是有所区别的，同时，货币流转速度也会对物价产生影响。从这一货币理论到政策实施层面，通货学派从货币供应外生性的属性出发，认为当时的银行有能力可以随意发行“银行券”（通货学派将其作为另一种货币存在形式，在银行学派看来，他们将银行券与纸币等同的观点是错误的），银行间的竞争将会导致所发行的货币数量过多引起物价的上涨，因此，他们建议银行所发行货币数量应该以黄金储备为基础，维持与金属铸币完全一致的发行数量，并对银行制度进行改革，1844 年《英格兰银行法案》以此为主要原则形成了（朱太辉，2014）。这种金币本位制的理论继承和发展了大卫·李嘉图的货币数量理论，在金币本位制下由于金银矿藏的稀缺属性使得银行不能随意发行货币的数量。从当时英国所执行的货币政策来看，通货学派的观点和主张占据了上风，取得了这场与银行学派针锋相对的论争的胜利。

2. 费雪交易方程式与剑桥学派现金余额数量学说

20 世纪初，货币外生理论经过费雪（Irving Fisher）和剑桥学派的系统总结得到了进一步发展，费雪提出了交易方程式（$MV=PY$），剑桥学派的马歇尔和庇古提出了现金余额数量学说。

费雪的 $MV=PY$ 表明了名义总收入（或名义总产出）与货币数量和货币流通速度的关系如式（5-1）所示。

$$MV=PY \tag{5-1}$$

式（5-1）中，P 为价格水平；Y 为总产出；M 为货币供应量；V 为货币流通速度。左边 PY 既可以表达为名义总收入（或名义总支出），右边 MV 表达为货币总供应量，费雪方程式可以表达一个时间段内初始货币供应数量与该时间内的货币被使用次数的乘积（货币供应总量）必定与该时间内总产出数量与价格的乘积（名义总收入）。最终费雪要表明的最终结论是：由于货币流动速度 V 的主要影响因素为该国的交易制度，短期货币流通速度相对稳定，并且 Y 的决定因素是一国的人口、资源和技术等投入要素，短期内也相对稳定，因此，费雪交易方程式就表达为货币数量理论：一国名义收入的变化取决于货币供应总量的变化，在货币流通速度与总产出相对稳定的情况下，货币供应量的增加会带来相应的价格的变化。应该说，费雪交易方程式仅仅是一种基于简单假定而建立的数量货币理论，其中，还暗含着另一个假定，即货币只有交易功能，而不考虑其价值贮藏的功能，因此，在科学性上尚无法超越 19 世纪 40 年代的银行学派的货币内生理论，更毋论与马克思货币理论的比较了。

费雪提出其方程式的同时，剑桥学派的古典经济学家马歇尔、庇古等古典经济学家也基于不同的研究方法创建了现金余额数量理论。剑桥理论认为，货币的功能有交易媒介和财富贮藏的功能，重视微观主体的行为。马歇尔认为，民众对货币的财富贮藏需求决定了其持币时间和持币量，并最终决定了货币的流通速度，民众财富贮藏的货币被马歇尔称为“民众愿意保持的备用购买力”，并受以货币形态保持的实物价值的影响，可以系统表达为下边的方程式，称为剑桥方程式，如式（5-2）所示：

$$P=K\cdot(R/M) \tag{5-2}$$

式（5-2）中，P[①] 为货币购买力；K 为备用购买力货币占总收入的比例；

① 剑桥方程式的 P 表示的货币购买力，费雪方程式的 P 表示的价格水平，二者是倒数关系。

R 为社会总收入；M 为货币供应量。

庇古依据马歇尔的这种理论，在1917年的《货币的价值》一文中提出了货币需求函数的另一种剑桥方程式，如式（5－3）所示：

$$M = K \cdot Py \tag{5-3}$$

式（5－3）中，M 为货币需求量；P 为货币购买力；Py 为名义收入。

在剑桥方程式中，y 被假定为不变的常数，货币需求决定于 K 和 P 的变化，K 的变动在于民众在货币功能上的选择，如果选择备用货币的形态，就会增加现金余额，使得 K 增加，在 M 和 y 保持不变的情况下，P 必然减少，这就表明了其结论：P 所代表的货币的价值（价格）与 Ky 成反比关系，与 M 货币需求量成正比。其经济意义一般被称为“现金余额数量说”，强调民众所留存的现金余额对币值并最终对物价的影响，而且，庇古也认为，货币供给对币值有影响并最终对物价的产生作用，即 P 与 M 成正比，他认为 K 短期内同费雪方程式的 V 一样是个常量，因为短期内民众的交易方式（支付方式习惯）相对固定，因此，P 的变动便取决于 M 的变动，从而庇古想要表达的货币数量论的观点为：货币的价值决定于货币的供求。

对费雪方程式（5－1）和剑桥方程式（5－2）进行比较，由于二者方程式中各自阐述的 P 是倒数关系，因此，可以总结出如式（5－4）所示：

$$Y/(MV) = K \cdot (R/M) \tag{5-4}$$

将方程式（5－4）简约 M 后并将收入 Y 和财富 R 做无差别处理后，得出如式（5－5）所示：

$$1/V = K \tag{5-5}$$

方程式（5－5）表达的意思很明确，货币流通速度与货币的停留时间（备用货币）成反比关系。但费雪方程式和剑桥方程式分别表达的经济意义是不同的，前者表达的是货币的交易功能，被后来的学者称为“现金交易数量学说”，后者表达的是货币的贮藏功能（但也考虑了货币的交易功能），被称为“现金余额数量学说”。

由于剑桥方程式既考虑了货币的交易功能也考虑了货币的贮藏功能，因此没有排除利率对货币需求的影响，利率决定了民众对于持币的意愿及时间，从这一方面讲，剑桥方程式较费雪方程式前进了一步，而且方程式（5－5）的另一层意思表达了货币停留的时间是货币流通速度的决定因素，使得对货币数量的研究从货币流通速度的表面现象深入到了对这种现象的原因探讨，为凯恩斯、弗里德曼货币数量学说的研究指明了方向。

二、凯恩斯流动性偏好理论

费雪方程式和剑桥方程式作为古典经济学在货币研究上做出了贡献，在剑桥方程式“现金余额数量学说”的基础上，凯恩斯和弗里德曼基于不同的视角拓展了货币数量理论。从古典货币理论发展到20世纪30年代经济学上的“凯恩斯革命”，一个标志性的事件是英美等西方国家的中央银行制度的建立，货币制度从金本位制发展为信用货币制度，中央银行对货币的控制转变为对基础货币的控制，相应地，经济学家对银行能否控制货币供给的争论，变成了央行能否有效控制货币供给。

1. 流动性偏好理论的基本思想

凯恩斯作为经济学发展的划时代人物被称为现代宏观经济学之父，凯恩斯经济学是建立在西方国家1929年经济危机基础上的，其经济学思想和主张被美国的罗斯福新政采用。凯恩斯主义经济学的研究中心是失业率问题，解决这一问题的逻辑起点是有效需求理论，凯恩斯认为，有效需求不足是由三种途径造成的：边际消费倾向不足、资本边际效率递减和流动性偏好，他的这种研究思想被称为总量分析的宏观经济学。凯恩斯的货币需求理论更多体现在他对流动性偏好的研究上，他否定了古典经济学家将货币流通速度视为常数的假定，并强调利率在货币需求中的重要性，其研究方法主要遵循剑桥学派的方法，更加注重民众的持币动机与需求。在该理论体系下，凯恩斯将货币数量视为外生变量，国民收入、就业、消费、投资和利率被他视为内生变量，货币供给函数曲线是垂直的。凯恩斯的流动性偏好理论集中体现在《就业、利息和货币通论》（以下简称《通论》），流动性偏好被凯恩斯解读为：人们更愿意持有流动性高但没有收益的货币，而对虽然有收益但缺乏流动性的债券的持有愿望不强。其流动性偏好的动机来源有交易动机、预防动机和投机动机三类。交易动机和预防动机所带来的货币需求是关于收入的函数 $L_1(Y)$，成正比关系；投机动机带来的货币需求是关于利率的函数 $L_2(i)$，成反比关系，表明的是利率越高人们越愿意持有货币而不去进行投机活动。其货币需求函数公式如式（5-6）所示：

$$M = M_1 + M_2 = L_1(Y) + L_2(i) \tag{5-6}$$

凯恩斯货币需求函数所表达的理论核心在于投机性偏好 L_2（i），在货币的交换媒介和价值储藏的功能作用机制下，利率作为内生变量可以对投资产生影响，并传导至一国的产出、就业和收入，凯恩斯强调了货币的价值储藏功能，总结出了货币对就业的决定性影响的结论。因此，货币供应量的变化通过利率的传导间接作用于国民收入，其中，市场均衡利率是由货币需求函数曲线（流动性偏好曲线）与货币供给曲线共同决定的，货币供给曲线 M_s 由货币当局决定，是一条垂直线，货币需求曲线 $M = L_1(Y) + L_2(i)$ 是一条自上而下并由左向右的曲线，越向右越与横轴（i）平行。如果货币当局执行过度的货币扩张政策（货币供给的垂直线不断向右平移）与货币需求曲线相交时，极低的利率将不再变动，这种情况下，货币当局无论怎样提高货币发行量，货币都会被民众储存，这种现象被凯恩斯表达为“流动性陷阱”。

凯恩斯货币需求理论自诞生之日起至20世纪70年代成为货币理论的发展主流，指引了西方国家的宏观经济政策制定，所以对货币流动性偏好的三大动机的深入拓展研究成为货币政策理论的必然选择。鲍莫尔（1952）的“平方根公式”和惠伦（1966）的“谨慎性需求模型”分别对其交易动机和预防动机进行了精细化研究，说明了这两种动机也会受到利率变动的影响（成反比关系）；托宾（1958）依据资产组合理论发展了凯恩斯货币需求的投机动机理论，解决了人们为什么同时会持有货币和债券的问题。

2. 凯恩斯流动性偏好理论的分析与评价

对于凯恩斯的流动性偏好理论的货币供应外生性假设，在《通论》中，他认为利率的上升或降低需要货币供给的减少或增加来实现，由于货币供给的生产弹性极小，在信用货币制度之下需要货币当局对基础货币进行操作。但对于货币供应的外生性论断一直存在一定的争议，即使凯恩斯本人对此也并非一直肯定。第一，在《通论》之前的另一部经济学著作——《货币论》（1930）中，凯恩斯对货币属性和职能的分析是建立在生产领域和金融领域进行区别分析的基础上的，不像在《通论》的流动性偏好的货币需求理论中笼统的、不加区分的外生性假设，《货币论》中的这种对货币的区别分析理论实际上表达了货币的来源问题，具有一定的货币内生思想。第二，从商业信用的债务视角出发，认为银行的贷款（货币需求）可以创造其存款，进而实现信贷与货币供给的扩张。第三，《通论》出版后凯恩斯认识到了货币供应外生的缺陷，又发展了货币需求的动机，将融资需求作为第四种动机提了出来，被称为“循环资金理论”（Theory of Revolving Funds），融资动机产生于企业的投资决策（产生资金筹措）和投资实现（产生支付投资所需的资金）之间存在的“空位期”，使得企业家产生对流动性资金的额外需求，随着投资和生产的进行，事前投资所需的资金可以由事后投资所释放的资金来提供，而且，如果公众和银行的流动性偏好不变，投资倾向增加导致的融资性货币需求的增加，将会引起利率的上升（Keynes，1938）。

对于凯恩斯的第四种需求动机——融资需求从现有文献来看非常少，基本还是围绕着前三种需求动机而进行研究，可能因为他的这种补充存在有两种缺陷或者悖论：第一，融资需求的动机破坏了货币供应外生的假设，Foster（1986）认为，凯恩斯融资需求动机的"循环资金理论"实质上表明的是货币供应受货币需求决定，即货币供应是内生的，因为在金融创新的市场中，银行的"循环资金理论"是为了适应这种贷款需求。第二，融资动机下的利率难以确定，前三种动机下，利率由货币的总供给和总需求的均衡状态而被确定，加入融资动机后，货币总需求中的融资动机又通过意愿投资而被决定；但是意愿投资的决定因素又是利率和资本边际效率，这样，利率和意愿投资就必须同时被决定，这也就说明了凯恩斯的利率理论存在循环推论的矛盾。

另外，有的学者也论证了凯恩斯《通论》理论框架之下的背后逻辑实际上秉承着《货币论》的内生思想。Foster（1986）认为，实施积极的财政政策的三种融资渠道（财政赤字货币化、向商业银行借款、发行国债）都会增加货币数量，同时利率不上升的情况下能够解决凯恩斯分析逻辑中"挤出效用"（积极的财政政策会减少私人投资）的问题。也就是说，积极的财政政策与私人投资的矛盾可以通过货币供给的内生机制得到解决，从而实现财政政策的"乘数效应"。因此，其政府支出的"成熟效应"是建立在货币供给的内生性基础之上的，与之前的费雪和剑桥货币理论相比，其机理不同，费雪和剑桥货币理论的逻辑关系式货币供给的储蓄决定信贷需求的投资，而凯恩斯在《通论》中表达了投资决定储蓄的思想，虽然表面上看起来其假设条件是货币外生的假设，但内在的机理却表明了货币内生的逻辑，因此，凯恩斯《通论》的货币理论本质上的货币供给内生与货币外生的假设是矛盾的。同时，亦有学者指出，《通论》表达的流动性（投机需求及灵活）偏好的货币需求理论相对于《货币论》中通过工业领域和金融领域的区别分析的理论分析是一种倒退，实际上，《货币论》中通过这种区别性分析所表达出的货币来源于工业领域的思想，与马克思的生息资本的实质是"追求增大的交换价值"（赵准，2000）是比较靠近的。

三、以弗里德曼为代表的货币主义

凯恩斯的宏观经济理论随着西方国家20世纪70年代的"滞胀"现象而饱受

争议，以米尔顿·弗里德曼（Milton Friedman）为代表的货币主义开始兴起，并形成与之相适应的货币政策理论在西方各国得到实施。

货币主义的基础是货币乘数理论，该理论认为，中央银行可以控制基础货币的发放并设定法定存款准备金率，实现对商业银行的存款创造的外生控制，最终实现对货币总量的控制。弗里德曼的货币供给理论主要体现在1963年他与施瓦茨（Anna Schwartz）的合著——《美国货币历史：1867～1960》（*A Monetary History of the United States*：1867－1960）的附录B中，在该书中他们检验了美国1867～1960年的货币供给与经济活动的关系，认为货币供给是美国经济发展过程中的起伏波动（短期内）的唯一影响因素，这一点与凯恩斯的货币供应只是国民收入的间接影响因素不同，同时，弗里德曼认为长期内货币供应的变化仅仅影响物价，不对国民收入产生影响，货币当局需要采取的货币政策是把货币供应量的年增长率长期与预期经济增长率保持基本一致的水平，弗里德曼提出了他的政策建议为单一规则的货币政策，即每年按3～5的固定比例增发货币。在货币政策中间目标的选择上，凯恩斯主义强调利率是传导变量，而货币主义则将货币供应量本身作为影响经济增长的唯一变量。弗里德曼—施瓦茨的货币供给乘数模型如式（5－7）所示：

$$M_s = H \times \left[\frac{D}{R}\left(1+\frac{D}{C}\right)\right] \Big/ \left[\frac{D}{R}+\frac{D}{C}\right] \tag{5-7}$$

或者如式（5－8）所示：

$$m = \left[\frac{D}{R}\left(1+\frac{D}{C}\right)\right] \Big/ \left[\frac{D}{R}+\frac{D}{C}\right] \tag{5-8}$$

式（5－7）和式（5－8）中，M_s代表货币存量（M_2），H代表高能货币（基础货币），m代表货币乘数，D代表商业银行存款，R代表商业银行存款准备金，C代表非银行公众持有的通货。

可以看出，货币供应量受到三个变量的影响：H（高能货币）；D/R（商业银行存款与准备金之比）和D/C（商业银行存款与非银公众持有通货之比）。这三个变量的变化都会引起货币供应量的同方向变化①，这也可以表明，货币供应量实际上是由央行、商业银行和公众三个行为主体共同决定的。

---

① 通过对D/R和D/C求偏导数（令D/R＝A，D/C＝B）可以得出：$\partial M/\partial A=\frac{B(1+B)}{(A+B)^2}>0$；$\partial M/\partial B=\frac{A(A-1)}{(A+B)^2}>0$。

货币主义在弗里德曼—施瓦茨模型之后，较有影响力的发展有卡甘（P. Cagan）模型、乔顿（Jerry L. Jordan）模型和理性预期学派的主张。卡甘（P. Cagan）模型与弗里德曼—施瓦茨模型稍有不同，将银行存款与准备金之比和银行存款与通货之比变更为准备金与存款之比（准备金率 R/D）和通货与货币存量之比（通货率 C/M），得出的结论是准备金率 R/D 和通货率 C/M 的变化会引起货币供应量的反向变化，所表达的经济含义是一致的。货币主义还有乔顿（Jerry L. Jordan）的货币供给模型，他在弗里德曼—施瓦茨模型的基础上进行了修正，采用了狭义货币供应 M_1代替了广义货币供应 M_2，并将银行存款细分为定期存款、活期存款、政府存款、私人存款等，重新解析了货币乘数，由于改模型更加接近于现实，所以在货币政策实践和计量等方面得到了更广泛的应用。理性预期学派提出的货币供应增长率应该与公众的预期相符，并要坚持长期稳定不变的货币供应增长率的货币政策，以利于公众对政府的信任感的建立，这与弗里德曼与预期经济增长率保持一致的主张不同，但其他方面的货币政策主张与弗里德曼为代表的货币主义保持一致。

货币主义秉承了费雪和剑桥货币理论的储蓄决定信贷需求的逻辑关系，与凯恩斯分析框架之下的信贷决定储蓄的逻辑关系不同，另外，货币主义也认为一国经济体运行过程中的货币需求是无限大的，这两种假设构成了货币主义理论逻辑框架的前提条件。同时，货币主义所坚持的货币供给决定理论，说明了货币当局对货币供应量的控制能力是货币政策执行的关键，这种能力取决于能否准确预测货币乘数以及决定货币乘数的行为主体的变化，这些变化是否稳定就成为货币当局能否准确预测的决定性因素。因此，后续的货币政策分析与研究主要集中在货币乘数的稳定性和可预测性方面，如果这两方面存在障碍即表明货币政策行为主体的变化更加复杂，也就导致了货币供给决定政策的失效。

第二节　货币内生理论的非马克思主义学说

关于货币供应的外生性与内生性的争论是经济学理论界由来已久的话题，一个经济体的货币政策的选择、运行的效率与效果直接取决于该国政府或货币当局对货币供给机制下的内生性与外生性属性的认识，尤其是第二次世界大战以后随着凯恩斯建立了现代宏观经济学之后，随着凯恩斯主义和货币主义的发展，诸多经济学家运用量化分析模型和技术对货币供应的内生性还是外生性进行了分析与检验，虽然总体来看，货币供应的外生性理论处于主流地位，其主张的货币供应曲线是垂直的，但温特劳布（S. Weintraub）、卡尔多（N. Kaldor）、莫尔（B. J. Moore）等货币供给的决定因素是货币需求，货币需求需要从一国的经济实际运行状况来分析，货币当局无法确定或控制货币供应量，因此货币供应是内生的，其曲线是水平的。当前这种内生性的货币供应观点的影响越来越大，尤其随着金融市场的创新发展使得货币乘数的可变性加强，对其预测越来越难。但这种内生性与外生性的争论是建立在对各国货币政策执行效果的有效性评价，具有滞后性，难以从根本上回答为什么货币供应是内生的，也就无法从前源性上对各国货币政策的选择与实施进行指导。下文试图从货币内生理论的源头、现代货币内生理论和后凯恩斯货币内生理论的发展回答这个问题。

一、货币内生理论的源头：银行学派

相对于19世纪40年代的货币外生理论源头的通货学派而言，货币内生理论的源头是同时代的银行学派的学术主张，这种学术主张起源于穆勒和亚当·斯密的商品物价决定银行货币供应的观点。穆勒在《政治经济学原理的研究》中认为，货币有支付手段和价值贮存两种职能，一个国家的经济活动水平决定了对货币作为支付数段的需求，并使货币供应量与这种需求相适应，一个国家商品流通只能吸收一部分货币（这一观点被马克思所继承），代表价值贮存成为超过该需求的货币而退出流通领域。穆勒这一观点被称为货币内生理论最原始、最基础的表达。亚当·斯密在《国富论》中认为，全社会商品价格的总额决定了流通过程中的货币数量，并且，货币流通速度会影响流通中的货币数量，他继承了穆勒的观点并进一步解释了退出流通领域的价值储藏货币的具体流向“溢而旁流”或输出至国外，同时，在银行券和纸币的发行及流通规律研究上他向前走了一大步，他在货币内生理论上的重要贡献在于他揭示了银行券的发行基本原理和流通规律，他认为，依据银行券的真实贴现水平，要么正常流通要么会到银行进行兑换（亚当·斯密，1983），银行券的流通与金属货币流通一致，他也论证了纸币代替金属货币的客观规律并要适应商品流通。这些思想都包含了原始的货币内生性理论的全部内容并拓展了货币内生的研究领域范围，马克思认为“亚当·斯密

关于信用货币的观点是独创的而且深刻的"[①]。

穆勒和亚当·斯密的理论的货币内生观点构成了银行学派的理论基础，该学派的领军人物图克（T. Tooke）、威尔逊（J. Wilson）、弗拉顿（J. Fullarton）通过与通货学派的争论系统地总结出了早期的货币供应内生理论。其中以图克为代表，图克的贡献首先在于他对通货学派将银行券与纸币、贵金属与金块等同于货币的不严谨提出了批评，"通货理论家们把确实可兑换成硬币的银行券同强制流通的、不可兑换的纸币混为一谈"[②]，"硬币只有在进入了，也就是说，成为国家内部流通的一部分时，才能称作通货，而金银块只能被看作是资本"[③] 是他当时著名的观点。其次他强调了物价的变化不是货币供给所造成的，在收入、价格、商品供求之间存在相互影响的关系，物价是由货币供应之外的因素造成的，他指出："在通货可以自由兑换的情况下，若给定实际的和临时的商品供给，则需求的大小将不是取决于流通货币数量，而是取决于构成各阶层收入的货币数量，这些收入名曰租金、利润、薪金和工资，其价值用黄金表示，用于本期支出。"[④]最后他论述了商品价格与利率的关系，反驳了通货学派所认为的货币供给的增长会导致利率的降低从而提高商品价格的观点，图克认为，"利率的普遍降低等于，或更确切地说会导致生产成本的降低……将必然使所有商品的价格下跌，因为货币利息是商品成本的组成部分"[⑤]，表明了货币供给与商品价格之间存在这相关关系，说明了商品价格变化的根本原因在于供求规律而非利率的作用，货币不是通过利率而对物价产生作用。威尔逊和弗拉顿均持相同观点。通过图克等与通货学派的争论所总结的货币理论，形成了货币供给内生的核心观点，为马克思的货币理论以及卡尔多、莫尔等后凯恩斯学者的货币供应理论奠定了基础和研究方向。

二、局部修正的现代货币内生观点

现代货币内生理论的代表人物主要有英国拉德克利夫委员会（Radcliffe Committee）、凯恩斯（《货币论》时期）、熊彼特（J. A. Schumpeter）、格利（John

① 马克思．马克思恩格斯全集（中文版）[M]，第13卷．北京：人民出版社，1998：158－159.

② 图克．通货原理研究（中文版）[M]．北京：商务印书馆，1993：19.

③ 图克．通货原理研究（中文版）[M]．北京：商务印书馆，1993：15.

④ 图克．通货原理研究（中文版）[M]．北京：商务印书馆，1993：73.

⑤ 图克．通货原理研究（中文版）[M]．北京：商务印书馆，1993：81.

G. Gurley）、肖（Edward S. Shaw）和托宾（J. Tobin）等学者，《货币论》时期的凯恩斯在本章第一节已经有所论述，下文主要对这些学者的内生货币思想和理论进行梳理与分析。

1. 英国拉德克利夫委员会内生货币观点

拉德克利夫委员会由英国的财政大臣在1957年成立，由拉德克利夫（Lord Radcliffe）任主席，其任务主要是对英国的货币体系进行研究并提出建议，当时英国的货币政策深受凯恩斯《通论》的货币数量理论影响，但也引起了一些经济学家的质疑，这种质疑引起了英国政府作为政策制定者的重视，该委员会就是在这种背景下成立的。该委员会于1959年提交了《拉德克利夫报告》（又名《货币体系运行报告》），该报告的核心观点是应当用流动性的政策观念代替货币供给的政策，相对货币供给而言，经济活动中的流动性（Liquidity）显然更为重要（朱太辉，2014），认为流动性资产的基础和比率是银行存款和货币供给的决定性因素，其现金基础是内生的（陈昭，2005），明确指出：利率对流动性的结构的影响是显著的，货币当局应该将利率结构作为货币政策的中心环节来看待，而非货币供给，因为决定货币供给的不仅有商业银行，还包括其他的非银行金融机构，而且商业银行也可以从银行体系之外的领域借入流动性。这实际上表明了利率外生、货币供给内生、货币供给不受央行控制的观点。

2. 熊彼特的内生货币思想与观点

熊彼特的内生货币的思想集中体现在他所提出的“非正常信贷”的概念上，而对“非正常信贷”的理解可以追溯到其对经济运动形式的两分法：经济循环和经济发展，经济循环体现的是经济活动周而复始的运转，而经济发展则说明的是要改变和代替之前存在的均衡状态的经济运动状态，体现了熊彼特的创新思想，与此相对应，他对企业家对银行的信贷分为“正常信贷”和“非正常信贷”两种形式，“正常信贷”可以通过经济循环的概念来理解，而“非正常信贷”则表明了其为了发展而创新，即企业家从银行获得信贷的目的是“创新”，这种机制被他称之为“主动倒逼型机制”（熊彼特，1990），内生于企业家对发展和创新的追求，而非外生于银行体系。熊彼特的“非正常信贷”的思想对于理解信用货币在资本主义扩大再生产（另一个层面上的“创新”）中的核心作用非常重要，构成了熊彼特笔下的资本主义货币经济体系的本质内容之一。上述的“非正常信贷”所体现的货币内生的思想主要通过熊彼特《经济发展理论》的著作。另外，熊彼特明确的货币供应内生性观点通过其另一部更重要的著作——《经济分析史》当中，在这部著作中，他明确论述了物价水平决定了货币数量的关系："既然价格已经上涨，生产的货币成本就会增加，非政府的借入也就增加……因而整个的麻烦就是'货币数量的增加'……由于这种货币数量的增加是这样一种过程的附带事物……或者说'货币数量'（银行券和存款）的增加是因为价格已经上涨。"①

3. 格利、肖和托宾的内生货币观点

拉德克利夫报告是建立在对凯恩斯货币政策理论的批判上，相应地，格利、肖和托宾是建立在对以弗里德曼为代表的货币主义的货币供应外生观点的批判上。如前所述，货币学派的货币供应外生的观点集中体现在其货币供给乘数模型，这种模型局限于货币当局和银行金融机构，格利和肖则主要考虑了在金融创新过程中非银行金融机构也是信用创造的主要渠道，建立了现代金融中介机构理论，在当时被称为货币供给"新观点"，从两种替代关系上论证了货币当局难以有效控制货币供给：非银行金融机构对银行的替代关系、其他金融信用产品对银行存款的替代关系，认为一个经济体的经济运行内部活动决定了货币供给（Gurley，Shaw，1960）。在货币供给内生观点的指导下，格利和肖提出了货币政策相应的三个层次建议：第一，为了减少社会公众对货币实际需求量的波动并控制银行的资产负债规模，货币当局应当控制的货币要素包括银行储备名义变量、储备存款余额利率和商业银行的存款利率；第二，为了短期内能够管理利率、长期内可以管理物价水平和实际经济变量，应当把货币和公共债务进行统一管理；第三，货币的当局应当扩大货币政策的控制范围，尤其是在金融市场的创新范围越来越广和越来越深的背景下。

托宾在一般均衡分析（边际收益等于边际成本）的基础上创造了资产选择模型，一个经济体的货币需求主要体现在公众的资产偏好，而公众的资产偏好由整个社会经济部门（包括金融体系）的整体行为共同决定，主要强调了资产选择对货币政策的传导具有替代性，公众的资产偏好明显会制约货币的供给，从而明确了货币供给的内生属性（Tobin，1961）。从格利和肖、托宾的理论来看，货币供给并不是一国货币当局的简单的技术性问题（杨力，2005）。也就是说，货币政策并非一国货币当局的绝对独立的一项政策，这也对本书第三章的货币政策框架转型的必要条件之"独立执行货币政策的央行"的"相对独立性"观点进

① 熊彼特．经济分析史（第2卷）[M]．北京：商务印书馆，2001：488.

行了回应。

但应该指出，上述现代货币内生理论的代表人物的观点都是在货币外生理论的框架之下对某一局部的外生性条件进行了修正，并非真正意义上彻底的货币内生理论，因为无论货币主义的两个前提假设条件（见第五章第一节的货币主义相关论述）在这些学者眼里依旧成立，更毋论他们能从货币的起源和本质出发去研究货币供应的内生性问题了。

三、后凯恩斯主义货币内生理论

后凯恩斯主义的内生货币理论产生于20世纪70年代，需要从两方面的背景进行了解：一是从“后凯恩斯”上进行理解，着眼于对凯恩斯主义的评判，认为其他的凯恩斯主义的学者对凯恩斯本人的经济学原理解释是错误的，重新对凯恩斯经济学的原旨进行理解和解读；二是从“货币供应内生性”上进行理解，需要对货币主义的外生性理论的前提假设条件进行比较与分析。这两点都可以从本书的前述内容进行呼应，第一点可以从第五章第一节的“凯恩斯流动性偏好理论”的评价中看出凯恩斯的《通论》具有货币供应的内在机理表明了货币内生的逻辑（其思想来源可以追溯到之前的另一部著作《货币论》），与外生性假设条件是相矛盾的；第二点可以在第五章第一节的“弗里德曼为代表的货币主义”和第五章第二节的“现代货币内生理论”的相关内容得到启示。

后凯恩斯的内生货币的逻辑起点就是建立在对货币主义的两个前提假设条件——“储蓄决定信贷需求”和“经济活动货币需求无限大”的否定与批判上。后凯恩斯主义学者认为，商业银行机构只有在社会贷款需求丰富的前提下方能实现储蓄的创造和扩张，同时这种贷款需求需要受到一国经济体的经济发展状况的制约，而且随着市场金融产品的创新和银行资产负债结构的变化（表内资产向表外资产的转变）使得银行经营的“先贷后存”更加成为可能。

在“信贷需求决定储蓄”的共同认知下，后凯恩斯主义理论建立并发展了起来，早期的后凯恩斯主义经济学家的内生性货币供给的研究重点集中在中央银行的货币供应上，后期的后凯恩斯主义经济学家将研究重点集中在商业银行和非银金融机构的存、贷款业务的具体分析上，在商业银行的储蓄存款如何满足信贷需求的具体分析上，先后形成了“适应性”（Accommodative）和“结构性”（Structural）两种较有影响力的内生理论体系。

1. 适应性内生理论

适应性内生理论的代表人物有温特劳布（Sidney Weinteaub）、卡尔多（N. Kaldor）、莫尔（Basil Moore）。适应性内生理论的基本观点被 Lavoie（1985）总结为："在一般情况下，银行愿意提供所有的贷款，中央银行愿意满足既定利率条件下的所有准备需求，利率由中央银行或者银行系统决定。这可以既定用利率水平下的货币供给曲线来表示……贷款创造存款，存款创造储备。"其基本逻辑表示为：在中央银行外在的设定利率的情况下，商业银行在有信贷需求的情况下吸收存款并发放贷款，中央银行扮演最终贷款人的角色，当商业银行或其他金融机构的储备缺乏时，中央银行必需适应性满足这种基础货币（或存款准备金）的需求，以保持金融系统的稳定。

后凯恩斯主义理论首先体现在 20 世纪 70 年代著名的温特劳布—卡尔多的货币内生基本模型，该模型理论认为，一国的货币需求在政府压力下会转换为该国货币当局的货币供给，中央银行只能依据经济运行的实际情况而发行货币。温特劳布提出的内生货币供给模型是通过他的工资定理［$P=P(w)$①］为基础构建的，其中平均工资率（w）是通过集体议价而外生地决定的，他假定货币收入的流通速度既定不变，然后他运用 $Y=P\times Q$ 的一般等式（并假定 Q 保持不变），最终，平均工资率（w）的变化通过物件水平将传导至名义收入水平 Y，总结为 $w\uparrow\rightarrow P\uparrow\rightarrow Y\uparrow$。进一步，温特劳布认为，物价水平的变化是平均劳动成本（平均工资率）的变化结果，它只与实际的产出水平及就业相关，货币供应与物价之间只是间接的关联关系（是通过增加失业率或者抑制工资来实现物价变动），因此，他认为如果工资水平外生决定（劳资双方在谈判桌上确定），货币政策不会直接对物价产生直接的影响，因此，其货币政策的传导途径可以进一步总结为：$w\uparrow\rightarrow P\uparrow\rightarrow Y\uparrow\rightarrow M_d\uparrow\rightarrow M_s\uparrow$。卡尔多在温特劳布模型的基础上，进一步总结了中央银行作为最后贷款人角色的基本职责是要通过贴现窗口来保证金融机构的偿付能力，他曾经指出，"这一职能②对于确保清算银行不致因缺少流动性而丧失

---

① K 代表经济中由各企业运转的外生制度环境所决定的给定垄断程度，总名义工资 W 与实际产出 Q 之比是生产全部产出的单位劳动成本的量度。用总劳动收入 L 除 W 和 Q，可以得到下述等式：$P=K(w/A)$，其中，w 是以名义货币计的平均年工资率 W/L，A 是所用劳动的平均劳动生产率 Q/L，假定劳动生产率随时间推移而提高的速度是相对稳定的。如果名义工资率的相对增长超过平均劳动生产率的提高，即 $W>A$，物价就会上升，从而 $P=P(w)$，其中 w 是通过集体议价而外生地决定的。也就是说，物价是名义工资的函数，两者正相关。

② 中央银行最后贷款人的职能。

偿付能力是极为重要的。正是因为货币当局不能接受银行体系的崩溃这一灾难性后果……在信贷—货币经济中，‘货币供应’是内生的而不是外生的——它直接随公众对持有现金和银行存款的需求的变化而变化，而不能独立于这种需求的变化”（Kaldor，1982）。图 5 - 1 表明了他的观点，该图纵轴表示为中央银行确定的利率（外生），横轴表示为货币存量，SM 曲线是一条与横轴平行的货币供给曲线（水平线，这也是货币供给内生的基础；相反，货币外生同时所表明的利率内生的关系表现为一条垂直曲线），D（Y）函数表明的是货币需求曲线，斜率为负表达了利率水平与货币需求和货币供应成反比关系，卡尔多借此说明是名义收入 Y 决定货币存量 M。具体而言，SM_1所代表的货币供给曲线对应的利率水平货币需求 M_2和外生利率水平 i_2，该水平条件下政府认为实际的产出并未达到充分就业的平衡状态，中央银行将利率水平调低（从 i_2到 i_1），在其他条件保持不变的情况下，投资增加并实现了实际产出的增加和名义收入 Y 的同步增长，名义收入 Y 的增长使得 D（Y）曲线的平衡点从 A 移动到 C 点，货币需求也从 M_2移动到 M_1的水平，同时新的平衡点 C 点表明了作为最后贷款人的中央银行为保证市场流动性在新的利率水平 i_1的情况下的货币供给水平 SM_1，这就表明了货币需求决定货币供给的关系。与温特劳布一样，卡尔多表明了货币当局的货币供给是依赖于由收入水平所决定的货币需求，作为最后贷款人的中央银行必须满足这种货币需求，否则会发生流动性危机，并发生系统性风险。

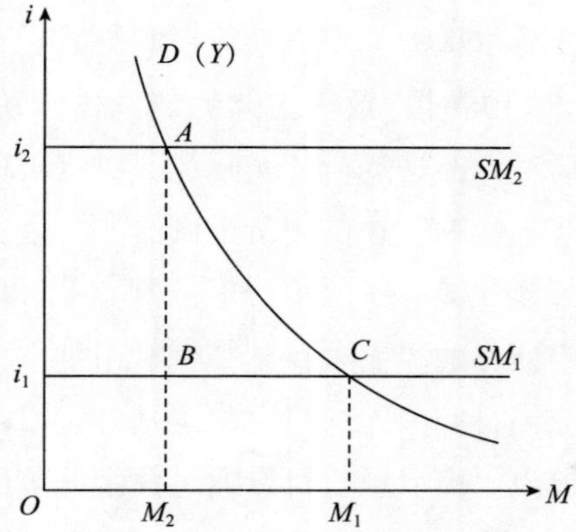

图 5 - 1 卡尔多货币内生坐标示意图

资料来源：陈昭（2005），部分修正。

温特劳布—卡尔多模型的基本结论和核心观点认为，货币供给曲线是水平的，创新和突破了货币供给曲线垂直的外生属性观点，是其重大的创新和突破，但也有其局限性，例如，货币供给曲线水平的充分就业目标就难以确定，但在他们看来这是各国政府理想的恒定政策与目标，与实际情况难免背离，而且货币流通速度是常数的假设也与实际情况相去甚远，尤其是随着金融创新的发展，货币流通速度会随着利率的提高而显著加快，这也使得温特劳布—卡尔多货币内生理论和模型需要进一步的修正。

莫尔在20世纪80年代深化了温特劳布—卡尔多货币内生理论，他突破了该理论的诸多前提假设，如所谓的“政治压力”“官僚主义惰性”等，实现了对中央银行由于承担稳定金融的责任所表现出的“无奈”的超越，使得莫尔的内生货币理论成为完全由货币需求决定货币供应的理论。莫尔内生货币理论的出发点在于首先将货币界定为商品货币、政府货币、信用货币三类，他认为前两种货币是由货币供给所决定的，但信用货币是由需求所决定的，具有内生性。其逻辑关系表现为商品货币和政府货币的供给分别由商品的生产成本和政府的利益（弥补财政赤字）而决定，与它们的需求没有直接关联关系，因此这两种货币的供给曲线表现为垂直曲线（货币供给曲线与利率变动无关），体现为外生性。而信用货币被莫尔概括为商业银行机构发行的存款和可以流通的各种凭证，产生于贷款发放环节，而这种贷款的发放直接决定于微观主体的贷款需求，从而表明了信用货币需求决定信用货币供应的观点，从货币存量的角度论述了货币供应内生性。在这种观点的框架范围内，莫尔认为，中央银行在既定的贷款利率水平上需要满足商业银行的这种贷款需求，同时，微观主体的贷款需求决定于经济实际运行状况，因此，就信用货币而言，经济运行的实际状况决定了信用货币的需求并最终对中央银行的货币供给产生影响。在信用货币供给的内生理论基础上，莫尔进一步论述了中央银行无法外生决定基础货币 M_0 的观点①，即基础货币供应具有内生属性，不能通过对政府债券的买卖来控制基础货币供应，也就是说，中央银行在追求利润最大化的商业银行面前无法自主决定基础货币的供给。另外，莫尔分析了金融市场的创新，提出了商业银行可以通过注定的负债管理实现基础货币自给的观点，莫尔指出：20世纪60~70年代，美国商业银行资产负债结构的显著

① 一般的货币外生理论认为，中央银行可以通过公开市场买卖政府债券来决定银行金融系统中的基础货币量。

变化就是活期存款的负债比重从70左右下降到28，而CDS类型的定期存款凭证则由5上升到36，其他的创新型负债（例如，银行的商业票据、回购协议债券、欧洲美元市场借款等）所获取的负债也从2提高到15（Moore，1989）。因此，商业银行的负债结构已经从吸收公众存款转变为直接在金融市场上进行金融衍生工具的交易，而且，这些创新性的金融衍生工具受到美联储的影响很小，不受其直接控制，从而使得当时的外生性货币政策的效应降低。莫尔还论述了重要的一点，就是货币乘数（货币流通速度）的内生属性，进一步突破了温特劳布—卡尔多的理论局限性，他认为，货币乘数要受到诸如法定存款准备金率、超额准备金率和现金漏损率等因素的共同决定，除了法定准备金率由中央银行直接控制外，后两者均是其无法控制的，所以货币乘数也是内生变量，因此，莫尔从货币存量和货币乘数两方面得出了货币供给的内生性结论。

2. 结构性内生理论

相对适应性内生理论，后期的后凯恩斯主义经济学家将研究重点从中央银行的货币供给转到了对商业银行和非银金融机构的存、贷款业务的具体分析上，代表人物有明斯基（Hyman Minsky）、Robert Pollin和厄利（James Earley）等，在商业银行的储蓄存款如何满足信贷需求的具体分析上，他们的观点与适应性内生理论的学者有所分歧，他们认为，中央银行不能完全满足商业银行的准备金需求，贴现窗口不能完全替代银行间的公开市场交易，随着金融创新的发展，银行通过在金融衍生品市场上主动的负债管理而寻求准备，因此被称为结构性内生理论，例如，在联邦市场、CDS市场和欧洲美元市场上融入资金，可以概括为“依据贷款需求来寻找储备”（胡宗伟，2005）。这种理论下，如果通过主动式负债管理所形成的储备不足时，会形成流动性不足，进而导致银行机构出售其资产以满足所需的储备，贷款的扩张会萎缩，最终的局面有可能带来信贷危机和金融危机，也就是说，金融危机是内生现象，这些方面适用性内生理论并未涉及。重要的一点是关于利率内生与外生的讨论上，在适应性内生理论看来，利率是完全外生的，无论是中央银行直接控制的贴现利率还是间接控制（通过公开市场操作）的银行间市场上的拆借利率都是由中央银行外生控制的，但就结构性内生理论看来，市场利率的决定因素是由中央银行和市场共同决定的，因为金融创新可以部分消解利率上升的压力。总体而言，结构性内生理论的影响程度随着金融市场的创新日益受到理论界和政策制定者的重视，而且，货币内生的适应性观点和结构性观点在研究方法和具体结构内容以及结论上在不断地融合。

第三节 马克思货币理论及货币内生思想

按照一般性理解，马克思货币理论被系统总结在《资本论》第1卷（由马克思亲自整理）、第2卷和第3卷（由恩格斯整理）和第4卷（由考茨基整理）之中，其中，马克思的货币本质观理论主要体现在《资本论》第1卷、信用理论和利率理论主要体现在《资本论》第3卷当中。但除此之外，还有大量的经济学手稿，这些手稿很多是未经整理的，甚至是残稿或者不完整的片段，虽然内容凌乱且重复，但经过系统整理和分析，它们包含了更为全面和完整的内容，这些内容被一些学者认为是马克思在货币理论方面具有原创性思想和客观、冷静的思考（赵准，2000），因此，对马克思货币理论的分析与研究应该立足于《资本论》四卷内容，并将研究视角扩展至《〈政治经济学批判〉1857～1858年手稿》（以下简称《1857～1858年手稿》）、《〈政治经济学批判〉第1分册》（以下简称《第1分册》）等手稿中系统、全面而完整地理解马克思货币理论。尤其是《第1分册》，是马克思政治经济学最初的研究成果，“在这部著作中第一次有系统地阐述了马克思的价值论，包括货币学说在内”①。本书基于现代经济发展的规律从货币的本源（货币的产生、本质和职能）、信用货币以及利息三个方面对马克思货币理论进行分析。

一、马克思货币理论的内生思想

马克思货币理论的内生思想体现在其货币本质观理论和货币职能理论的基础上，通过商品流通和货币流通的相互关系以及货币价值符号等方面的论述表现了货币的流通量取决于实际所需的货币量（商品价值总额和货币流通速度）的观点。

1. 马克思货币本质观理论

马克思货币本质观理论集中论述了货币的起源与本质，具体是通过分析商品

① 中共中央马克思恩格斯列宁斯大林著作编译局．马克思恩格斯全集（第19卷）［M］．北京：人民出版社，1995：119.

的内在矛盾，尤其是通过对价值形式发展的研究，从而系统科学地说明了货币的起源与本质问题，建立了货币本质观理论，也为货币职能的进一步论述奠定了基础。

马克思货币理论的基础是劳动价值论，这一点是毋庸置疑的，具体体现在1867年《资本论》第1卷的问世，其货币理论是建立在批判以斯密和李嘉图的古典经济学的基础上所构建的劳动价值论之上的。马克思从历史的逻辑为出发点建立了一种新的总量体系解释了现实的资本主义经济，他认为货币是一般等价物发展的产物，资本主义时代的货币本质上代表着资本主义的社会关系。一般意义上人们所理解的马克思货币理论是通过商品的使用价值和价值两个因素出发的，使用价值和价值又与相对应的具体劳动和抽象劳动相对应，而货币一方面源于商品，另一方面也是商品经济运动过程中价值形式发展的产物，这以逻辑表达阐述了马克思货币理论的基础是劳动价值论。

但马克思货币理论的逻辑起点——货币的起源与本质却需要进一步的研究与分析。马克思对货币的起源与本质的研究，在《资本论》第1卷从价值形式的角度进行了解释，从对商品的交换中马克思论证了货币的产生，其逻辑表达为：从“简单个别现象的价值形式”发展到“总和或扩大的价值形式”，再到“一般价值形式”，最终在一种个别特殊商品上进行表达形成货币。黄金由于难磨损、易分割、均匀并易携带的物理特性被马克思解释为一般等价物“金银天然不是货币，但货币天然是金银”①。他的这种表述表明了货币的产生是经济社会中商品经济交换而自然形成的，是价值形式长期发展的必然结果。并且，他对西方古典政治经济学在货币的起源上的缺陷进行了表述：“古典政治经济学的根本缺点之一，就是它始终不能从商品的分析，而特别是商品价值的分析中，发现那种正是使价值成为交换价值的价值形式。”② 马克思对于货币的本质有深刻的揭示：“相互的社会关系转变为一种固定的、压倒一切的、把每个人都包括在内的社会关系，这一点首先表现在货币中，而且是表现最抽象的，因而是最无意义、最难捉摸的形式——扬弃了一切中介的形式。况且，这种表现既然是以自由的、不受任何约束的，只是由生产中的相互需要联系在一起的、原子般的各个私人为前提而

① 马克思．资本论（第1卷）［M］．北京：人民出版社，2004：85.
② 马克思．资本论（第1卷）［M］．北京：人民出版社，2004：98.

生长起来的，它也就更加严酷。"[①] 因此，《资本论》第1卷所要表达的货币起源与本质是价值形式的货币，是从商品的使用价值和价值的内在矛盾及这种矛盾的外化而展开，分别从"商品内在价值的表现"和"使用价值作为价值的表现形式"两个方面的关系上着手研究货币。

马克思的货币理论中对货币的起源与本质的论述，除了在《资本论》第1卷中将货币定义为价值形式之外，在《1857～1858年手稿》《第1分册》中也将货币的起源与本质描述为交换价值的货币，因此有学者认为马克思的货币理论中的货币的起源与本质是由价值形式的货币（《资本论》第1卷的表述）与交换价值的货币（《1857～1858年手稿》《第1分册》）两个部分共同组成。赵准（2000）认为，研究马克思货币理论的起源与本质，不能仅仅从一般学者认为的价值形式的货币研究，而应该严谨科学地分析《资本论》第1卷第1章第3部分将"价值形式和交换价值"作为题目的原因，且应该综合考虑在"价值形式和交换价值"之后的第2章"交换过程"对货币的起源与性质的原因进行分析、第3章"货币或商品流通"，她认为马克思对货币起源和本质的研究应该是从商品交换的过程作为出发点，综合了价值形式、一般等价物和商品交换过程的研究而形成。而且，马克思在《资本论》第1版"序言"具体阐述了应该将《政治经济学批判》与《资本论》一起作为一个整体来研究，将《资本论》作为《政治经济学批判》的续篇来对待[②]。

从马克思关于货币起源和本质的论述可以看出，货币是价值形式长期发展的必然结果的结论说明货币是社会经济体系内部运行的结果，是其内部力量发展的必然要求，从其产生之处就具有内生性，Mollo（1999）曾经指出这一点，他说明了货币的出现和发展是资本主义商品经济的逻辑基础，所以货币具有内生性的属性。

2. 马克思货币内生理论框架下的货币职能

马克思对于货币的起源与本质的论述，使得马克思货币理论与西方经济学家的货币理论相比更深刻、更严谨，在此基础上，马克思论述了货币的职能，马克思将货币职能分为五种：价值尺度、流通手段、贮藏职能、支付手段、世界货币。

---

① 中共中央马克思恩格斯列宁斯大林著作编译局．马克思恩格斯全集（第31卷）［M］．北京：人民出版社，1995：376－377.

② 马克思．资本论（第1卷）［M］．北京：人民出版社，2004：7.

货币的价值尺度职能和流通手段职能是马克思首先论述的，是在劳动价值论的基础上展开的，而且这两种职能是货币的基础职能。马克思明确指出货币就是作为价值尺度和流通手段的内在统一而存在，马克思内生货币思想直接而具体地体现在这两种基础职能上，具体而言，马克思通过两个理论层次建立了其内生货币思想与理论体系，一是商品流通与货币流通关系理论，马克思认为，货币流通受商品流通的决定；二是流通中货币的必要量理论，马克思指出，某一时期内的货币流通的必要量来源于流通中商品价格总额和货币的流通平均速度，其总结公式表达为 $M = PQ/V$，即一定时期内流通过程中的所需货币量 = 商品价格总额/货币流通平均次数。在这一点上，马克思接受了斯密的货币供应内生的观点并继承了银行学派关于物价与通货二者变动关系的思想。同时，在有关货币流通职能的基础上，马克思进一步分析和论述了铸币与纸币作为价值符号的问题，“正如商品的交换价值通过商品的交换过程结晶为金货币一样，金货币在流通中升华为它自身的象征，最后采取无价值的记号、纸片、单纯的价值符号的形式”①，“货币符号本身需要得到客观的社会公认，而纸做的象征是靠强制流通得到这种公认的。国家的这种强制行动，只有在一国范围内或国内流通领域才有效，也只有在这个领域内，货币才能完全执行它的流通手段或铸币的职能……”②。从而也表明了在流通手段范围内，铸币和纸币也是内生性的。

后三种货币职能在《1857～1858 年手稿》中被称为货币的“第三种规定”，是相对于货币作为价值尺度和流通手段两种基本职能的内在统一的基础上的一个“独立”的“存在”③，它强化了货币的本质并超越了前两种基本职能，使马克思的货币理论全面超越了传统的西方经济学家，使他的货币理论从一开始就具有向更高层次演化与发展的基础（赵准，2000），具体而言，货币的贮藏职能构成了货币向资本转化的理论基础（从流通领域向生产领域深入），货币的支付手段职能表明了社会劳动关系作为客观存在的基础并且延伸出了信用货币的产生，货币向资本转化又构成了马克思研究货币作为生息资本理论的起点。因此，马克思的货币理论清晰而严谨地表达了货币需求完全决定于资本主义流通和生产领域所需要的商品流通量，当一国的货币供给量多于经济过程中的需要量，所多出的部分就会被贮藏或者流通到国外，相反的情况，当货币供应量不足时价格的上升会带

① 马克思恩格斯全集（第 13 卷）[M]．北京：人民出版社，1995：103.

② 马克思．资本论（第 1 卷）[M]．北京：人民出版社，2004：152.

③ 马克思恩格斯全集（第 30 卷）[M]．北京：人民出版社，1995：169.

动货币供给的增加。当一国货币从本国流通至国外之后会失去在本国市场上所获得价格标准和铸币等价值符号，需要恢复至贵金属块的形式，从而实现世界货币的职能，并且这种货币的最后一项职能会随着资本主义社会的世界统一市场的发展，货币会作为支付手段来平衡世界贸易的差额而普遍适用。因此，后三种职能使得马克思的内生货币思想向更深层次进行探究。

二、马克思信用货币理论

马克思的信用货币理论源于货币的支付手段职能，“信用货币的自然根源是货币作为支付手段的职能”[①]“信用货币是直接从货币作为支付手段的职能中产生的”[②]，随着资本主义社会的发展，商品的让渡与价格的实现在时间上所出现的分离产生了货币的支付手段的职能，而信用货币的产生来源于货币在执行支付手段职能过程中的所谓“直接的矛盾”，即各种支付在相互抵消时只是在观念上执行了价值尺度的职能，而在实际支付货币时表达了社会劳动的化身职能，而非流通手段的职能，因此，便产生了信用货币，随着资本主义社会的进一步发展，信用货币的使用得到了不断的扩大，占据了资本主义经济过程中的各种交易领域和生产领域，成为各个环节不可或缺的部分，而且在货币转化为资本的过程中，随着创造交换价值的劳动被投入生产领域，简单的商品经济流通（为买而卖）就发展为资本流通（为卖而买），从而产生了利润与剩余价值，于是在货币、生产和资本主义经济运转过程之中的必然联系就建立了起来。

伴随信用货币的发展，资本主义经济的资本家阶层也实现了分化，产业资本家专注于资本主义的实体经济，而银行家作为货币资本家专注于借贷资本的金融领域，借贷资本成为生息资本，马克思认为，生息资本具有能够为产业资本家产生利润的特殊的使用价值，其循环形式为 G－G′，即从借贷资本从银行家带出给产业资本家，产业资本家支付给银行家附带利息的货币资本，而这种利息来源于产业资本家的利润和剩余价值，这一循环形式明显区别于产业资本的 G－W－G′中的中间过程。马克思深刻地论述了这种信用为核心的价值运动与一般的商品流通的不同，他认为信用是借贷资本在资本主义商品经济发展过程中的运动形式，这种价值运动的主要特征是所有权与使用权的分离，使用权的转移运动体现了资

① 马克思．资本论（第1卷）［M］．北京：人民出版社，2004：149.

② 马克思．资本论（第1卷）［M］．北京：人民出版社，2004：163.

本主义市场主体之间的交换关系，这种交换关系代表了资本主义广泛存在的一种社会关系，随着资本主义的进一步发展，这种以借贷为特征的社会关系在资本主义的市场主体之间越来越重要，信用制度成为资本主义经济社会和经济运转的基础。进一步的资本主义信用可以分为商业信用和银行信用，前者体现为产业资本家之间的赊销方式所提供的信用，具体形态有商业汇票和期票，只能在产业资本家之间的较小范围内流动，后者打破了产业资本家之间的商业限制，银行家作为货币资本家扮演了中介的作用，更加满足了资本主义扩大再生产的需要，银行家发行的银行券替代了商业票据的流通范围的期限，无论是商业信用还是银行信用，需要指出的是，无论资本主义信用如何发展，均是以资本主义经济活动为基础的，无论是商业票据还是银行券都要以经济活动实际需要的货币量为基础，也就是货币需求决定货币供给，马克思曾指出："已知通货的速度和支付的节约，现实流通的货币量是由商品的价格和交易量决定的。银行券也受这个规律的支配"。[①] "只要银行券可以随时兑换货币，发行银行券的银行绝不能任意增加流通的银行券的数目"[②]。因此，马克思信用货币的理论深刻地表明了其内生性的属性。但其内生性与非信用货币的内生性是不同的，马克思的货币内生性（如上所述）是在论述金属货币生产与流通的基础上的，信用货币的内生性无疑也是建立在这种基础上但又超越了这种货币的内生性，更大意义上是以社会资产的抵押为基础的，因此信用货币的供应量受社会资产价值的变动影响。

三、马克思利息理论

马克思利息理论是在生息资本理论框架的基础上建立的，研究生息资本，必然要研究利息和利率的决定（赵准，2000），因为利息是研究剩余价值的分割及其向具体形式转化的问题，主要体现《资本论》第 3 卷中对利息的本质分析上，同时利息问题也属于马克思政治经济学研究中较为具体的问题，主要体现在《资本论》第 3 卷提及，但未深入分析的利率决定因素上（汤在新等，1995）。

1. 利息理论发展的历史逻辑

如果说生息资本是资本主义社会随着社会分工的出现得以发展的，那么利息以及利率作为一种现象被研究要早于对生息资本的研究。总体而言，依据货币市

---

① 马克思恩格斯全集（第 23 卷）[M]. 北京：人民出版社，1995：451.

② 马克思恩格斯全集（第 23 卷）[M]. 北京：人民出版社，1995：594.

场和实物资本两个不同领域利息理论的发展大致有三种不同的观点：第一，纯货币市场利息理论；第二，实物资本利息理论（资本收益率理论）；第三，综合性（包含货币市场和实物资本）利息、利率。如果按照历史发展的逻辑来看，首先是“货币生货币”的纯货币利息理论，由配第和洛克从其所代表的货币所有者阶层的立场出发而建立，将货币租金与土地租金的存在合理性等同，认为利息量决定于流通的货币量；其次，斯密、李嘉图和马歇尔经济学家将储蓄和投资联系在一起，认为利率的决定因素是借贷资本的供求，而借贷资本来源于实物资本的利润，利润率的高低决定了利率的高低；再次，维克塞尔综合了这两种学说，提出了基于利率分为自然利率和货币利率的二分法的“累积过程理论”，实现了货币市场与实体经济运行的初步融合，使当时的货币分析方法实现了进步（赵准，2000）；最后，凯恩斯在批判马歇尔等的储蓄—投资利率学说的基础上重新所建立的流动性偏好理论重新确立了纯货币利息观点，被赵准（2000）称为利息理论的回归。

马克思所处的时代晚于纯货币利息理论的创立者配第和洛克以及实物资本利息理论的代表人物斯密和李嘉图，他首先肯定了后者的理论较前者而言对现实条件下的资本主义经济更有科学性，也就是肯定了其利润是利息的来源的结论，但他同时又超越了这种实物资本利息理论下的资本收益率观点，不能完全将借贷资本与实物资本等同视之，借贷资本属于货币现象，分属于两个不同的领域，借贷资本供求变化是独立的，其量的决定“除了由竞争强加的分割规律之外，不存在别的分割规律……，并不存在‘自然’利率”……利率没有‘自然’界限①、“本身是偶然的，纯粹经验的”②，马克思对他之前的利率理论的评判与研究，实际上利率的二重性：一般利率与市场利率。一般利率的观点与思想是通过肯定实物资本理论合理性发展而来的，市场利率是在批判实物资本理论不合理成分的基础上进一步阐述的，这也就早于维克塞尔利息两分法理论（自然利率和货币利率），并领先了凯恩斯流动性偏好理论的纯货币利息观点。

就基本的分析框架而言，马克思的利率理论与维克塞尔的利率两分法的“累积过程理论”比较接近，但从整体的经济学思想上马克思的利息理论又超越了魏克赛尔的这种理论，主要体现在其阶级分析的方法上，因为马克思认为，一般利

① 马克思．资本论（第3卷）[M]．北京：人民出版社，2004：399.

② 马克思．资本论（第3卷）[M]．北京：人民出版社，2004：407.

率的上限的是一般利润率："必须把平均利润率看成是利息的最后决定作用的最高界限"①，同时，他通过对货币市场供求关系的分析发现，随着信用制度的发展和大工业的发展，"出现在市场上的货币资本，会越来越不由个别的资本家来代表，即越来越不由市场上现有资本的这个部分或那个部分的所有者来代表，而是越来越表现为一个集中的有组织的量，这个量和实际的生产完全不同，是受那些代表社会资本的银行家控制的。因此，就需求的形式来说，和借贷资本相对立的是一个阶级的力量；就供给来说，这个资本本身作为群体表现为借贷资本"②，这种资本家阶级之间的竞争结果体现在对中央银行的控制权上，表明了资本主义社会大生产背景下一般利率的阶级属性。

2. 马克思利息理论的基本逻辑

马克思的利率分析逻辑，是沿着与分析商品的价格形成机制一致的逻辑进行的。他在分析商品价格的形成机制时首先分析了价值及其价值规律，同样分析利率的形成是建立在平均利润率的基础上的，从对借贷资本的价值运动过程开始分析。因此，马克思在论述利率理论时，并没有从货币的供求关系上说明利率的形成，这一点与西方传统的利率分析框架明显不同。马克思利息理论大致依据以下逻辑而展开。

第一，利息作为生息资本理论整体的一部分而被研究。在分析利息及利率之前，马克思首先剖析了生息资本的运动过程。生息资本来源于生产领域，但又脱离生产活动，其属性是直接带来增大的价值和表现为货币供求双方直接的交易。

第二，利息及利率的性质。依照马克思货币理论，利息来源于剩余价值表现为借贷资本的绝对价格，而利率则是产业资本家与银行家利润分割的比率。具体而言，马克思首先剖析了利息的性质，指出利息是平均利润的一部分，其本质是剩余价值的转化形式，由产业资本家支付给银行家，因此利息的最高界限为利润；其次在分析利息的性质的基础上分析了利率的形成机制及其性质，"事实上，只有资本家分为货币资本家和产业资本家，才使一部分利润转化为利息，一般地说，才产生出利息的范畴，并且只有这两类资本家之间的竞争，才产生出利率"③，由此表明马克思所论述的利率取决于两个变量：一是利润率，二是借款人（产业资本家）与贷款人（银行家）对于总利润的分割比例。

① 马克思．资本论（第3卷）[M]．北京：人民出版社，2004：403.
② 马克思．资本论（第3卷）[M]．北京：人民出版社，2004：412.
③ 马克思．资本论（第3卷）[M]．北京：人民出版社，2004：413.

第三，马克思进一步将利率分为两部分：市场利息率和一般利率，并分析了二者其中的结构和决定因素。市场利率顾名思义随市场状况的变化而变化，是商品和货币市场上表现出来的即时性货币价格，“市场利息率是由供求关系直接地、不通过任何媒介决定的①，是货币市场的内生变量②”。一般利率是不同市场利率总和并平均后的结果，因此也被称为平均利率或中等利率（在个别情况下马克思也用自然利率来表述），它是一种在较长时期内相对恒定不变的利率水平，较市场利率而言表现为相对不变性。最重要的是一般利率决定于一般利润率表明了一般利率的本质，通过这种本质，我们可以进一步透析出马克思利息理论框架内的一般利率不同于市场利率的性质：一般利率是货币市场的外生变量的属性③。“利率的变动（撇开较长时期内利率的变动）由一般利润率的变动决定”④，“连续多年的长期平均利息是由平均利润率决定的，而不是由平均企业主收入率决定的”⑤，且马克思指出，一般利润率的相对不变性被表现为一般利率的相对不变性，一般利润率的相对不变性，正是表现在中等利率的这种或大或小的不变性上，这句话亦表明了一般利率的“不变性”特征。

3. 马克思利息理论的内生性与外生性的辩证统一思想

进一步总结，马克思对于利率的分析逻辑表现为：一般利率决定于平均利润率或剩余价值，并通过产业资本家和银行家的竞争而形成。沿着马克思对于利率决定的这种逻辑，会发现马克思眼中的一般利率不是由货币的供求所决定的，也就是一般利率是外生于货币市场，并由货币市场之外的其他因素所决定，这个因素就在于产业资本家和银行家的竞争，马克思进一步论述到，资产阶级的两大利益集团的竞争结果由占据统治地位的阶级所代表的国家来决定，因此竞争的结果就表现为这个国家的中央银行所决定的利率上。也就是说，利率的决定权在于由集中代表某一利益集团的中央银行来确定，马克思明确了这一观点：“中央银行

---

① 马克思．资本论（第3卷）［M］．北京：人民出版社，2004：415.

② 货币市场的分析框架之下存在三个变量：货币供应量、货币需求量和利率。利率的内生性一般意义上可以理解为：在一国经济运行过程中，利率作为货币市场的货币价格受货币需求和货币供给的均衡状态所决定，属于内生变量。

③ 货币市场的分析框架之下，相对内生变量而言，利率的外生性指利率独立于货币市场的货币供求关系，由货币市场之外的其他因素和力量所决定。

④ 马克思．资本论（第3卷）［M］．北京：人民出版社，2004：565.

⑤ 马克思．资本论（第3卷）［M］．北京：人民出版社，2004：579.

是信用制度的枢纽……信用主义转变为货币主义是必然的现象”① “英格兰银行的权力，在它对市场利率的调节上显示出来”②。总体而言，马克思利息理论框架下的一般利率的外生性体现在两方面：一是利率的本质与来源上体现在平均利润率并受其决定，是产业资本家和借贷资本家分割平均利润的结果；二是表现在一般利率的最终竞争结果上，平均利润率的差别体现了产业资本家和借贷资本家（银行家）的竞争结果，在货币市场上货币资本表现为无差别的“一个阶级的自在的共有资本”上，这种无差别“共有的资本”代表了两大阶级集团的竞争结果，并最终表现为由竞争胜利的阶级集团所掌控的中央银行对利率的决定上。利率的内生性一般体现在市场利率的波动性上，市场利率货币市场上借贷资本的价格，完全是由市场所决定的。

综上所述，马克思的货币理论的分析框架之下，在货币市场上货币供给内生于货币需求、利率应该被分为一般利率和市场利率两个层次进行分析，前者由货币市场之外的产业资本家和银行家的竞争决定并最终表现在对中央银行的控制权上，后者由货币市场上借贷资本的供求关系所决定，无论是《资本论》第1卷还是第3卷均表明了货币无论是金属货币，还是纸币抑或信用货币，均是内生性的，均决定于对货币的需求，相应地，在资本主义社会大生产条件下利率是外生性与内生性的辩证统一体，但利率的外生性处于逻辑分析的起点。

第四节　货币理论的比较与启示

上述的货币理论从外生性、内生性以及历史发展逻辑上进行了分析与说明，可以看出，关于货币供给的内生性与外生性的争论自现代经济学产生之日起就广泛存在了，基于上述介绍性和基本的分析内容，下文从货币的内生性与外生性理论、马克思货币内生理论与货币数量理论、马克思货币内生理论与后凯恩斯货币理论三个层面进行分析比较，为我们货币政策框架的选择提供更为有效的理论框架。

① 马克思．资本论（第3卷）［M］．北京：人民出版社，2004：648.

② 马克思．资本论（第3卷）［M］．北京：人民出版社，2004：615.

一、货币内生理论与外生理论的比较

从本章的研究内容而言，包括了货币供应的内生性与外生性的思想、观点和理论的方方面面，但从理论逻辑与框架的完整性以及纯粹性而言，就货币供给的内生性与外生性的比较应该从“狭义上”就货币主义理论和后凯恩斯主义理论二者的对比进行。就一个理论的完整性而言，应该具有完整的逻辑框架、论证体系和明确的结论，从上文可以看出，货币供应外生理论与货币供应内生理论完整框架分别是在弗里德曼为代表的货币主义和后凯恩斯主义理论体系下建立起来的，在之前的理论分析与阐述中，只能称为货币供给的内生性或外生性的思想或观点，从这方面而言，货币内生性与外生性的理论比较也是基于二者进行，当然，作为本书重要结论的马克思货币内生思想的严谨性和科学性，将通过与二者的进一步比较得出；就一个理论的纯粹性而言，应该是非此即彼的表明其观点与结论，从这一点上讲，凯恩斯的货币供应外生假设下内嵌有货币供应内生的思想以及局部修正的货币内生观点都无法被称为“纯粹”的货币供应外生属性或内生属性。

货币学派的理论基于费雪方程式和剑桥学派的现金余额数量学说，通过弗里德曼和施瓦茨模型得以确立，其基本核心在于货币供给由两部分的决定因素：基础货币和货币供给乘数，而这两部分的因素在货币主义者看来，一国的货币当局都可以外生控制。后凯恩斯主义学者通过对《通论》的重新解读，以凯恩斯的有效需求理论为基础并挖掘凯恩斯的货币供应内生思想建立了内生性的货币供给理论。二者的显著区别在上文提到的货币供给曲线垂直与水平的区别可以体现出来，在这里进行更加明确的比较，如图5－2所示。货币供给曲线以M_s表示，M_d表示需求曲线，图5－2（a）用来说明货币供给曲线的外生性的经济意义，也就是说，货币当局的货币供给独立于货币需求，货币主义者认为货币供给曲线M_s是基础货币供应的稳定函数，而基础货币供应是完全受货币当局控制的，因而货币供给M_s被视为政策性可控变量；图5－2（b）右图用来说明货币供给曲线的内生性的经济意义，表现的是货币供给受货币需求的影响，也就是决定于微观主体的经济活动，后凯恩斯主义强调的金融创新下的商业银行主动式负债管理会打破货币当局的准备金约束，使其通过控制基础货币供应的货币政策失效。在实际经济情况过程中的内生性和外生性的货币供给政策表达了货币供应量与经济过程中的经济变量（利率、物价、收入）的因果关系，具体而言，图5－2（a）中外生性货币供给曲线下，央行的货币供应独立于货币需求，因此，央行货币供给增加时（由 A 到 B），经济活动中的微观主体的货币需求曲线由 M_{d1} 平移到 M_{d2}，利率 i_1 上升到 i_2；右图中内生性货币供给曲线下，央行的货币供应取决于货币需求，货币需求可能是由于经济活动中的某一变量，例如，名义工资的增加（如温特劳布的工资定理理论）使微观主体的货币需求增加（货币需求曲线由 M_{d1} 平移到 M_{d2}），在 i_1 水平下，货币需求 M_2 大于货币供给 M_1，其差额为图 5－2（b）中的 AC 距离，这种不平衡的条件使得央行必须将利率从 i_1 提升至 i_2，才能达到新的平衡，即平衡点 D，同时，相应的实际产出会降低，其降低的幅度应该是能够使名义工资的水平降低到原来的水平，以此来消除货币的超额需求，才能使货币供给保持原来的水平，其运动轨迹为沿着 M_{d2} 曲线，从 C 点上移至 D 点，而新的平衡点 D 正是新的货币需求曲线 M_{d2} 和 Ms_2 的相交点处于旧平衡点 A 的正上方（保持货币供应量的不变）。

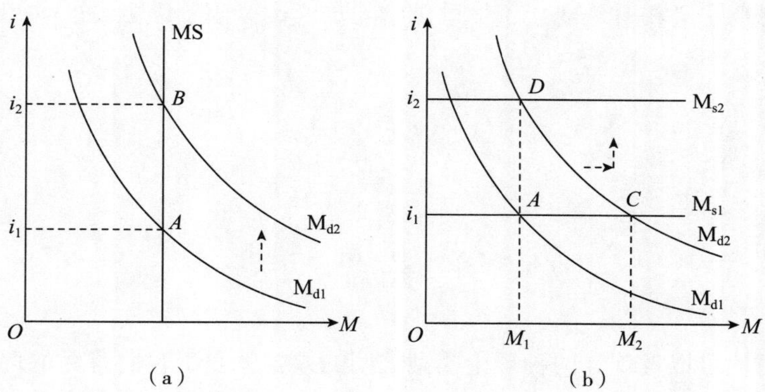

图 5－2　货币供给外生性和内生性比较

资料来源：笔者借鉴 Lavioe（1985）、Friedman 和 Schwartz（1971）绘制。

进一步地，从其理论模型比较而言，可以通过相应学者的总结看出二者的差别。

货币主义学派的货币供给乘数（m）理论模型由 Papademos 和 Modiligliani（1990）总结如式（5－9）至式（5－12）所示：

$$m = \left(c + \sum_{i=1}^{N} \mathrm{d}_i\right) \cdot \left(c + \sum_{i=1}^{N} \mathrm{d}_i z_i + f\right)^{-1} \tag{5-9}$$

$$M_s = m \cdot B \tag{5-10}$$

$$l_m = (c + \sum_{i=1}^{N} \mathrm{d}_i) \cdot (c + \sum_{i=1}^{N} \mathrm{d}_i z_i + f)^{-1} - 1 \tag{5-11}$$

$$L = l_m \cdot B \tag{5-12}$$

式中，m 表示为货币供给乘数（(Money Multiplier)。假设 $D=(D_1, D_2, \cdots, D_N)$ 表示银行机构的 N 种存款及融资工具，D_1 被视为活期存款；$\mathrm{d}=(\mathrm{d}_1, \mathrm{d}_2, \cdots, \mathrm{d}_N)=(1, D_2/D_1, \cdots, D_N/D_1)$ 表示为银行内非活期存款的融资工具与活期存款的比率；$z=(z_1, z_2, \cdots, z_N)$ 表示为 D 所对应的法定存款准备金率；C 和 c 分别代表经济活动中的通货以及通货币率（$c=C/D_1$）。银行机构的存款准备金（R）相应的分为法定存款准备金（RR）和超额准备金（RE），f 表示为 RE 与 D_1 的比率（$f=RE/D_1$）。Ms 表示货币供给总量，B 货币当局发行的基础货币量。$L+R=D$ 表示银行机构的资产负债结构，L 表示银行机构的贷款总量；l_m 表示信贷扩张货币乘数。

后凯恩斯主义相对地建立了货币供给除数（d）理论模型，由 Lavoie（1984）总结如式（5－13）至（5－16）所示：

$$\mathrm{d} = m^{-1} = (c + \sum_{i=1}^{N} \mathrm{d}_i z_i + f) \cdot (c + \sum_{i=1}^{N} \mathrm{d}_i)^{-1} \tag{5-13}$$

$$B = \mathrm{d} \cdot M_s \tag{5-14}$$

$$l_d = {l_m}^{-1} = (c + \sum_{i=1}^{N} \mathrm{d}_i z_i + f) \cdot (\sum_{i=1}^{N} (1 - z_i)\mathrm{d}_i - f)^{-1} \tag{5-15}$$

$$B = l_{\mathrm{d}} L \tag{5-16}$$

通过对比可以发现，两种理论模型之间的差异就在于它们背后的理论基础和逻辑关系，货币学派的逻辑关系清晰地表达为中央银行发行基础货币 B→商业银行的货币供给（存款）→商业银行贷款；而后凯恩斯主义学派则表达为公众对商业银行的贷款需求→商业银行的货币供给（存款）→中央银行的基础货币发放。

二、马克思货币理论与非马克思主义货币理论的比较

1. 马克思货币内生思想与非马克思主义货币外生理论体系的比较

马克思内生货币思想与货币外生理论体系（包括货币外生思想、观点和理论）的比较，可以从马克思本人从货币数量与商品价格的角度对当时货币数量学说的批判进行理解。马克思《资本论》第 1 卷对货币数量学说进行了批判，马克

思认为这种学说没有理解货币的本质属性，仅仅从货币的流通手段职能的现象出发理解商品的价格："在进入流通过程时，商品没有价格，货币也没有价值，然后在这个过品堆的一定部分同金属堆的相应部分交换。"[①] 赵准（2000）进行了系统的分析，她系统总结了马克思从"三个批判"和"一个肯定"四个方面对货币数量学说的批判，认为马克思对价格问题的研究从货币的本质出发并把商品的供求关系多种影响因素进行整体考虑。具体而言，商品的交换以社会必要劳动为基础，货币价值受其所表现的社会劳动量而决定，从而商品的价格受到商品自身的内在价值即货币价值两方面的影响，前者由劳动生产率、公众支付能力和偏好等决定，后者受到货币的五大职能以及生息资本和虚拟资本的影响。基于此，赵准（2000）认为，马克思从三个方面批判了货币数量学说，从另一个方面肯定早期银行学派代表图克（T. Tooke）的内生货币观点，并且她对马克思之后的货币数量学说与理论进行了"批判"的延伸：第一，马克思对休谟的批判意味着对早期货币数量学说的批判，因为休谟的货币数量学说是在 15 ~ 17 世纪美洲贵金属大量流入欧洲的背景下形成的，但马克思指出，由于缺少"价格史"方面的统计资料，休谟及其门徒只是"把片面观察到的事实不加批判地变成一般原理"[②]。第二，马克思对李嘉图的批判被视作为对现代货币数量学说的反驳，需要指出的是，李嘉图与马克思在用劳动价值论解释货币流通过程中的数量的观点是一致的，但在国际贸易领域范围内，即在马克思视为的"世界货币"职能范围内，李嘉图演变为一个庸俗的货币数量学说的代表，他认为货币的贬值导致了从本国流到外国的结果，因此，马克思认为李嘉图在对货币的本质认识上存在欠缺（赵准，2000）。第三，对 1844 年《英格兰银行法案》（也被称作《皮尔银行法》）的批判观点和思想可以借鉴到对当代资本主义国家的货币政策的批判，马克思对 1844 年《英格兰银行法案》的批判就是对当时在货币论争过程中取得胜利的通货学派的批判，通货学派秉承了李嘉图的贵金属输入与输出作为货币供应量的充足与否的结果，当时货币供应的政策一般逻辑为：如果银行贵金属为净输入说明货币价值高商品价值低，因此按照输入量同比例地发放银行券；反之则回购银行券，马克思如对李嘉图的批判一样反驳了这种逻辑理论，因为贵金属的输入与输出与商品的价格之间并无关联，仅仅与利率和证券的价格有影响[③]。第

① 马克思．资本论（第 1 卷）［M］．北京：人民出版社，2004：143.

② 马克思恩格斯全集（第 31 卷）［M］．北京：人民出版社，1998：554 - 558.

③ 马克思．资本论（第 3 卷）［M］．北京：人民出版社，2004：623.

四，马克思肯定了图克的货币供应的内生思想和观点，图克明确反对通货学派的货币数量学说，认为产品的价格主要决定于商品生产的供求关系，并用价格来表示商品流通过程中的货币量，马克思认同了这种观点并对图克科学地考察分析1793～1856年的商品价格史的做法表示赞赏（赵准，2000）。

2. 马克思货币内生思想与（后）凯恩斯货币理论体系的比较

鉴于凯恩斯货币供应的外生假设条件之下内嵌有货币供应内生思想，以及后凯恩斯主义学者沿着这一条思路重新对凯恩斯《通论》进行了解读建立了完整的货币供应的内生理论框架，这里与马克思的货币内生思想进行对比的对象界定为凯恩斯货币思想及理论体系，既包含凯恩斯本人的货币理论和思想，也包括后凯恩斯的货币内生理论。

第一，凯恩斯的《货币论》和《通论》所表达的经济学理论体系中突出了货币的重要作用，突破了马歇尔为代表的新古典经济学的货币与实物两分法的理论体系，仔细研究可以发现，凯恩斯在对价值、分配和货币的相关理论联系中想建立一套“生产的货币经济理论”（王璐，2007），但就其最终的研究体系和结果而言，这一套货币经济理论没有建立起来，根本原因在于凯恩斯没有发现货币本质以及所派生出的货币职能，在价值分配与货币之间没有建立起清晰而科学的逻辑关系，也就无法回答资本主义市场经济过程中的分配和相对价格以及与宏观变量之间的关联问题，这一点，实际上在马克思货币思想体系中通过价值理论系统地论证了资本主义的货币经济本质是基于其社会关系的竞争积累的结果，并通过货币理论与价值理论的相互关联描述了资本主义经济过程中的发展周期及危机发生的规律。因而，马克思货币理论所表达的货币供应内生思想背后的基础——劳动价值论决定了与凯恩斯货币理论的本质区别：马克思探求的并非资本主义的货币运行现象，而是寻求隐藏在货币运行现象背后的本质性关系——价值体系，这种价值体系表达的是人与人之间的社会关系，因此，在马克思的货币理论思想中，货币是重要且内生的，表达了所有资本主义经济关系的本质，因此，整个宏观经济必须通过国民收入核算体系的货币总量关系才能形成一个整体框架，在这个整体框架之下货币能够决定所有价值和分配的变量。

第二，马克思货币内生思想与后凯恩斯主义的货币内生理论的比较，Pollin（1996）曾经进行过总结：首先体现在对金融危机以及经济波动的原因分析上，马克思更加注重物质层面的分析，而后凯恩斯主义者更加注重对心理层面（预期）的分析；其次体现在经济结构中的金融的分析，前者强调了阶级的力量和权力的作用，而后凯恩斯主义者对此忽略了。这种基于分析方法的不同决定了又会产生不同结论，尤其是后凯恩斯主义学者继承的是凯恩斯的货币理论和思想。但二者在货币供应的内生性上可以相互借鉴甚至相互融合。首先，应该明确以劳动价值论构成了马克思货币本质的内核，但对货币的理解应当同时借鉴后凯恩斯主义的“货币是一种债务关系”（兰德尔·雷，2012）的界定，尤其是随着电子货币的发展，这种货币概念的延伸对理解货币定义更为直观，在马克思货币本质认识基础上结合后凯恩斯的“债务关系”的货币理解将更容易解释当今的货币现象及货币经济；其次，二者在关于信用货币内生属性的认识上一致，马克思论述的信用货币表达了信用货币内生于资本主义的再生产过程，并由资本家对货币需求而决定，虽然后凯恩斯主义学者不强调资本家而采用经济活动的微观主体，但其所表达的这种信用货币的内生逻辑与马克思是一致的；最后，二者在关于利率的外生属性的结论认识上一致，后凯恩斯主义（主要是“适应性”内生理论学者）是从货币市场供求关系讨论（与凯恩斯主义者一样）利率的外生性，而马克思是从平均利润率的基础上，通过分析生息资本的运动过程并得出利息外生性的结论。

第五节 小结

本章内容在第三章货币政策框架的现状分析和逻辑发展以及论证我国货币政策框架转型的必要性基础上通过分析货币理论，寻找我国货币政策有效性不足背后的本质性原因，从货币外生思想和理论与货币内生思想理论各自的发展情况以及二者的对比上展开，大致可以得到以下结论：

第一，货币理论的发展历程。自现代经济学诞生之后，从古典经济学开始，货币供给的内生性与外生性的争论就一直存在并延续至今。18 世纪末 19 世纪初的古典经济学时期，休谟、李嘉图与穆勒、斯密分别就货币的支付功能和价值贮藏功能对货币供给和商品价格的因果关系展开形成了最初的货币供给外生性与货币供给内生性的争论；19 世纪，英国的通货学派和银行学派就发行银行券的制度争论了银行是否可以有效控制货币供给的“通货争论”，并诞生了以劳动价值论为内核的马克思货币本质观，科学地论证了货币供给的内生属性；20 世纪上半叶，凯恩斯试图突破新古典经济学的货币与实物两分法体系，使其货币外生性假设条件之下内嵌有内生性思想，但与20世纪下半叶以弗里德曼为代表的货币主义学派通过货币乘数模型所建立的货币供应外生理论有所区别，后凯恩斯学派继承挖掘了凯恩斯的货币内生思想并借鉴了格利和肖等的货币供应内生观点建立了完整的货币内生理论框架，与货币主义学派形成了针锋相对的观点。

第二，凯恩斯主义货币理论体系中货币内生思想的发展逻辑。本章内容在分析凯恩斯货币思想及理论体系的过程中形成了两个重要结论：首先，从凯恩斯到后凯恩斯主义的内生货币思想，即贷款决定存款的逻辑一直存在，凯恩斯无论是在《货币论》还是在《通论》中的"循环资金理论"（Theory of Revolving Funds）均表达了这种思想和论证逻辑，但现有的研究明显不足，需要引起重视；其次，后凯恩斯的"适应性"观点和"结构性"观点逐步融合，虽然后凯恩斯主义学者就其影响程度而言，温特劳布、卡尔多和莫尔的"适应性"观点更广泛，但显著的发展趋势是当前的研究"适应性"观点正在逐步向"结构性"观点靠拢，原因就在于商业银行在金融衍生品市场上的主动负债管理越来越重要，"结构性"观点对"市场利率是由中央银行和市场共同决定的"的观点需要重视，尤其是在处理当前短期利率、长期利率、基准利率、贴现利率等结构性问题时需要进一步就利率的外生性进行探讨，本书的基本观点是货币供应内生、利率体系的外生与内生的辩证统一，这两个基本观点通过本章对马克思货币理论的逻辑梳理与研究分析可以得出，同时，需要继续分析利率外生性逻辑分析起点之上所存在的利率内生问题。也就是说，具体分析哪些是影响利率的市场因素，尤其要分析利率体系的具体结构性问题。这一点，为下文的研究提供了方向。

第三，马克思货币理论的内生思想给我们的启示。通过对休谟、李嘉图和通货学派的货币理论的批判与资本主义商品经济的深入考察，马克思建立了以劳动价值论为核心的货币理论，表达了货币内生的思想，系统地论证了货币的本质与职能，并进一步说明了信用货币的内生性问题和外生性的利率问题，完成了其货币理论的思维构建。进一步，通过马克思货币内生思想与货币外生思想体系以及（后）凯恩斯主义货币理论的比较，我们可以进一步进行评价性总结：货币主义学派仅仅从货币现象出发，从传统的新古典经济学的货币与实物两分法入手无法深入货币的本质属性而处于货币理论认知的底层；凯恩斯及后凯恩斯主义学者沿着货币内生思想和观点（贷款决定存款）建立了完整的内生性货币理论，而且凯恩斯本人也试图突破货币与实物两分法的束缚，但由于缺少对货币本质性的认识，无法从价值规律本身找到真正的货币内生属性，因此（后）凯恩斯主义学者处于货币理论认知的中间层；完全突破的是以劳动价值论为核心的具有内生思想的马克思货币理论体系，处于货币理论认知的最高层。基于这种评价，对资本主义的市场经济均衡和效率问题进行讨论时，需要把资本主义经济的性质背景下的货币经济作为这种讨论分析的基本理论假设，这也是告诉我们，对当今我国进行各种经济问题分析时需要构建这种重要的理论背景。

第四，如何打破货币内生与外生的论证迷局。货币主义学派和后凯恩斯主义学派的争论，根本分歧在于贷款与存款谁决定谁的逻辑关系问题，到目前为止，与其他相互对立的经济学观点难以统一一样（如穆勒与萨伊的“供给创造需求定律”与凯恩斯的“有效需求决定理论”的针锋相对），该争论一直得不到一致的结论。从理论研究上，两个学派有各自完整的理论框架和论证逻辑，都可以自圆其说，无法在根本上彼此接受自己的观点，而且，就实证检验而言双方也都通过数据验证运用各自的验证方法证明了各自的结论，但同时无法从对方的验证方法和数据结构上否定对方的结论，因为就实证检验而言，对存款和贷款的事后统计结果是没有差异的。因此，单纯从贷款与存款的因果关系上进行论证货币供给的内生性还是外生性可能会陷入长久的类似于“先有鸡还是先有蛋”式迷局。为了打破这种迷局，需要建立一套完整的思维体系，首先需要从货币的本质入手，探寻货币运行现象背后的本质性关系——价值体系为根本出发点寻找解决这种迷局的“钥匙”；其次要借鉴后凯恩斯主义学者基于金融创新对“货币是一种债务关系”的理解，尤其要找到与马克思对信用货币理论和利率理论上的认知一致性；最后也要辩证地分析货币外生的思想和理论，不能因为货币供给的内生本质属性而否定其货币供给的外生表现，尤其是当前各国央行的货币政策独立性趋势下要重视其对货币供应的影响程度，并进一步地结合经济发展的运行周期辩证地看待货币供的内生性与外生性的统一，例如，金融危机之后欧美等国的量化宽松的应急之举表现出了一定的货币供应的外生性。进一步总结，这种完整的思维体系是以马克思货币本质观为基础的、借鉴并融合后凯恩斯主义学者对货币的理解，同时也辩证地将货币主义对货币外生的解释融入进来，做到新的经济发展状况之下将马克思货币理论、后凯恩斯主义货币理论和货币主义理论进行有效统一与融合。

第五，通过货币内生理论分析我国实体经济与金融经济脱节的现象。对于第五章的理论分析再次回到第三章和第四章的现状分析及总结，可以发现我国实体经济与金融经济相脱节的现象，其背后的最根本原因就在于货币供应背离了商品交换的实际所需的货币需求，不符合货币供应的内生性理论，未能解决货币内生性的问题（基础货币供应量和信用创造问题），最终导致了金融经济没有支持我国实体经济的后果。就这方面而言，回顾第三章的内容，M_2 与 GDP 以及 CPI 的相关性数据清晰的表明了这种现象，M_2/GDP 所代表的货币政策实施后的实体经济与金融经济的相关性上美国甚至要强于中国，以第三章的 M_2 与 GDP 的比值（M_2/GDP）和比值进行比较分析，如图 4－4 和图 4－5 所示我国的 M_2/GDP 的发展趋势保持着较快的上升态势表现了其不稳定的状态，自 1999 年以来一直处于 100 以上，2014 年达到了 193 的水平，但相对而言，美国的 M_2/GDP 的发展是下降与上升趋势并存，且趋势是相对平缓，基本上未超过美国法律规定的 M_2/GDP 比重值 70 的红线。

第六章 价格型货币政策框架

通过第三章和第四章对我国货币政策发展的现状分析和发展逻辑总结，发现了我国当前货币政策框架转型过程中的数量型货币政策和价格型货币政策的“双失效”局面，以及货币政策框架需要转型的必要性，回答了为什么转型的问题，第五章通过货币理论的比较与分析，寻求货币政策框架转型的理论指导，通过构建以马克思货币本质观为核心的内生性货币理论，回答了我国货币政策框架转向何方的根本性问题，本章按照从货币内生理论到内生性货币政策理论的思维逻辑，讨论转型内容的问题，具体是转型过程中的货币政策框架的内部要素和内部运转机制问题，由价格型货币政策框架的基本特征出发，需要围绕未来价格型货币政策框架的转型目标就如何进行利率选择及构建利率传导渠道与机制进行分析。

第一节 从货币内生理论到价格型货币政策框架

显而易见，货币理论研究的目的是货币政策框架的正确选择和有效实施，同时也会形成货币政策理论，在货币政策理论研究中，货币理论的发展会决定货币政策理论的深度和广度，而且随着时代的发展和经济环境的变化，尤其是金融市场的创新发展，货币政策理论在研究方法、理论模型和实证检验上越来越深入，现代货币主义学者、后凯恩斯主义学者越来越将货币理论和货币政策的研究融为一体，同时货币理论本身也会受到货币政策实践以及货币政策理论发展的影响，本书第三章清晰地表明了这一点：西方国家每个货币政策框架转型与实践阶段有不同的货币理论做指导。

一、货币理论指导下的货币政策理论研究

从货币理论到货币政策理论大约有以下几种研究领域：第一，货币投放对实际产出的影响，从货币中性的视角对经济增长和经济周期展开研究，卢卡斯（Lucas）的理性预期理论成为其代表；第二，货币投放对资产价格的影响，大致通过股票市场、汇率市场和不动产市场三种传导机制进行研究，此方面的研究方法主要通过实证检验和量化分析进行；第三，货币的信用渠道问题，主要通过资产负债结构和关系（信贷市场）的研究视角进行，弗里德曼—施瓦茨、伯克南等均对此做了研究，其中利率传导成为其中必需考察的核心要素。本章内容主要基于第三方面进行研究，其中，就本书的货币理论与货币政策框架的关系而言，可以具体从当前我国货币政策的实施过程中出现的实体经济与金融经济脱节现象进行分析，其根本原因在于未能解决我国的货币内生性的问题，通过内生性货币理论可以分析出这种货币内生性的问题主要表现在我国的基础货币供应量（与经济活动的货币需求量不符）和信用创造（金融市场创新背景下的金融机构内部信用创造）方面出现了问题。这方面的问题牵涉面很广，但就货币政策框架的建立和实施而言，应该从价格型的基准利率替代（从央行的控制基础货币供应替代为基准利率）和利率的结构性（从基准利率对市场利率体系的传导机制）分析入手，解决外生性的基准利率选择和利率传导机制的建立问题。

通过第五章的分析，我们可以看出，对货币理论的正确理解，应该建立一套完整的从货币内生理论到货币政策的思维体系：以马克思货币本质观为基础、借鉴并融合后凯恩斯主义学者对货币在金融创新格局下的理解，同时也辩证地将货币主义对货币外生的解释融入进来，做到在新的经济发展体系下将马克思货币理论、后凯恩斯主义货币理论和货币主义理论进行有效统一与融合。同时，本书的基本观点是要突破价格型货币政策框架和数量型货币政策框架在关系机理上是互不兼容的传统观念，这种传统观念认为，由于价格型货币政策可以简单归纳为货币供应内生、利率外生；而数量型货币政策框架可以简单总结为货币供应外生、利率内生，因此，任何经济体的货币当局只能二者选其一，但这种理论认识与各国具体的货币政策框架和具体实施有所差别，例如，欧洲央行的价格型货币政策框架体系内包含“双支柱”策略作为中介目标，其第一支柱由数量型的中介指

标表现为外延更广的 M_3 货币供应量增长率。因此，立足于对内生性货币理论的科学性认识，货币供应内生和利率外生是我们价格型货币政策框架的基本选择，也应该成为我国央行确定货币政策的理论指导和基本思路，但要辩证地找到适合我国经济现状的具体价格型货币政策，如同欧洲央行结合自身经济社会特点将 M_3 货币供应量增长率作为其价格型货币政策框架的有效补充。

结合我们对货币理论内生属性的理解，有两点需要强调：第一，货币供应的内生性、利率的外生性仅是就一国的货币当局而言，对货币当局来说，货币供应的内生性说明央行所发行的基础货币的决定因素是一国的经济活动和市场环境，央行的货币供应是受决定的因素，利率外生性则说明基准利率可以受央行的影响和控制，经济活动和市场环境中的其他利率则受其影响和传导，央行控制的基准利率是决定性因素。第二，集内生性与外生性为一体的基准利率在承接中央银行的外生性政策利率并向自发调节的市场利率传导过程，需要市场化的调节机制和环境为基础，也就是当前我国正在深入开展的利率市场化改革，但当前我国正处于从数量型货币政策框架向价格型货币政策框架的转型过程中，由本书第三章和第四章的论述可以看出，当前我国由于宏观经济环境、市场机制所限和央行推进价格型货币政策框架规划有待加强，价格型货币政策框架尚不具备实施条件，数量型货币政策依然是我国当前主要的宏观调控手段。本章内容所研究的一条主线——三种市场（货币市场、债券市场和信贷市场）利率传导的逻辑起点是基准利率，体现了央行外生利率传导机制下的市场间接调控的多元化利率体系的特性。

二、间接调控的多元化利率结构体系

要实现从数量型向价格型货币政策框架的转型，需要两个前提条件，一是间接调控的方式，二是多元化的利率结构体系，二者互为作用。间接调控（Indirect Regulation）作为宏观调控的一种方式在市场机制作用条件下，依据市场规律和长期发展趋势，使用某种政策性工具有针对性地影响市场参数，向市场传递政策信号改变市场微观主体预期、调整其经济行为，从而实现市场平衡和稳定的目的，间接调控的主要特点有以下三个方面：一是以总量控制为主，不直接干预企业的经济活动；二是以实现财政和信贷及国际收支平衡为主；三是调控的作用对象是市场环境，而非直接作用于企业。1998 年 5 月，中国人民银行开始正式实施公开市场操作，确定了间接调控为主的数量型货币政策框架，基本建立了人民银行→货币市场→金融市场→实体经济的数量型货币政策额度间接调控机制。

多元化利率结构的建立与完善是利率市场化的核心内容，为利率的传导途径和机制的建立创造了必要条件，具体而言，利率结构是货币市场、债券市场和信贷市场上的不同资产载体在各自收益率之间相互影响的关系，利率结构受期限、流动性和风险等因素的综合影响，就其分类而言，除了货币市场、债券市场和信贷市场三种利率体系之外，还有利率的期限结构和风险结构被广泛研究。

三、利率内生性与外生性辩证统一关系的中枢：基准利率

马克思对资本主义条件下的利率分析框架之下的利率体系是内生性与外生性的辩证统一体，一般而言，利率外生性体现在由平均利润率所决定的一般利率上，且这种一般利率可以由代表资本家内部竞争结果的央行来确定；利率内生性一般体现在由货币市场上借贷资本供求所决定的市场利率上，这种利率体系的辩证关系体现了其科学性，对于当今的货币市场和货币政策也有指导意义，经过分析可以发现，基准利率在理解马克思利率体系的内生性与外生性的辩证统一关系上具有得天独厚的优势，可以构成利率架构体系中的内生性与外生性辩证统一关系的中枢。原因如下：第一，就利率结构而言，基准利率可以由央行通过设置基准利率目标来控制，但其控制手段要通过公开市场操作等货币政策工具和预期管理来实现，并通过利率传导机制影响到其他的市场利率，在这种传导过程中体现了间接调控的多元化利率结构体系的特征，因此，从利率的结构性而言，是一种内生性和外生性并存的结构，但逻辑起点是央行控制的政策利率对市场基准利率的影响。第二，由各国所选择的基准利率可以得知，稳定性是基准利率必备的要素之一，马克思认为外生性的平均利率具有稳定性，他认为，中等利率在每个国家在较长时期内都会表现为不变的量，因为一般利润率……只有在较长的期间内才会发生变动，从这一点上来讲，基准利率虽然是货币市场利率但具有外生性利率的稳定性特征。

当前我国还没有完全清晰地界定基准利率，结合表 4－2 的货币政策工具，人民银行目前所具有的利率工具如下：①短期的回购和逆回购利率，常备借贷便利（SLF）利率；②中期的央行票据发行利率，再贷款和再贴现利率，中期借贷便利（MLF）利率；③长期的抵押补充贷款（PSL）利率。这些利率工具都是当前货币政策框架转型过程中的创新型工具，是人民银行为将来的政策性利率工具的确定所进行的前期性工作，部分工具是当前我国利率市场化过程尚未结束、金融市场的不成熟的应急之举［如抵押补充贷款（PSL）利率］，未来人民银行要

进行进一步评估来明确短期政策性利率工具，但前提条件是要首先确定价格型货币政策框架的操作目标——基准利率，依据这种基准利率的特点，将央行能够更加有效实施和控制的短期政策性利率工具与基准利率之间建立顺畅的渠道。

当前我国金融市场上的其他利率还包括商业银行存贷款利率，又可以按照不同期限划分为活期、定期等存款利率和贷款利率，随着 2015 年存贷款利率的上下限全部放开，在利率市场化的进程中实现了利率管制的完全放开；货币市场利率，包括同业拆借利率、债券回购利率、商业票据贴现率等，基本实现了市场化的调节，基准利率属于其中，各个国家所选取的基准利率也在货币市场的利率结构中产生，当前我国基准利率培育和选择的相关文献也是围绕着这几种货币市场利率进行选择的，上海银行间同业拆借利率 Shibor 已经成为市场基准利率的重要选项；长期国债利率、企业债券利率和金融债券利率等，其中，长期国债利率和金融债券利率依照市场公开竞价形成而实现了市场化，企业债券利率随着存款利率浮动上限的放开而实现了市场化（依据国务院《企业债券管理条例》规定，企业债券利率不能高于同期定期存款利率的 40%，防止套利）。

第二节　操作目标的选择：基准利率

基准利率作为价格型货币政策框架的操作目标，应该首先满足操作目标的三个前提条件：可预测性、可控性和相关性（详见本书第一章“基本概念”），基于不同的市场环境和经济发展状况，货币政策的操作目标一般会选择基础货币、基准利率、回购协议市场利率、票据市场贴现率等指标，就价格型货币政策而言，选择基准利率作为操作目标成为必然，如本书第三章所述，在利率化市场改革的进程中，西方主要发达国家都会选择在货币市场利率体系中选择短期国债回购利率（以欧洲国家为代表）或者同业隔夜拆借利率（以美国和日、韩为代表）作为基准利率来操作实施其货币政策，作为价格型货币政策的核心环节和内容，需要进一步对基准利率进行理论界定并进一步分析找到适合我国的未来价格型货币政策框架的基准利率。

一、基准利率的理论界定

对于上述的利率兼有外生性与内生性的结论，有些学者总结为利率二重性（王志栋，2011；李建建，2008），这种二重性特性决定了基准利率在央行的政策利率与市场利率之间的中枢地位。它一方面向上承接央行货币政策的信号和意图，另一方面向下反映货币市场的供需状况并影响其他短期货币市场的利率（图6-5表达了这种逻辑关系）。对于基准利率的理解，大致可以通过风险视角和期限视角来进行，就风险视角而言，最早大致可以从资本资产定价模型（$R=R_f+R_r$）来理解：R 表示风险资产的收益率、R_f表示为无风险资产收益率、R_r表示为风险溢价收益率。一般而言，利率风险主要由信用风险、市场风险和流动性风险构成，R_f也可以表示为无风险的利率，进而可以发展为基准利率。也就是说，对于基准利率的选择需要满足三个无风险的条件：一是没有信用风险，主要体现在通过违约概率（DP）和违约后损失率（LGD）来表示的违约风险；二是没有市场风险，主要体现在金融资产的现金流与期限同投资者的要求和预期不相符所产生的波动性风险；三是没有流动性风险，主要体现在金融资产无法变现所带来的风险。就期限结构而言，可以通过基准利率没有市场风险的角度进一步扩展，因为市场风险意味着期限不匹配所产生的风险，也就是平常所说的期限升水（随着债券的期限变长，债券的利率随之上升），但从实际情况来考察，各国所构建的基准利率并非没有期限，而是期限很短，以保证其期限升水不大，根据期限结构理论，可以将利率期限结构理解为市场对未来经济预期的反映。从这两方面来考察，说明从其内涵角度而言，基准利率应该具有理想状态下的无风险特性（包括期限升水）和现实实践中的合理预期，这二者之间的矛盾关系决定了基准利率的有实践意义内涵为风险最小性（具有市场风险）和期限合理性。王志栋（2011）就这种实践意义的基准利率的内涵界定进行了科学总结。

央行《中国货币政策执行报告》（2006年第四季度）曾经给出过基准利率的概念："指在一国的利率体系中起基础性作用、作为金融市场其他产品定价参照系的利率体系"，这个概念界定过于简单，没有详细地从内涵和外延的特征上对基础货币进行描述。从现有文献来考察，所有西方国家的基准利率都是从资本资产定价模型（$R=R_f+R_r$）为基础形成的。在此基础上，对于基准利率的概念界定，诸多学者给出了不同的定义（黄达，1990；戴国强、梁福涛，2006；王志栋，2012；曹凤岐，2014；等），其中，王志栋（2012）的定义较为完善，他认为基准利率应该首先是一种无风险利率，且期限结构合理、具有金融市场的定价话语权并且能够顺畅地传导中央银行货币政策的调控意图。从这个定义来看，王志栋首先从基准利率的内涵出发进行了解释，而且还从其他外延方面就其概念进行了扩展，具体而言，他从基准利率应当具备的市场性、预测性、基础性、波动性和测控性五个方面的特征对其进行了描述和验证，无风险利率说明了基准利率处于风险大小的原点位置保证了其市场性特征；基准利率的期限结构合理性确保了从短期利率可以预测长期利率，而且对经济增长也可以有效地进行预测；金融市场上的定价话语权确定了基准利率的基础性；波动性是对市场性和预测性的有效补充；传导中央银行货币政策的调控意图方面体现了对上游的测控性和对下游的传导性。

二、我国基准利率的选择

对当前我国的基准利率的考察，综合而言，应该从对央行票据利率、短期国债利率、银行间同业拆借利率（Chibor）和银行间债券质押式回购利率（Repo）和上海银行间同业拆借利率（Shibor）等几种货币市场利率中进行比较，另外一些学者也将再贴现利率和现券交易利率作为备选，如王志栋（2012），但综合而言，达成共识的主要还是集中在以下这几种：

1. 中央银行票据发行利率

中央银行票据（Central Bank Bill，以下简称央票）于2002年中国人民银行为调节商业银行的超额准备向商业银行发行的短期性债务凭证，是我国货币政策操作工具中公开市场操作的一种主要载体，向商业银行发行央票意味着回笼基础货币的投放和减少市场流动性，而向商业银行回收到期央票则意味着基础货币的投放，央行的这种货币政策工具的创立背景在于解决外汇储备的增加所导致的基础货币供应增加和流动性过剩的问题，央行通过其央票的发行来进行对冲操作。央票的交易有两个市场：一级市场和二级市场。一级市场央行所面对的交易对手是一级交易商（主要由业银行、券商等经过央行考评组成），主要业务有正回购和逆回购两种方式；二级市场的交易指央票经央行发行后继续在银行间债券市场上进行买卖，被称为现券交易，主要由现券买断和现券卖断两种方式组成，主要的期限品种为三个月和一年期。自2013年6月20日之后央行再也没有发行过该票据，说明市场上流动性不需要减少，与我国的基础货币投放的外汇占款现象逐步消失有关，因此，随着货币政策环境的变化和货币政策框架的转型，这种货币政策操作工具所扮演的角色会越来越少，再加上其稳定性、连续性不足和“利率倒挂”现象①的出现，使其不具备上述的基准利率的五项特征要素，不能构建连续、稳定的基准收益率曲线，央票利率也就不足以支撑其担任基准利率的重任。

2. 短期国债利率

在本书第四章中已经就我国应该选择银行间拆借利率还是短期国债利率、谁更适合作为我国未来的货币政策框架转型的基准利率作了初步分析比较，虽然基本的金融理论中的资产定价模型一般会将短期国债的利率水平 r_f 作为无风险收益率来对待，体现了其基准利率“市场性”特征上所体现的低风险，但在其他四项特性上距离基准利率尚远，其缺点主要体现在当前我国国债的期限不合理、二级市场不活跃、较小的市场规模和银行间国家债市和场内交易所国债市场的分割等不足。

3. 银行间同业拆借利率（Chibor）

银行间同业拆借利率（Chibor）在 1996 年推出，银行间同业拆借平台是在中国人民银行的领导下首先由 12 家银行和 15 家融资中心（后被撤销）通过中国外汇交易中心网络进行的联网拆借交易，该拆借利率以各银行同业拆借的实际利率通过简单加权平均确定，这种实际交易利率是参与交易的金融机构之间当需要进行临时性头寸融通时由资金供求所决定的短期利率。品种包括 1 天、7 天、14 天、21 天、1 个月、2 个月、3 个月、4 个月 8 个期限结构品种，交易的双方银行在 4 个月的期限之内商定所拆借的期限，虽然从期限结构上看，品种较为丰富和完善，但其先天性不足的缺点显而易见：第一，我国信用评价机制的不完善制约了银行间同业拆借利率作为基准利率在“市场性”上的不足，因为所参与交易的金融机构的信用等级无法正确评价，导致了这种利率只能在实际交易的基础上简单加权平均而算出；第二，在构造收益率曲线上存在不足，如果没有实际发生交易将会导致收益率曲线的不连续；第三，从实际情况来看，交易量并不活跃导致了“基础性”的不足。因此，银行间同业拆借的交易逐渐萎缩，Chibor 逐渐被上海银行间同业拆借利率（Shibor）所取代。

4. 银行间债券质押式回购利率（Repor）

银行间债券质押式回购属于债券回购业务中的一种，另一种是交易所债券回购，在我国这两种不同场所的债券回购业务由于监管机构的原因造成了严重分割

① 央票的一级（发行）利率高于二级市场的交易利率。

（第三章已有所论述），银行间债券回购业务交易额远远高于交易所债券回购交易额，但后者的交易频次要高于前者。由于其抵押性，所以使得银行间债券质押式回购的风险性要比银行间同业拆借的风险性低，更加符合基准利率的“市场性”特征，另外，相比银行间同业拆借的交易品种，银行间债券质押式回购的交易品种在其基础上增加了6个月、9个月和1年期共计11个期限品种（其中，1天、7天、3个月的银行间债券加权平均回购利率应用最为广泛），而且交易量也要更大，更具有“基础性”特征，并且交易频次不高使其“波动性”的特征也符合基准利率的要求，以上这些都是其作为货币市场基准利率备选的优势，但其缺点也显而易见：第一，在交易所和银行间两个市场间的分割导致在“测控性”的传导特征上劣势明显；第二，银行间债券回购的交易主要以国有四大行为主的竞争不充分又使“基础性”特征有所削弱；第三，交易品种虽然更加丰富但交易结构不尽合理，分布不均，主要以7天内的短期品种为主使其在“预测性”上明显不足；第四，该利率不是信用性利率，由于所有的金融机构都参与交易所以引入了质押的保证，使其利率水平在理论上要高于纯信用利率。

5. 上海银行间同业拆借利率（Shibor）

（1）Shibor的基本概况。由于Chibor的先天不足，上海银行间同业拆借利率（Shibor）由中国人民银行于2006年推出，它也是我国央行在利率市场化的进程中按照短期货币市场基准利率的标准进行培育的，品种包括隔夜（O/N）、1周（1W）、2周（2W）、1个月（1M）、3个月（3M）、6个月（6M）、9个月（9M）和1年（1Y）共8个期限交易品种，其中，交易活跃的有隔夜、1周和3个月的品种，运用最广。目前参与者由信用等级较高、交易活跃且信息披露比较充分的18家银行自主报价后进行简单的算术平均来作为当日的Shibor值，18家银行是公开市场的一级交易商和外汇市场的做市商，包括6家国有银行（包括邮储银行）、1家政策性银行、7家股份制银行、2家城市商业银行和2家外资银行，这些银行的经营模式、资产规模、竞争优势等不同方面的差异性充分体现了金融市场的代表性，从而在发现市场价格和全面反映资本市场的流动性方面具备优势。与银行间债券质押式回购利率（Repo）比较而言，它属于报价驱动型利率，而Repo属于交易驱动型，从这一点来讲，在进行计量统计分析时，再求相应的月度数据时，对于Shibor一般是将其日度数据进行简单算术平均获得，而Repo则按照成交量进行加权平均来获得。

（2）Shibor的基准作用。Shibor是一种短期货币市场上纯信用的、单利的、批发性利率，自Shibor正式运行之后货币市场逐渐形成了以其为基准的定价群，2007年正式上线之后，利率衍生品逐步形成并发展（债券远期业务和人民币利率互换业务）。2007年以来，Shibor参与了80%左右的货币市场交易份额（项卫星、李宏瑾，2014），具有广泛的市场代表性。从国家对Shibor的基准作用定位来看：一是我国《金融业发展与改革“十二五”规划》规定：“推进金融市场基准利率体系建设，进一步发挥上海银行间同业拆放利率的基准作用，扩大其在市场化产品中的应用，继续完善中央银行利率调控体系，疏通利率传导渠道，引导金融机构不断增强风险定价能力，依托上海银行间同业拆放利率建立健全利率定价自律机制。”二是2013年12月我国央行发布后实施的《同业存单管理暂行办法》规定：固定利率存单期的定价需要参考同期限Shibor、浮动利率存单的计息以Shibor为浮动利率基准，这样就进一步强化了Shibor在金融市场利率定价中的基准作用。三是《2015年第四季度中国货币政策执行报告》显示，Shibor对债券产品定价基准作用继续提升，2015年所发行的固定利率企业债和固定利率短期融资券中参照Shibor进行定价的比例分别为100%和91.6%①。

因此，从王志栋（2012）对基准利率的五方面特征（市场性、预测性、基础性、波动性和测控性）来看是基本适用的，在中国的利率市场化改革顺利推进的情况下，Shibor应该会成为未来我国价格型货币政策框架的操作目标。而且，从诸多的学者研究成果中均证实了这一点（梁琪等，2010；张晓慧，2011；时光、高珂，2012；项卫星、李宏瑾，2014；王志栋，2012）。

（3）Shibor的基本数据及走势分析。图6-1和图6-2分别为自Shibor正式运行开始（2007年1月1日）到2015年12月31日的4个短期Shibor品种（隔夜、1周、2周和1个月）和4个中短期Shibor品种（3个月、6个月、9个月和1年）的变化走势②。从图6-1和图6-2的初步比较可以看出，从波动性上考察短期品种的Shibor比长期品种。另外，由表示短期品种的Shibor走势的图6-1可以看出，在2007年下半年和2013年上半年分别出现了突增的两个高点，进一步通过对Shibor的各个期限品种的数据考察，在2007年10月26日和2013年6月20日达到了两个高点，尤其是体现在短期品种上，2007年10月26日的隔夜、1周、2周和1个月的Shibor分别为8.5282%、10.0824%、13.5786%、

① 2015年第四季度中国货币政策执行报告［EB/OL］. http://www.pbc.gov.cn/zhengcehuobisi/125207/125227/125957/2161441/3016811/2016020614180047455.pdf.

② 上海银行间同业拆借利率平台，http://www.shibor.org/shibor/web/DataService.jsp.

8.8271%，2013 年 6 月 20 日分别为 13.4440%、11.0040%、7.5940%、9.3990%，从表 6－1 的描述性统计中的最高值可以看出，2007 年 10 月 26 日的 Shibor 2W 为最高值，其原因主要在于为抑制经济过热，从 2007 年开始央行的加息政策使整体的利率处于上行，直接的导火索源于当时股票市场的新股发行的集中验资导致了 2007 年 10 月的 Shibor 高点；2013 年 6 月 20 日的 ShiborO/N 和的 Shibor1W 为最高值，正是当时银行间市场持续近一个月的“钱荒”反映在 Shibor 的结果。

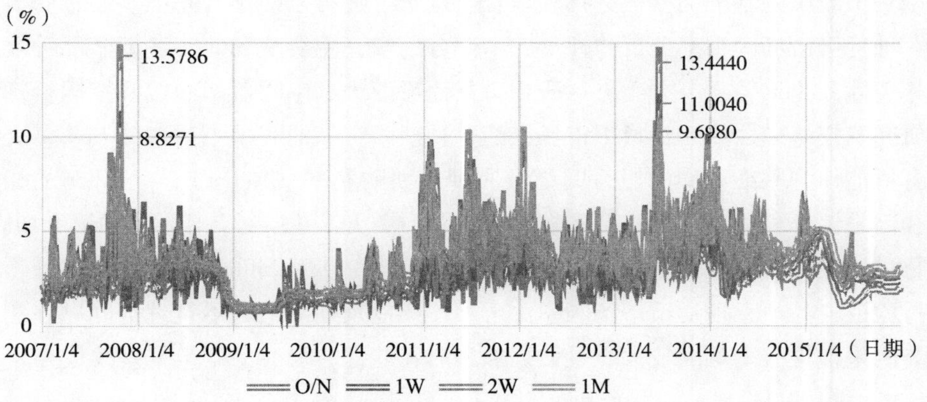

图 6－1　上海银行间同业拆借短期交易品种利率走势

资料来源：Shibor 官方网站（www.shibor.org），笔者进行整理并绘制。

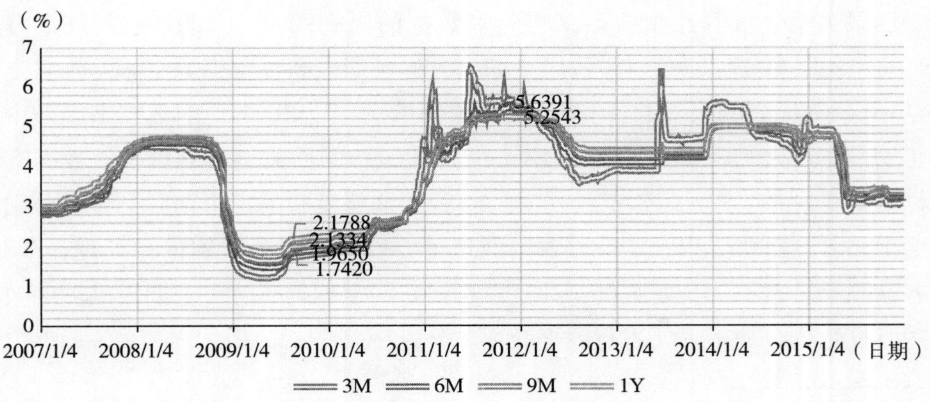

图 6－2　上海银行间同业拆借中长期交易品种利率走势

资料来源：Shibor 官方网站（www.shibor.org），笔者进行整理并绘制。

第三节　Shibor 在货币市场中的作为基准利率的实证分析

本节内容通过实证的方式来检验 Shibor 是否能够在货币市场中作为未来的价格型货币政策的基准利率被选择和培育。基于上述可以被作为基准利率选择对象的 5 种货币市场的利率分析与评价，本部分的实证主要从 Shibor 各期限品种之间的相关性和因果关系等方面进行研究，从而可以为利率收益率曲线和期限合理性的研究奠定基础，然后在货币市场上的 5 种期限产品的利率中选取除 Shibor 之外最有可能作为基准利率的银行间债券质押式回购利率（Repor）与 Shibor 的相关性和因果性分析，实际上，彭红枫和鲁维洁（2011）就专门针对 Shibor 和 Repor 进行过比较分析，本书也通过对二者的比较来进一步对 Shibor 的基础性传导作用进行验证，其他三种货币市场利率由于不连续以及期限结构不合理等问题在相关性与因果性检验上难度较大，且数据加工后在验证方面容易产生偏差故放弃。

一、实证研究方法及数据说明

在确定基准利率的基本特征和选择标准的前提下，实证研究方法一般而言采取数量分析法，主要基于 Eviews7.2 技术进行描述性统计、协整检验、相关性分析、因果关系分析等几个方面来进行。数据的时间跨度为 2007 年 1 月 1 日至 2015 年 12 月 31 日，主要来源如下：Shibor 的各期限品种数据源于 Shibor 官方网站（www.shibor.org）；银行间债券质押式回购利率（Repor）的数据来源是中国外汇交易中心（www.chinamoney.com.cn）的银行间回购定盘利率，该数据有隔夜回购定盘利率、7 天回购定盘利率、14 天回购定盘利率三个期限品种，分别表达为 FR001、FR007、FR014[①]。数据处理主要以 Shibor 为基础进行处理，Shibor 的各期限品种数据为日度数据，并且银行间回购定盘利率的三个期限品种的数据也为日度数据，故不需要进行数据处理。

① 银行间回购定盘利率是在银行间市场每天上午 9：00～11：30，以银行间债券质押式回购利率的隔夜回购（FR001）、七天回购（FR007）、14 天回购（FR014）交易的全部成交利率为计算基础的。特别地，交易对手相同（交易方向相同或相反）且交易利率相同的交易只作为一笔交易纳入样本。

二、Shibor 不同期限品种的相关关系验证

1. Shibor 不同期限品种的描述性统计分析

表6－1为Shibor各期限品种2007年1月1日至2015年12月31日的描述性统计数据。分析各期限品种的Shibor平均值、标准差、中位数等描述性统计量，可以看出：第一，就代表波动性的标准差而言，整体上短期Shibar的波动率比中长期要大，从各个期限品种的标准差值的比较可以看出（Shibor 1M > Shibor 3M，Shibor 2W > Shibor 6M，Shibor 1W > Shibor 9M 和 Shibor O/N > Shibor 1Y）；同时，就单个期限品种的波动性而言，从各个品种的标准差值可以看出，中间期限的Shibor1M和Shibor3M的标准差值最大，然后向各向两边降低，大致呈现抛物线的走势。这些特征与实际的经济意义也较为符合，短期的Shibor相对波动性较大，更多的是衡量了短期内货币市场上资金面的情况，而中长期的Shibor相对较为平稳，主要反映的是微观主体对通货膨胀和经济增长以及央行货币政策指标的预期。第二，Shibor的均值和中位数随着Shibor期限的增加而显著提高，这也符合Shibor期限品种所代表的经济含义。第三，Shibor的极差值随着期限的增加而逐步下降，也说明了短期的Shibor品种比中长期的品种对资金市场的反应更加敏感，符合金融市场的运行特征。

表6－1　Shibor各期限品种描述性统计分析

	O_ N	_ 1W	_ 2W	_ 1M	_ 3M	_ 6M	_ 9M	_ 1Y
Mean	2. 3673	3. 0105	3. 3186	3. 6467	3. 7845	3. 7912	3. 8633	3. 9650
Median	2. 2500	2. 9905	3. 2370	3. 5909	3. 9318	4. 1009	4. 2612	4. 4000
Maximum	13. 4440	11. 0040	13. 5786	9. 6980	6. 4611	5. 5242	5. 2502	5. 2562
Minimum	0. 8008	0. 8815	0. 9050	1. 0133	1. 2044	1. 4656	1. 6361	1. 8504
Std. Dev.	1. 0869	1. 2831	1. 4035	1. 4560	1. 2762	1. 1502	1. 1052	1. 0601
Skewness	1. 9186	1. 0932	0. 8063	0. 4179	-0. 3703	-0. 5700	-0. 6269	-0. 6414
Kurtosis	12. 4673	5. 9623	5. 0069	3. 3612	2. 2040	2. 1253	2. 0642	2. 0112
Observations	2248	2248	2248	2248	2248	2248	2248	2248

资料来源：根据Shibor官方网站（www. shibor. org）进行整理。

2. Shibor 不同期限品种的单位根检验和协整检验

（1）平稳性分析。表6－2和表6－3为Shibor各期限品种2007年1月1日至2015年12月31日的平稳性分析，为下一步对各期限品种间的格兰杰因果检

验关系奠定基础。表6-2时Eviews对隔夜Shibor时间序列进行的平稳性检验表，可以看出，在有截距项前提下，ADF检验值小于5的临界值水平，通过了平稳性检验。篇幅所限，此处仅列出隔夜Shibor的ADF检验表，每个期限品种的Shibor的ADF检验结果通过表6-3进行说明。

通过对Shibor各期限品种的平稳性进行分析，有三个重要结论：第一，整体上考察截至2015年底的数据，可以发现短期（隔夜、1周、2周和1个月）的品种利率数据能符合平稳性的结论，属于一阶平稳序列，没有单位根，但在中长期的四个品种上却是非平稳序列（一阶平稳），说明了短期Shibor品种的基准利率的培育效果显著，但在短期向中长期的Shibor传导过程中可能存在市场障碍，使中长期的四个Shibor品种变为非平稳序列，说明Shibor的期限结构合理性需要进一步完善；第二，随着Shibor期限的变长，其ADF平稳性检验的结果就越差，1个月和3个月的Shibor作为短端的最长期品种处于稳定向不稳定变化的临界点，这也是很多学者将这两种期限的Shibor作为8种Shibor期限品种的短端和长端的临界点的理由；第三，如果将Shibor各个年度的各期限数据分别进行平稳性检验（此处省去各个年度的平稳性分析表），会发现，截至2008年的隔夜Shibor品种是不平稳的时间序列，但时间跨度放大至2011年底，得出的结论为平稳的时间序列，同样到2015年底的结论也一样，早期的一些研究成果运用2008年之前的数据得出的结论也是隔夜Shibor不平稳，这说明随着时间的发展，Shibor被作为基准利率进行培育效果是显著的。

做了平稳性分析之后，如果该组变量同时平稳或同时属于一阶（或同阶）单整，则具有长期的稳定关系，也就是协整关系。通过该表所表达的Shibor各期限品种的数据平稳性的检验结果，证明了Shibor各期限品种之间存在协整关系。

（2）相关性分析。本部分内容在协整性关系得以存在的基础上，进行相关性分析，表6-4为Shibor各期限品种的相关性分析。由表6-4可以看出，各期限品种Shibor之间的相关性较强，处在0.634~1，同时也可以看出，某一期限品种的Shibor与其相邻期限品种Shibor的相关性最高，然后随着期限的增加相关性逐步降低，这说明短期Shibor在向中长期的传导过程中存在市场障碍，进一步提出了“平稳性”分析中对这个结论的推断。也就是说，当前我国的Shibor的短期利率对中长期利率的预测性还不足，在基准利率的“预测性”特征上还不尽完善，需要进一步优化市场结构，打通短期Shibor向中长期的传导来培育其实现基准利率的目标。当然，从短期的Shibor向中长期传导过程中的遇到阻碍的因素可能较为复杂，除了外部的市场性因素之外，也许还存在其自身的报价机制方面的原因，如报价的主观性会影响真实的货币市场的价格。因此，还需要进一步展开格兰杰因果关系检验。

表 6－2　隔夜 ShiborADF 检验结果

Null Hypothesis：O_ N has a unit root

Exogenous：Constant

Lag Length：2（Automatic － based on SIC，maxlag＝26）

		t－Statistic	Prob. *
Augmented Dickey－Fuller test statistic		－7.973637	0.0000
Test critical values：	1 level	－3.433067	
	5 level	－2.862626	
	10 level	－2.567394	

* MacKinnon（1996）one－sided p－values.

资料来源：Shibor 官方网站（www.shibor.org），Eviews 统计分析。

表 6－3　Shibor 各期限品种平稳性分析

期限	（C，T，P）	ADF	1 level	5 level	10 level	Prob.	平稳性
O_ N	（C，0，2）	－7.973637	－3.433067	－2.862626	－2.567394	0.0000	平稳
_ 1W	（C，0，17）	－3.612870	－3.433086	－2.862635	－2.567399	0.0056	平稳
_ 2W	（C，0，10）	－4.736016	－3.433077	－2.862631	－2.567396	0.0001	平稳
_ 1M	（C，0，18）	－2.992849	－3.433087	－2.862635	－2.567399	0.0357	平稳
_ 3M	（C，T，3）	－1.713704	－3.962135	－3.411811	－3.127795	0.7452	不平稳
_ 6M	（C，T，7）	－1.318842	－3.962143	－3.411815	－3.127797	0.8829	不平稳
_ 9M	（C，T，7）	－1.233237	－3.962143	－3.411815	－3.127797	0.9026	不平稳
_ 1Y	（C，T，16）	－1.114767	－3.962141	－3.411814	－3.127796	0.9251	不平稳
D（_ 3M）	（0，0，2）	－16.22682	－2.565993	－1.940965	－1.616605	0.0000	平稳
D（_ 6M）	（0，0，6）	－9.767433	－2.565995	－1.940965	－1.616604	0.0000	平稳
D（_ 9M）	（0，0，6）	－9.942710	－2.565995	－1.940965	－1.616604	0.0000	平稳
D（_ 1Y）	（0，0，5）	－11.00498	－2.565994	－1.940965	－1.616604	0.0000	平稳

注：（1）（C，T，P）括号内各字母代表的含义依次为被检验方程中的截距项、时间趋势项以及使 SC，AIC 值最小的最佳滞后数；（2）指标名称前加 D 表示一阶差分。

资料来源：Shibor 官方网站（www.shibor.org），Eviews 统计分析。

表 6－4　Shibor 各期限品种相关性分析

	O_ N	_ 1W	_ 2W	_ 1M	_ 3M	_ 6M	_ 9M	_ 1Y
O_ N	1.0000	0.9154	0.8722	0.8600	0.7217	0.6408	0.6322	0.6336
_ 1W	0.9154	1.0000	0.9508	0.9170	0.7710	0.6893	0.6817	0.6826
_ 2W	0.8722	0.9508	1.0000	0.9462	0.7904	0.7112	0.7028	0.7039
_ 1M	0.8600	0.9170	0.9462	1.0000	0.8694	0.7822	0.7695	0.7684
_ 3M	0.7217	0.7710	0.7904	0.8694	1.0000	0.9676	0.9575	0.9524
_ 6M	0.6408	0.6893	0.7112	0.7822	0.9676	1.0000	0.9977	0.9949
_ 9M	0.6322	0.6817	0.7028	0.7695	0.9575	0.9977	1.0000	0.9990
_ 1Y	0.6336	0.6826	0.7039	0.7684	0.9524	0.9949	0.9990	1.0000

资料来源：Shibor 官方网站（www.shibor.org）和 Eviews 统计分析。

3. Shibor 不同期限品种的格兰杰因果关系

采用 VAR 模型框架下的格兰杰因果关系检验方法需要对 8 个期限品种的 Shibor 进行两两格兰杰因果关系分析。表 6－5 列出全部格兰杰因果检验分析结果，其中没有通过格兰杰检验结果的以灰底颜色标出。对于格兰杰因果关系的检验，如表 6－3 中“平稳性”检验中的中长期四个期限品种（3M、6M、9M、1Y）的 Shibor 是非平稳的（一阶平稳），不能直接用此非平稳变量进行格兰杰检验，需要引入相应的该非平稳变量的一阶差分后的利率作为新的变量来进行检验，表 6－5 中用 D3M、D6M、D9M、D1Y 来表示。

表 6－5　Shibor 各期限品种最优滞后阶数

VAR Lag Order Selection Criteria

Endogenous variables：O_ N _ 1W _ 2W _ 1M D3M D6M D9M D1Y

Exogenous variables：C

Date：03/1/16 Time：01：46

Sample：1/04/2007 12/31/2015

Included observations：2221

Lag	LogL	LR	FPE	AIC	SC	HQ
0	19526.38	NA	3.21e－18	－17.57621	－17.55566	－17.56871
1	27591.94	16065.75	2.39e－21	－24.78158	－24.59661	－24.71402
2	27861.09	534.1779	1.98e－21	－24.96631	－24.61693 *	－24.83871

续表

VAR Lag Order Selection Criteria

Endogenous variables：O_ N _ 1W _ 2W _ 1M D3M D6M D9M D1Y

Exogenous variables：C

Date：03/1/16 Time：01：46

Sample：1/04/2007 12/31/2015

Included observations：2221

Lag	LogL	LR	FPE	AIC	SC	HQ
3	28047.79	369.1990	1.78e-21	-25.07681	-24.56301	-24.88915*
4	28173.40	247.4723	1.68e-21	-25.13228	-24.45407	-24.88457
5	28294.43	237.6074	1.60e-21	-25.18364	-24.34101	-24.87588
6	28399.88	206.2321	1.54e-21	-25.22096	-24.21392	-24.85315
7	28515.78	225.8531	1.47e-21	-25.26770	-24.09624	-24.83984
8	28623.36	208.8627	1.41e-21	-25.30694	-23.97107	-24.81903
9	28797.78	337.3760	1.28e-21	-25.40637	-23.90609	-24.85842
10	28865.07	129.6748	1.27e-21	-25.40934	-23.74464	-24.80133
11	28954.73	172.1287	1.25e-21	-25.43244	-23.60332	-24.76438
12	29029.44	142.9102	1.23e-21	-25.44209	-23.44856	-24.71399
13	29088.96	113.4050	1.24e-21	-25.43806	-23.28011	-24.64990
14	29164.24	142.9006	1.23e-21	-25.44821	-23.12585	-24.60001
15	29210.28	87.06013	1.25e-21	-25.43204	-22.94526	-24.52378
16	29306.67	181.5813	1.21e-21	-25.46121	-22.81001	-24.49290
17	29367.22	113.6302	1.21e-21	-25.45810	-22.64249	-24.42974
18	29471.30	194.5665	1.17e-21	-25.49419	-22.51417	-24.40578
19	29550.65	147.7654	1.16e-21	-25.50801	-22.36357	-24.35955
20	29626.08	139.9308	1.14e-21*	-25.51831*	-22.20945	-24.30980
21	29676.95	94.00695	1.16e-21	-25.50649	-22.03322	-24.23793
22	29730.82	99.14006	1.17e-21	-25.49736	-21.85968	-24.16875
23	29812.82	150.3496	1.15e-21	-25.51357	-21.71148	-24.12491
24	29856.60	79.95099	1.17e-21	-25.49536	-21.52885	-24.04666
25	29907.41	92.41395	1.19e-21	-25.48348	-21.35256	-23.97472
26	29960.06	95.39869*	1.20e-21	-25.47326	-21.17792	-23.90446

* indicates lag order selected by the criterion

资料来源：Shibor 官方网站（www. shibor. org）及 Eviews 统计分析。

此处格兰杰检验的滞后期（Lag Length）依据表 6 – 5 可以在滞后期 2 或 20 中选取，根据经验应该 2 作为最优滞后期（选择 20 作为最优滞后阶数显然过长）。另外，在这里选择将 3M［与于建中和刘湘成（2009）的选择相同］作为 Shibor 的中期品种，也就是将其作为 8 种 Shibor 期限品种的短端和长端的临界点。就其格兰杰检验结果分析如下：第一，从四种短期期限品种的 Shibor 而言，均呈现出双向的格兰杰因果关系，这说明在一个较短的时间区间之内，这几种 Shibor 的传导渠道畅通；第二，在中长期期限品种的 Shibor 之间也呈现出一定的双向的格兰杰因果关系，原因同短期 Shibor 内部的格兰杰原因类似，但检验的结果明显没有短期 Shibor 的结果明显，个别的格兰杰检验结果未通过，如 9 个月 Shibor 对 6 个月 Shibor、9 个月 Shibor 对 1 年 Shibor 形成不格兰杰因果关系；第三，整体上存在 Shibor 从短期向长期的传导不畅的问题，使在构建合理的一年期 Shibor 收益率曲线上存在一定的困难，但在部分短期 Shibor 向中长期 Shibor 的传导中格兰杰因果关系来看是也较为理想，如 3 个月 Shibor 与 1 周 Shibor、6 个月 Shibor 与 2 周 Shibor、3 个月 Shibor 与 1 个月 Shibor、6 个月 Shibor 与 1 个月 Shibor 两两之间至少存在着从短端向长端的单向传导的格兰杰因果关系，说明当前我国的利率期限结构的曲线正在逐步合理化，其中非常重要的一点是 1 个月 Shibor 与 3 个月 Shibor 二者之间的格兰杰因果关系非常明显，说明作为短端和长端的临界点的两个期限品种的传导效果明显，也就是从短期利率向长期利率的过渡具有合理性，从而为 Shibor 能够构成一年期内合理的利率收益曲线奠定了良好的基础。Shibor 各期限品种格兰杰因果关系分析如表 6 – 6 所示。

表 6 – 6　Shibor 各期限品种格兰杰因果关系分析

Pairwise Granger Causality Tests

Date：03/12/16　Time：01：46

Sample：1/04/2007 12/31/2015

Lags：2

Null Hypothesis：	Obs	F – Statistic	Prob.
_ 1W does not Granger Cause O_ N	2246	35. 1791	9. E – 16
O_ N does not Granger Cause _ 1W	10. 8643	2. E – 05	
_ 2W does not Granger Cause O_ N	2246	25. 6134	1. E – 11
O_ N does not Granger Cause _ 2W	39. 6300	1. E – 17	

续表

Pairwise Granger Causality Tests

Date：03/12/16　Time：01：46

Sample：1/04/2007 12/31/2015

Lags：2

Null Hypothesis：	Obs	F – Statistic	Prob.
_ 1M does not Granger Cause O_ N	2246	57. 0369	7. E – 25
O_ N does not Granger Cause _ 1M	16. 7230	6. E – 08	
D3M does not Granger Cause O_ N	2245	0. 84827	0. 4283
O_ N does not Granger Cause D3M	11. 0889	2. E – 05	
D6M does not Granger Cause O_ N	2245	2. 19883	0. 1112
O_ N does not Granger Cause D6M	3. 51101	0. 0300	
D9M does not Granger Cause O_ N	2245	1. 38757	0. 2499
O_ N does not Granger Cause D9M	4. 13762	0. 0161	
D1Y does not Granger Cause O_ N	2245	0. 87909	0. 4153
O_ N does not Granger Cause D1Y	4. 05968	0. 0174	
_ 2W does not Granger Cause _ 1W	2246	46. 8310	1. E – 20
_ 1W does not Granger Cause _ 2W	64. 8831	4. E – 28	
_ 1M does not Granger Cause _ 1W	2246	92. 7513	2. E – 39
_ 1W does not Granger Cause _ 1M	26. 0841	6. E – 12	
D3M does not Granger Cause _ 1W	2245	7. 28841	0. 0007
_ 1W does not Granger Cause D3M	0. 65741	0. 5183	
D6M does not Granger Cause _ 1W	2245	2. 85954	0. 0575
_ 1W does not Granger Cause D6M	3. 98322	0. 0188	
D9M does not Granger Cause _ 1W	2245	2. 63388	0. 0720
_ 1W does not Granger Cause D9M	4. 84000	0. 0080	
D1Y does not Granger Cause _ 1W	2245	1. 94109	0. 1438
_ 1W does not Granger Cause D1Y	4. 87766	0. 0077	
_ 1M does not Granger Cause _ 2W	2246	152. 362	9. E – 63
_ 2W does not Granger Cause _ 1M	13. 0807	2. E – 06	
D3M does not Granger Cause _ 2W	2245	18. 7849	8. E – 09
_ 2W does not Granger Cause D3M	2. 73669	0. 0650	
D6M does not Granger Cause _ 2W	2245	6. 14968	0. 0022

续表

Pairwise Granger Causality Tests			
Date: 03/12/16 Time: 01: 46			
Sample: 1/04/2007 12/31/2015			
Lags: 2			
Null Hypothesis:	Obs	F – Statistic	Prob.
_ 2W does not Granger Cause D6M	4. 74609	0. 0088	
D9M does not Granger Cause _ 2W	2245	2. 52280	0. 0805
_ 2W does not Granger Cause D9M	5. 54335	0. 0040	
D1Y does not Granger Cause _ 2W	2245	2. 20981	0. 1100
_ 2W does not Granger Cause D1Y	5. 20654	0. 0055	
D3M does not Granger Cause _ 1M	2245	11. 5375	1. E – 05
_ 1M does not Granger Cause D3M	11. 4929	1. E – 05	
D6M does not Granger Cause _ 1M	2245	4. 00773	0. 0183
_ 1M does not Granger Cause D6M	5. 35732	0. 0048	
D9M does not Granger Cause _ 1M	2245	2. 96044	0. 0520
_ 1M does not Granger Cause D9M	6. 24701	0. 0020	
D1Y does not Granger Cause _ 1M	2245	1. 93565	0. 1446
_ 1M does not Granger Cause D1Y	5. 86800	0. 0029	
D6M does not Granger Cause D3M	2245	28. 3201	7. E – 13
D3M does not Granger Cause D6M	10. 0810	4. E – 05	
D9M does not Granger Cause D3M	2245	29. 8973	2. E – 13
D3M does not Granger Cause D9M	9. 00475	0. 0001	
D1Y does not Granger Cause D3M	2245	33. 4431	5. E – 15
D3M does not Granger Cause D1Y	8. 01163	0. 0003	
D9M does not Granger Cause D6M	2245	0. 11998	0. 8869
D6M does not Granger Cause D9M	3. 27211	0. 0381	
D1Y does not Granger Cause D6M	2245	3. 54483	0. 0290
D6M does not Granger Cause D1Y	4. 24978	0. 0144	
D1Y does not Granger Cause D9M	2245	3. 72636	0. 0242
D9M does not Granger Cause D1Y	1. 87081	0. 1542	

资料来源：Shibor 官方网站（www. shibor. org）及 Eviews 统计分析。

因此，从实证的结果而言，随着利率市场化进程的逐步深入和银行间同业市场的发展与完善，其 Shibor 的报价机制正趋于合理，而且结构期限的合理性也在加强，但就基准利率的“基础性”特征而言，还需要进一步通过 Shibor 与其他的货币市场的利率的关系分析与实证中得出。

三、Shibor 与银行间债券质押式回购利率（Repor）的关系实证

"基础性"特征表明了基准利率在金融市场上具有定价话语权，如果 Shibor 按照央行将其作为基准利率培育的目标而言，它应该是其他市场利率定价的主要影响因素，它的变动会影响其他市场利率的变动，以数学语言表达，基准利率的变化是其他市场利率变动的主要解释变量，参数估计的结果应该显著为正。前文所述银行间债券质押式回购利率（Repor）是当前 Shibor 作为基准利率的主要竞争者，如果确定了 Shibor 作为金融市场的基准利率，其对 Repor 的传导就成为货币市场上其"基础性"的重要渠道。银行间债券质押式回购利率（Repor）通过中国外汇交易中心（www. chinamoney. com. cn）的银行间回购定盘利率来表示，此处的数据期限品种为：隔夜回购定盘利率 FR001、7 天回购定盘利率 FR007 和 14 天回购定盘利率 FR014。由于 14 天回购定盘利率 FR014 从 2009 年 6 月 29 日才出现[①]，因此，此处的银行间回购定盘利率期限品种采用前两种与 Shibor 的隔夜和一周期限品种进行关系比较及验证。

1. Shibor 与银行间债券质押式回购利率（Repor）的基本数据及走势比较分析

从图 6－3 和图 6－4 可以看出，隔夜 Shibor 和隔夜回购定盘利率以及一周 Shibor 和一周回购定盘利率的走势在 2007～2015 年高度重合，说明期限品种相同的二者之间的波动性基本一致，表 6－7 在二者的描述性统计比较分析中也能够反映这一点。

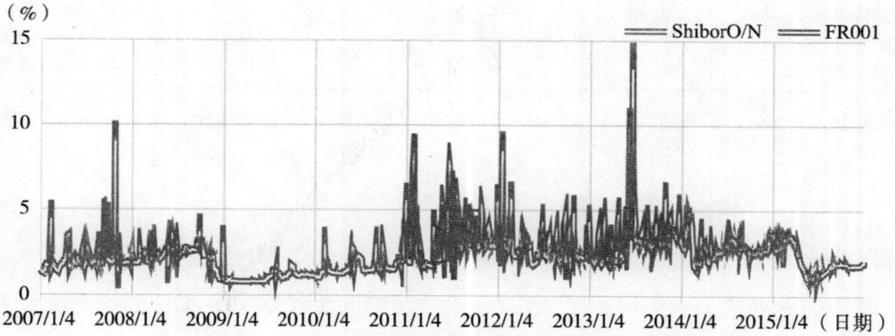

图 6－3　隔夜 Shibor 与隔夜 Repor 走势

资料来源：Shibor 官方网站（www. shibor. org）和中国外汇交易中心网站（www. chinamoney. com. cn），进行整理并绘制。

① 详见中国外汇交易中心的数据：http：//www. chinamoney. com. cn/fe/Channel/19348。

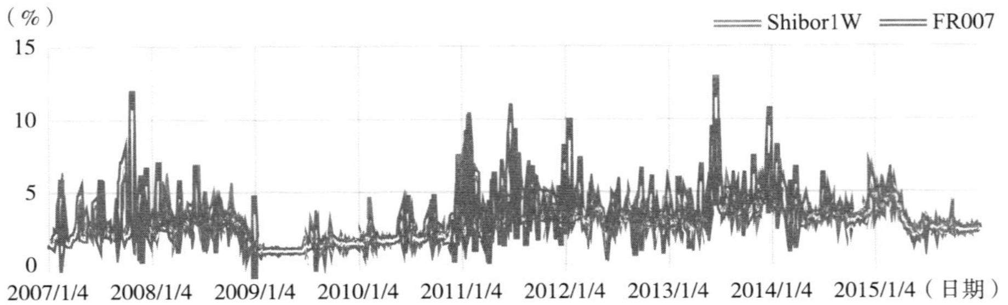

图 6－4　一周 Shibor 与七日 Repor 走势

资料来源：Shibor 官方网站（www. shibor. org）和中国外汇交易中心网站（www. chinamoney. com. cn），进行整理并绘制。

表 6－7　隔夜与一周的 Shibor 与 Repor 的描述性统计分析

	O_ N	_ FR001	_ 1W	_ FR007
Mean	2. 3673	2. 3878	3. 0105	3. 0197
Median	2. 2500	2. 2618	2. 9905	3. 0000
Maximum	13. 4440	12. 8500	11. 0040	10. 7700
Minimum	0. 8008	0. 8098	0. 8815	0. 8746
Std. Dev.	1. 0869	1. 0857	1. 2831	1. 2825
Skewness	1. 9186	1. 7966	1. 0932	1. 0686
Kurtosis	12. 4673	11. 1968	5. 9623	5. 8367
Observations	2248	2248	2248	2248

资料来源：Shibor 官方网站（www. shibor. org）和中国外汇交易中心网站（www. chinamoney. com. cn），Eviews 统计分析。

2. Shibor 与银行间债券质押式回购利率（Repor）的平稳性检验与相关性分析

由表 6－8 和表 6－9 可以看出，隔夜回购定盘利率和一周回购定盘利率属于一阶平稳序列，没有单位根。

由表 6－10 和表 6－11 可以看出，隔夜 Shibor 和隔夜回购定盘利率以及一周 Shibor 和一周回购定盘利率相关性极强，相关系数接近于 1。

表 6－8　隔夜 Repor 的平稳性分析

Null Hypothesis：O_ N has a unit root

Exogenous：Constant

Lag Length：2（Automatic － based on SIC，maxlag＝26）

		t－Statistic	Prob. *
Augmented Dickey－Fuller test statistic		－8. 296907	0. 0000
Test critical values：	1 level	－3. 433064	
	5 level	－2. 862625	
	10 level	－2. 567393	

* MacKinnon（1996）one－sided p－values.

资料来源：Shibor 官方网站（www. shibor. org）和中国外汇交易中心网站（www. chinamoney. com. cn），及 Eviews 统计分析。

表 6－9　一周 Repor 的平稳性分析

Null Hypothesis：O_ N has a unit root

Exogenous：Constant

Lag Length：2（Automatic － based on SIC，maxlag＝26）

		t－Statistic	Prob. *
Augmented Dickey－Fuller test statistic		－3. 606941	0. 0057
Test critical values：	1 level	－3. 433086	
	5 level	－2. 862635	
	10 level	－2. 567399	

* MacKinnon（1996）one－sided p－values.

资料来源：Shibor 官方网站（www. shibor. org）和中国外汇交易中心网站（www. chinamoney. com. cn），及 Eviews 统计分析。

表 6－10　隔夜与 Shibor 与 Repor 的相关性分析

	O_ N	FR001
O_ N	1. 000000	0. 997886
FR001	0. 997886	1. 000000

资料来源：Shibor 官方网站（www. shibor. org）和中国外汇交易中心网站（www. chinamoney. com. cn），及 Eviews 统计分析。

表 6-11　一周 Shibor 与 Repor 的相关性分析

	FR007	_ 1W
FR007	1.000000	0.995632
_ 1W	0.995632	1.000000

资料来源：Shibor 官方网站（www. shibor. org）和中国外汇交易中心网站（www. chinamoney. com. cn），及 Eviews 统计分析。

3. Shibor 与银行间债券质押式回购利率（Repor）的格兰杰因果关系分析

由表 6-14 和表 6-15 的格兰杰因果关系检验的结果 P 值远小于 0.05 可以看出，在选择滞后期（Lag Length）为 6 和 1（见表 6-12 和表 6-13）的情况下，隔夜 Shibor 和隔夜回购定盘利率以及一周 Shibor 和一周回购定盘利率都是互为格兰杰因果关系的。

表 6-12　隔夜 Shibor 与 Repor 的最优滞后阶数

VAR Lag Order Selection Criteria

Endogenous variables：O_ N FR001

Exogenous variables：C

Date：03/12/16　Time：02：47

Sample：1/04/2007 12/31/2015

Included observations：2228

Lag	LogL	LR	FPE	AIC	SC	HQ
0	-614.3292	NA	0.005970	0.554752	0.559888	0.556628
1	1865.440	4952.843	0.000643	-1.673664	-1.658256	-1.668036
2	1899.330	67.62572	0.000626	-1.700567	-1.674886	-1.691187
3	1912.455	26.16845	0.000621	-1.708780	-1.672828	-1.695650
4	1925.534	26.05108	0.000616	-1.716952	-1.670727	-1.700070
5	1946.874	42.46862	0.000606	-1.732559	-1.676063	-1.711925
6	1963.747	33.54880	0.000599	-1.744146	-1.677378*	-1.719761
7	1977.984	28.28189	0.000594	-1.753361	-1.676320	-1.725223
8	1983.402	10.75464	0.000593	-1.754638	-1.667325	-1.722749
9	1992.902	18.83587	0.000590	-1.759587	-1.662002	-1.723947
10	1997.457	9.024269	0.000590	-1.760087	-1.652230	-1.720695

续表

VAR Lag Order Selection Criteria

Endogenous variables：O_ N FR001

Exogenous variables：C

Date：03/12/16 Time：02：47

Sample：1/04/2007 12/31/2015

Included observations：2228

Lag	LogL	LR	FPE	AIC	SC	HQ
11	2011.441	27.67860	0.000584	-1.769074	-1.650944	-1.725930*
12	2015.965	8.946946	0.000584	-1.769546	-1.641144	-1.722650
13	2016.440	0.937219	0.000586	-1.766372	-1.627699	-1.715725
14	2022.079	11.13095	0.000585	-1.767848	-1.618902	-1.713449
15	2023.863	3.517994	0.000586	-1.765853	-1.606635	-1.707702
16	2032.623	17.26137	0.000584	-1.770138	-1.600648	-1.708236
17	2040.382	15.27192	0.000582	-1.773521	-1.593759	-1.707867
18	2044.165	7.441160	0.000582	-1.773326	-1.583292	-1.703920
19	2049.124	9.744195	0.000581*	-1.774189*	-1.573883	-1.701032
20	2052.014	5.672953	0.000582	-1.773190	-1.562612	-1.696281
21	2053.362	2.643861	0.000583	-1.770803	-1.549952	-1.690143
22	2056.488	6.125915	0.000584	-1.770017	-1.538894	-1.685604
23	2059.454	5.806029	0.000584	-1.769086	-1.527691	-1.680922
24	2061.205	3.424539	0.000586	-1.767061	-1.515394	-1.675146
25	2067.147	11.61199*	0.000585	-1.768810	-1.506870	-1.673142
26	2069.181	3.971016	0.000586	-1.767040	-1.494829	-1.667621

* indicates lag order selected by the criterion

资料来源：Shibor 官方网站（www. shibor. org）及 Eviews 统计分析。

表 6-13 一周 Shibor 与 Repor 的最优滞后阶数

VAR Lag Order Selection Criteria

Endogenous variables：_ 1W FR007

Exogenous variables：C

Date：03/12/16 Time：02：56

Sample：1/04/2007 8/17/2015

Included observations：2228

Lag	LogL	LR	FPE	AIC	SC	HQ
0	-2155.117	NA	0.023893	1.941599	1.946735	1.943475

续表

VAR Lag Order Selection Criteria

Endogenous variables: _ 1W FR007

Exogenous variables: C

Date: 03/12/16　Time: 02: 56

Sample: 1/04/2007 8/17/2015

Included observations: 2228

Lag	LogL	LR	FPE	AIC	SC	HQ
1	428.4363	5160.130	0.002344	-0.380231	-0.364823 *	-0.374603
2	440.1570	23.38865	0.002328	-0.387180	-0.361500	-0.377801
3	450.7640	21.14709	0.002314	-0.393127	-0.357174	-0.379996 *
4	458.7286	15.86474	0.002306	-0.396695	-0.350471	-0.379813
5	465.6845	13.84289	0.002299	-0.399356	-0.342859	-0.378722
6	470.3986	9.372976	0.002298	-0.399999	-0.333230	-0.375613
7	475.3451	9.826168	0.002296	-0.400851	-0.323810	-0.372713
8	482.1891	13.58343	0.002290	-0.403411	-0.316098	-0.371522
9	489.7878	15.06743	0.002283	-0.406650	-0.309065	-0.371009
10	495.4288	11.17534	0.002279	-0.408127	-0.300269	-0.368734
11	501.2591	11.53981	0.002276	-0.409774	-0.291645	-0.366630
12	502.4669	2.388616	0.002281	-0.407261	-0.278859	-0.360365
13	514.0416	22.86795	0.002266	-0.414079	-0.275405	-0.363432
14	523.0966	17.87368	0.002256	-0.418629	-0.269683	-0.364230
15	525.5859	4.909154	0.002259	-0.417269	-0.258051	-0.359118
16	540.8908	30.15516	0.002236	-0.427444	-0.257954	-0.365542
17	544.0281	6.175882	0.002237	-0.426668	-0.246906	-0.361014
18	550.3289	12.39171	0.002233	-0.428739	-0.238705	-0.359333
19	578.1474	54.66050	0.002185	-0.450178	-0.249871	-0.377021
20	583.7095	10.91888	0.002182	-0.451584	-0.241005	-0.374675
21	592.6839	17.60137 *	0.002173 *	-0.456061 *	-0.235210	-0.375401
22	593.9220	2.426129	0.002178	-0.453575	-0.222452	-0.369163
23	597.8201	7.631376	0.002178	-0.453483	-0.212089	-0.365320
24	600.8827	5.990012	0.002180	-0.452640	-0.200973	-0.360724
25	601.8303	1.851790	0.002186	-0.449892	-0.187953	-0.354225
26	604.2070	4.640045	0.002189	-0.448431	-0.176220	-0.349012

* indicates lag order selected by the criterion

资料来源：Shibor 官方网站（www.shibor.org）及 Eviews 统计分析。

表 6 – 14　隔夜 Shibor 与 Repor 的格兰杰因果关系分析

Pairwise Granger Causality Tests

Date：03/12/16　Time：02：45

Sample：1/04/2007 12/31/2015

Lags：6

Null Hypothesis：	Obs	F – Statistic	Prob.
FR001 does not Granger Cause O_ N	2242	4. 16707	0. 0004
O_ N does not Granger Cause FR001		4. 04813	0. 0005

资料来源：Shibor 官方网站（www. shibor. org）和中国外汇交易中心网站（www. chinamoney. com. cn），及 Eviews 统计分析。

表 6 – 15　一周 Shibor 与 Repor 的格兰杰因果关系分析

Pairwise Granger Causality Tests

Date：03/12/16　Time：02：47

Sample：1/04/2007 12/31/2015

Lags：1

Null Hypothesis：	Obs	F – Statistic	Prob.
FR007 does not Granger Cause _ 1W	2247	68. 8371	2. E – 16
_ 1W does not Granger Cause FR007		15. 4881	9. E – 05

资料来源：Shibor 官方网站（www. shibor. org）和中国外汇交易中心网站（www. chinamoney. com. cn），及 Eviews 统计分析。

因此，从实证的结果而言，随着利率市场化进程的逐步深入和银行间同业市场的发展与完善，在 Shibor 的报价机制正趋于合理和其结构期限的合理性加强的前提下，在对基准利率的“基础性”特征进一步验证方面，通过与银行间债券质押式回购利率（Repor）的关系比较与实证分析中说明，Shibor 一方面在货币市场上的传导性随着其自身的逐步完善而得到加强，另一方面也可以推断出这种银行间拆借市场机制的完善是在随着时间的推移、央行的培育和金融市场环境的改善的背景下实现的，但同时，在对隔夜 Shibor 和隔夜回购定盘利率的格兰杰检验的因果关系比较中，在隔夜回购定盘利率对隔夜 Shibor 的因果关系上要比隔夜 Shibor 对隔夜回购定盘利率的因果关系更显著一些，说明在某种程度上隔夜回购定盘利率的“基础性”更强些，这与 Repor 推出的时间更长、市场认可度更高有关系，但由于 Repor 与生俱来的缺陷（如上所述的 4 点缺陷）使得在未来的价格型货币政策框架体系内无法承担基准利率的角色，从这一点上来讲，对 Shibor 的培育任重而道远。

第四节 利率传导渠道及传导机制

我国货币政策框架转型过程中对基准利率的选择是本章内容的研究重点，因为对这个问题的研究回答了转型方向的着力点，需要进行详细描述和实证检验，下一步需要对基准利率如何在金融市场进行传导进行分析。

一、构建价格型货币政策框架传导机制模型

利率的外生性体现在央行能够控制的基准利率，一般的做法是央行首先确定该基准利率的目标值，然后通过公开市场操作等货币政策工具来实现该目标值，基准利率属于货币市场利率的一种，由于基准利率在整个利率结构体系中的核心地位，对货币市场的其他利率会产生直接作用，并主要通过短期货币市场利率将这种作用传导至债券市场的短期债券利率，通过成熟的债券市场的跨期套利机制实现对中长期债券市场利率的影响，通过债券市场与信贷市场之间的跨市场套利机制最终对信贷市场长期利率形成联动产生作用（Boivin et al.，2010），依据这种传导渠道，形成了如图 6－5 所示表达的逻辑关系。

图 6－5“价格型货币政策框架传导机制及模型”反映了利率传导渠道的逻辑关系：央行政策目标利率→基准利率→短期货币市场利率（形成以银行间拆借利率为代表的批发市场利率）→债券市场利率→信贷市场利率，总体而言是利率“批发价”决定利率“零售价”。同时，结合上述的研究内容和分析结果，这个价格型货币政策框架传导机制模型实际上传达了三个方面的分析层次：第一，基准利率在我国如何进行培育，包括基准利率的市场机制构建和货币政策工具的影响机制；第二，从货币政策工具到基准利率如何实施；第三，货币市场、债券市场和信贷市场三种市场的利率传导渠道和机制的建立问题。下文从这三个方面进行说明。

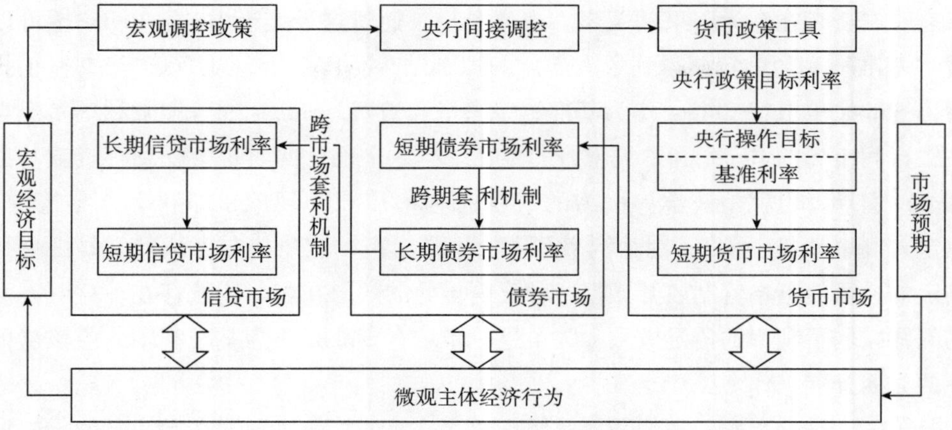

图6-5　价格型货币政策框架传导机制模型

资料来源：依据 Boivin 等（2010）进行整理并绘制。

二、基准利率以及基准收益率曲线的培育与构建

1. 培育基准利率

从上文中对 Shibor 不同期限品种的平稳性检验可以看出，如果将 Shibor 各个年度的各期限数据分别进行平稳性检验会发现，在 Shibor 正式推出的前两年的隔夜 Shibor 是不平稳的时间序列，但时间跨度放大至 2011 年底之后所得出的结论为平稳的时间序列，这说明，在 Shibor 成立初期各个参与报价的商业银行的报价在其基础性和可靠性上存在不足，诸多的研究成果（陆维新，2010；刘湘云和邱乐平，2011）认为，在 Shibor 成立初期各报价商业银行由于无法准确地依据自身经营状况而报出符合货币市场资金供求关系的利率，基本上根据银行间债券回购利率等其他的利率来进行市场报价，违背了 Shibor 作为基准利率的定价逻辑。商业银行的这种报价行为说明了三方面的问题：第一，从央行层面来讲，Shibor 的推广及培育的力度不足或者能力尚缺，市场认可度还需要提高；第二，商业银行还没有充分认识到 Shibor 与货币市场及债券市场和信贷市场上其他利率之间的内在传导逻辑关系；第三，商业银行还缺少梳理 Shibor 价格的形成机制的能力，没有办法将内部资金转移定价（FTP）、转贴现和央行票据业务与 Shibor 进行挂钩，也就没有能力开发对 Shibor 的定价量化模型。

在 Shibor 与银行间债券质押式回购利率（Repor）的关系实证中，最终的结

果表明二者存在互为因果的关系。也就是说，通过这种实证方法，Repor 也可以就“基准利率”的特征得到令人满意的拟合结果，实际上，从 2007 年央行正式推出 Shibor 来取代 Chibor 作为基准利率来培育初期，Shibor 的各期限利率是建立在银行间市场的 Repor 和中央银行的票据基础之上的，同时也会受到存贷款基准利率的引导，也就是被学界称为的“反向利率传导”现象，即利率“零售价”决定着利率“批发价”，因为利率零售价不是由市场竞争机制形成的，是由央行制定的，虽然利率管制放开，但这种反向传导的效果在当前依然存在，这两方面的问题减弱了利率的传导效果。为了进一步培育 Shibor 成为基准利率，应该从以下两方面开展工作。

第一，进一步完善和加强商业银行对 Shibor 的报价机制。在 Shibor 的价格形成过程中，各报价行对 Shibor 的报价与实际成交价之间会存在一定的偏离，主要是由于缺乏对报价行的成交约束的原因造成的，这种偏差需要央行制定相应的“惩罚机制”来杜绝这种脱离了货币市场实际供求状况的现象的发生。另外，应该围绕 Shibor 继续开发衍生交易品种，并加强其在银行间拆借、回购等同业业务品种的定价中的核心作用。当然，最重要的一点就是商业银行在理解 Shibor 的基准作用的基础上形成自身的 Shibor 定价量化模型。

第二，进一步明确央行政策性利率对 Shibor 的影响。央行当前有短期、中期和长期的政策性利率，尤其是短端的短期回购和逆回购利率、常备借贷便利（SLF）利率性政策工具对隔夜和一周 Shibor 具有间接的影响（通过影响商业银行的资金供求），央行需要在当前我国货币政策框架的转型过程中建立和明确相应的机制和手段，使市场能够清晰地获得央行的政策目标以及影响途径。

2. 构建基准收益率曲线

对于构建我国的基准收益率曲线在当前向价格型货币政策框架转型的过程中也是必需的，并且应当进一步明确我国基准利率与基准收益率曲线的关系。在当前的转型过程中，金融市场上有央行票据收益率曲线、国债收益率曲线和政策性金融债收益率曲线，收益率曲线是通过利率与期限的组合而形成的（纵轴表示利率、横轴表示时间期限），在任何一个完全利率化市场的国家所有的金融产品定价都需要明确利率的期限结构，基准利率收益率曲线表明的是各个期限结构上由相同的风险因素所组成的一组金融产品，基准收益率曲线的研究一直是金融学方面的重点研究领域，有一点是明确的：基准利率曲线上的短端、中端和长端的利率都是基准利率，都是其他相同期限品种的定价基准，可以看出，我国当前这几种收益率曲线中都没有 Shibor 各期限品种。就国际比较而言，西方国家一般会采取国债收益率作为基准收益率曲线，因为这些国家的债券市场发达、交易活跃、期限品种丰富，我国国债收益率曲线成为当前主要的基准收益率曲线备选，并得到了国家政策的支持，党的十八届三中全会通过的《中共中央关于全面深化改革若干重大问题的决定》明确提出："加快推进利率市场化，健全反映市场供求关系的国债收益率曲线。"但国债市场当前存在的诸如银行间和场内交易所的国债市场分割、期限不合理（基本是一年期以上的品种）、二级市场不发达的问题会制约我国基准收益曲线的构建，但随着我国人民币国际化、"一带一路"倡议的逐步实现，这些问题会慢慢得到解决，例如，我国加入 SDR 之后，为了符合作为国际储备货币的要求①，财政部开始在原有的 5～7 年的中期国债基础上发行 3 个月短期的国债，为今后构建完整的基准收益率曲线逐步奠定基础。

在构建国债收益率曲线的过程中需要重点解决好短端的基准利率 Shibor 与该基准收益率曲线的关系，现实的解决方向可以借鉴美国的做法，美国选取了同业拆借利率作为联邦制基准利率但同时其基准收益率曲线采取了用国库债拟合期限结构的方法，但具体做法还需要进一步分析。

三、从货币政策工具到基准利率的实施途径

通过基准利率的培育与如何进一步完善的分析，对基准利率的市场机制构建形成了整体的思路，但从货币政策工具到基准利率的实施途径需要进一步探讨。价格型货币政策框架之下基准利率作为操作目标被选择之后，通过货币政策工具对市场化的基准利率施加影响，这种影响的结果就是使基准利率的市场化波动围绕着政策利率目标而上下波动，这种波动的幅度区间如果通过规则化、制度化的方式使其固定在明确的曲线范围，将会形成所谓的利率走廊。

本书第三章在货币政策框架的国际比较和转型分析中已经就利率走廊在我国当前货币政策框架转型过程中及未来价格型货币政策框架中的必要性已经进行了初步论述，本部分内容基于从货币政策工具到基准利率实施的视角对建立利率走廊模型进行进一步的说明。

明确利率走廊概念的研究，最早可能是 Clinton（1997），他针对加拿大央行

① 加入 SDR 之后，作为国际性的储备货币，国际货币基金组织会员国的货币当局会配置相应的中国主权资产，短、中、长期齐全的国债成为现阶段的必然选项。

的零准备金制度下货币政策提出将货币市场利率锁定在央行目标利率周围从而形成利率走廊体系。随着西方发达国家（加拿大、日本、欧盟、瑞典、澳大利亚、新西兰等国）的央行纷纷通过利率走廊的模式实施货币政策，自 2000 年以来，诸多的西方学者在利率走廊的基本理论、模型构建、最佳走廊宽度设计等方面展开了研究，最新的研究成果从金融危机之后针对西方国家央行货币政策的实践演变，将利率走廊的几何模型扩展为地板模型[①]（刘义圣、赵东喜，2012）。中国的学者也紧跟西方学者的研究步伐，针对中国的具体实践展开此方面的理论研究和实践可能性分析，尤其是随着我国建立利率走廊的货币政策的观点和言论的提出，大量的利率走廊研究文献开始涌现，具体的研究文献如第二章所述。对于我国应该建立利率走廊必要性的论证文献很多，从本书的研究视角出发，从我国当前的基准利率处在培育中且 Shibor 的波动较大来考察，我国的隔夜 Shibor 在 2007 ~2015 年的变异系数（标准差除以利率平均值）为 0.46[②]，其波动幅度远远高于美国、日本、韩国、印度隔夜利率波动幅度（牛慕鸿等，2015）。这种不稳定的短期基准利率带来的直接后果有两种：第一，就是商业银行的不稳定的预期倾向，为了应付突发的利率飙升的情况（如 2013 年 6 月 20 日的“钱荒”）而囤积市场“流动性”。第二，央行为了应付这种不稳定的基准利率不得不频繁地采用公开市场操作来减少这种波动性，工作量的加大必然带来成本的上升。因此，建立利率走廊有利于稳定市场预期，降低这种风险的发生，从而反过来促进短期 Shibor 作为基准利率的目标的培育过程。

实际上，利率走廊的构建前提条件有三个：第一，上述所明确和培育的我国短期基准利率（隔夜 Shibor）作为利率走廊系统内部的操作对象；第二，还需要进一步明确利率走廊的上限和下限，当前就利率走廊的上限问题有一定的争议，方先明（2015）赞成将常备借贷便利利率（SLF）作为利率走廊的上限，巴曙松和尚航飞（2015）则认为，常备借贷便利利率（SLF）的期限为 1 ~3 个月，期限较长不适合作为短期利率的上限，而短期流动性调节工具（SLO）注入流动性以短期的 7 天回购为主适合作为该上限，将准备金存款便利作为下限是比较确定的；第三，政策目标利率，央行向市场公布其明确的政策性利率目标，使市场有

① 主要发生在金融危机之后西方国家央行在原有的均衡储备金余额 R^* 的基础上进一步增加准备金供给，使货币供求曲线下移至利率走廊的下限所带来的“地板”现象。

② 由收集的数据计算得出：0.46 = 1.0869/2.3673。2007 ~ 2015 年隔夜 Shibor 的标准差为 1.0869，平均值为 2.3673，资料来源：Shibor 官方网站（www.shibor.org）。

充分的预期围绕着该政策目标进行货币市场流动性的注入与收回。另外，构建利率走廊的基础设施条件也应该具备，从发达国家的利率走廊建立的经验而言，其全额实时电子交易清算系统成为其正确发挥作用的基础条件，利率走廊的规则在于商业银行在央行交易当日的清算账户的余额为零，这就需要向央行为此提供完善的全额实时交易系统。

四、货币、利率与信贷三种市场利率之间的传导

图6－5所表达的逻辑关系展现了这种价格型货币政策的传导机制，这种完整而清晰的利率传导过程体现了三种市场和三种期限的利率结构，同时也清晰表明了基准利率的形成和发生作用，是建立在金融市场的三种利率结构之间存在紧密的联动关系和内在联系的基础之上的，Boivin 等（2010）的研究是建立在这种西方发达国家成熟的金融市场机制上的，因此建立和完善市场交易品种丰富、参与者活跃、流动性强的成熟的金融市场成为必然选项。

Gopalan 和 Rajan（2015）指出了发展中国家由于金融市场不发达，主要表现在债券收益率期限结构不完善，在从货币市场基准利率影响信贷市场的利率的过程中缺少了债券市场的过渡，这也说明了在利率传导机制和渠道上发展中国家所存在的基本问题。我国的金融市场发展不完善，尤其体现在债券市场发展滞后造成了目前利率传导的不通畅。第一，企业债规模依然较小，根据第四章的社会融资规模的数据分析，虽然近年来以企业债券融资和股票融资为主的直接融资规模占比逐年上升（主要表现在企业债券融资额占比逐年上升），例如，企业债券融资占比从2002年的1.82%上升到2014年的14.77%，但与2104年人民币贷款占比的59.36%相比依然差距较大①；第二，债券市场的品种期限不合理、二级市场不发达等；第三，场外的银行间国债市场与场内的交易所国债市场分割严重。第二点和第三点在本书第四章中有详细介绍。这些缺陷导致了我国国债市场与西方国家国债市场发展的差距，且即期利率的变动呈间断状态，而且长期的利率也波动剧烈（康书隆、王志强，2010；钱雪松等，2015）。因此，就我国的利率传导机制能在三个市场之间的形成，就要从以上三个方面着手开展相应的工作，最终打通从货币政策到实体经济的传导渠道。

① 资料来源：根据中国人民银行网站和国家统计局的数据整理。

第五节　小结

本章的内容主要围绕着内生货币理论指导下的价格型货币政策框架的外生性利率和内生性利率的关系及结构、基准利率的选择与实证和利率传导机制三个方面进行论述。

第一，从货币内生理论到货币政策的完整思维体系下的利率外生性与内生性的关系。本书所建立的从货币内生理论到货币政策的完整思维体系是以马克思的货币本质观为基础的，并融入了后凯恩斯主义和货币主义部分观点，这种思维体系下货币内生和利率外生是基本的立足点和确定货币政策的基本思路，就本章内容而言，要正确地理解利率的外生性与内生性的辩证关系，因为利率是金融市场上的资金价格，可以表现出货币市场、债券市场和信贷市场的不同期限、不同结构的资金价格，就央行而言，利率是可以外生控制的，但同时也存在由体现市场竞争关系的内生性市场利率，按照利率二重性的科学辩证法马克思准确将其定义为一般利率和市场利率，随着金融创新的发展和货币政策不断在纠错中前行，可以看出，央行对利率的外生控制现在看来主要体现在政策性利率目标（体现在货币政策工具和市场预期）和对货币市场上的基准利率和基准收益率曲线的控制与影响，这种对市场基准利率体系的影响和控制以及市场预期目标正是马克思所论述的由产业资本家和银行家的竞争而形成的一般利率，但同时货币市场上的基准利率和基准收益率是由银行同业拆解或回购的竞争行为产生的，本章内容之“构建价格型货币政策框架传导机制模型”和“基准利率以及基准收益率曲线的培育与构建”正是这种马克思货币内生思想指导下的利率外生与利率内生的有力体现和辩证统一。

第二，对基准利率的选择分析和实证检验。对基准利率的分析首先需要在本书第四章就其作为价格型货币政策的操作目标的基础上进一步进行理论界定，围绕着王志栋（2012）对基准利率的五个特征（市场性、预测性、基础性、波动性和测控性）的描述和论证而进行分析与说明，为下一步选择 Shibor 作为基准利率奠定了理论基础，同时也指出银行间债券质押式回购利率（Repor）也有成为未来基准利率的潜力，通过实证检验与分析，发现随着时间的发展 Shibor 被作为基准利率培育的效果明显，但依然有两个问题需要解决：一是从短期 Shibor 向中长期 Shibor 的传导存在不畅的问题，在构建合理的一年期 Shibor 收益率曲线上存在一定的困难；二是需要解决好 Shibor 与 Repor 在基准利率角色扮演上的竞争问题，因为一定程度上短期 Repor 对 Shibor 的因果关系较之 Shibor 对 Repor 的因果关系更为显著。对于第一个问题而言，在短期与中长期 Shibor 的临界点的两个品种——1 个月和 3 个月的 Shibor——二者之间的互为因果的关系非常显著，这就使解决第一个问题能够更为有效。

第三，对价格型货币政策的利率传导渠道和机制的分析。这方面的论述是通过建立价格型货币政策框架的传导机制模型为前提的，在这个前提下就基准利率的培养和基准收益率曲线的构建、货币政策工具的影响机制和货币、债券及信贷三个市场的利率传导三方面进行了分析与说明，这也是需要我国货币政策框架转型方向的着力点，例如，对货币政策工具的影响机制方面围绕着如何从政策工具到市场基准利率的实施途径的分析上，引入了利率走廊概念和理论进行说明。这方面的内容为我国货币政策框架的转型路径提供了良好的基点，即应该从这三个方面着手运用经济学的技术工具开展相关的理论模型构建，形成适合我国经济发展和市场环境的价格型货币政策框架的内部基础。这部分的内容是本书的核心内容之一。

第七章 我国货币政策框架转型路径

通过本书第三章、第四章和第五章对我国货币政策发展的分析、货币内生理论的梳理与分析和货币政策框架转型内容的研究发现，我们对我国的货币政策框架的转型路径需要进行系统的总结。在我国当前的货币政策框架的转型时期需要进一步明确货币政策的改革路径，这也是对前述三章内容的总结并对转型后的发展方向和内容进行展望。本章内容可以从四个方面寻找我国货币政策框架的转型路径：第一，坚持货币供给内生理论指导；第二，修补当前我国数量型货币政策框架，进一步挖掘这种货币政策框架体系内适合当前我国经济结构转型的因素；第三，找到我国当前应该着手开始的主要着力点，这些着力点从经济学技术层面能够构建相关的理论模型，这些理论模型所追求的目标在我国货币政策框架的转型过程中能够逐步实现；第四，伴随着经济体制改革进程对我国的货币政策环境不断优化与完善，使之成为确保货币政策能够转型成功的配套改革。

上述的前三个方面从我国货币政策框架的内部要素与机制层面上进行研究，这三个方面也可以具体体现“突破价格型货币政策和数量型货币政策在关系机理上是互不兼容的传统观念”的基本观点，构建符合我国宏观经济环境的以价格型货币政策为主体同时补充必要的数量型货币政策要素的框架体系；最后一个方面从我国货币政策框架的外部环境层面上进行整理与分析，构建这种适合我国经济发展的货币政策框架体系的机制保障。

第一节 坚持货币供给内生理论指导

马克思的货币本质观理论的分析框架中体现了货币供应内生的思想，在货币内生思想的基础上，马克思建立了信用货币理论和利息理论，因此，本书所建立的从货币内生理论到货币政策的完整思维体系是以马克思的货币本质观为基础的，并融入了后凯恩斯主义和货币主义部分观点。货币内生理论指导下的货币政策需求型的货币政策，经济活动中的货币需求需要有相应的货币供给来满足，也就体现了后凯恩斯主义学者所坚持的货币供给曲线的水平性观点，也就从根本上否定了货币主义供给型的数量型货币理论。与货币供给内生理论相适应，这种需求型货币政策应该是以利率为中间目标的间接型的理论框架，在内生货币供给条件下央行的操作目标只能是利率，现代经济条件下货币市场、债券市场和信贷市场上存在着资金价格体系，即利率体系，这种利率体系之间存在着传导性关系，处于核心地位的就是货币市场的基准利率，作为价格型货币政策框架体系内的核心要素，央行基于社会经济活动中的货币需求确定政策性目标利率进而影响基准利率来实现其货币政策的目标，依据马克思的内生货币思想和外生性利率理论，央行通过对利率的控制可以影响企业的（预期）利润、社会消费需求、投资需求等，从而最终影响社会总需求和货币供应自动适应货币需求的变化。本书所建立的这种思维体系下货币内生和利率体系的外生与内生的辩证统一是基本的立足点和确定货币政策的根本原则。

另外，坚持货币内生思想下的马克思利率理论，可以将马克思相关的利率论述套用到当今的金融与资本市场。除了本书第五章讲到的马克思利率理论一般产生于资本家内部的利益分割而不受货币市场的货币供求关系之外，关于市场利率的论述可以指向当今内生性货币政策理论，马克思认为，一国货币紧缺、商业银行或经纪人的贴现业务受到较大影响时，该国央行（以英格兰银行为例）具有调节市场利率的权力以此来影响该国国内的货币供求和宏观经济，表明了马克思将市场利率作为操作目标的思想，进一步地，如果将马克思当时商业银行或经纪人的贴现业务视为当今的银行间市场上的同业拆借业务，与之相对应的就是马克思笔下的市场利率——就是这种货币市场上的利率，扮演着伦敦同业拆解利率

（Libor）的角色。

同时，也要结合经济发展的实际情况来充分认识货币供给的内生性，这一点对于我们当前所面临的经济下行的局面意义尤其重大。在经济衰退时期，企业的资产价格面临缩水，由于商品价格下跌会造成资产负债标的恶化，这种情况下，企业的经营目标会从追求利润的“利润最大化”变为“债务最小化”（Koo，2008）信贷序曲也会萎缩，因此，在经济萧条和复苏阶段，货币乘数效应相应地降低，所增加的货币供应由于需求的不足是无法产生效用的，就这一点而言，货币供给的内生性得到了进一步的强化（斯基德尔斯基，2011）。马克思也曾经谈到，“在危机期间，接受贷款是为了支付，而不是为了购买，是为了结束旧的交易，而不是为了开始新的交易”①，这一点杨天宇和刘国鹏（2008）也进行了分析和解释。

第二节　我国现有数量型货币政策框架的完善空间

从本书第三章和第四章通过数据分析与描述可以看出，我国当前处在数量型和价格型货币政策“双失效”的局面，即原有数量型货币政策框架的效应逐步丧失，价格型货币政策框架的有效性尚未建立。这也是我国货币政策框架转型过程中的显性特征和必然表现，由于我国经济发展和社会市场环境的高度复杂性，这种转型过程无法像英国和韩国那样采取“一步到位”激进式的方式来实现，需要像美国、德国和日本等国家采取循序渐进的方式来转型，因此，对于原有的数量型货币政策框架仍然发挥作用的基础上，可以采取修补的方式来缓解货币政策实施效果不佳的问题。具体而言，可以从对现有的数量型中介目标的优化、货币政策预期管理的加强与改进以及转型期特殊货币政策工具的取舍与完善三个方面来对现有的数量型货币政策框架进行完善。这也是从本书的基本观点之一“突破价格型货币政策和数量型货币政策在关系机理上是互不兼容的传统观念”的具体体现。

① 马克思．资本论（第3卷）［M］．北京：人民出版社，2004：520.

一、现有数量型货币政策目标的优化

对于现有数量型货币政策目标的优化可以从两方面着手，一是对现有 M_2 的中介目标的扩展，二是对最终目标的改善。

德国和韩国的货币政策框架在转型过程中为了缓解数量型货币政策逐步失效的问题，对当时所采用的 M_2 的中介目标进行了扩展，德国采用 M_3 作为中介目标、韩国采取了 MCT（M_2 + CDs + 货币信托）作为中介目标（M_3）转型期做法，进行货币总量的计算，以此来反映转型期非银行金融机构活动对货币政策最终目标的影响。随着我国社会融资结构的变化，直接融资所占的比例逐年上升而人民币贷款的间接融资比例逐年下降，采用社会融资总额作为中介目标进行范围更广的货币供应量的监控，以此来反映转型期非银行金融机构活动对货币政策最终目标的影响。对于应该采用社会融资总额作为中介目标除了一些研究文献之外，《金融发展与改革“十二五”规划》也提出了“发挥社会融资规模在制定货币政策中的参考作用”，2012 年以来，每季度的央行货币政策执行报告中也会明确提到社会融资总规模及结构性数据，但离正式发挥中介目标的作用距离尚远。

我国现有货币政策的最终目标的突出特点是过多地设置了最终目标，《中华人民共和国银行法》所规定的保持币值的稳定、促进经济增长，再加上 2008 年金融危机以来央行反复强调的促改革、调结构、惠民生和保持金融稳定的目标，这些目标的优先次序会依据不同的经济形势被不时地调整，首先，这样会给市场预期带来难度，基于某种经济形式的货币政策工具往往被市场解读为不同的政策意图，难免会带来货币政策市场预期的混乱，降低了货币政策实施的效果；其次，伯根法则（Tinbergen's Rule），每个独立的政策目标必须至少有一个独立（如果有多个政策工具对应一个政策目标，这些政策目标应该线性无关）的政策工具，过多的政策工具无疑加大了货币政策执行的难度和复杂程度且容易发生相互矛盾的问题。因此，当前在数量型货币政策框架下的多元化目标问题的解决之途应该是将物价稳定作为核心目标来对待，当然这需要在人民银行（相对）能够独立行使货币政策的前提下。

二、货币政策“双失效”局面下的预期管理

在当前货币政策“双失效”局面下建立良好的预期管理机制的作用非常关键且直接，预期管理可以在一定程度上替代货币政策中介目标，通过市场微观主

体清晰地了解政策意图之后的反应来引导市场行为，显然，这种货币政策的预期管理机制能够很好地以较低的代价和较快的速度实现货币政策的目标。但当前我国货币政策的预期管理机制的失效是显著的，突出表现在以下几个方面：一是货币政策的不透明，在央行的货币政策目标与市场主体之间往往存在一个理解上的鸿沟，某项货币政策出台之后市场上往往有各种不同的解读，但央行作为货币政策部门却又不做官方的进一步解释；二是没有一个较为恒定的目标，缺少类似于美联储的阈值指引（Threshold Guidance）；三是众多学者所指出的央行缺少与市场良好、主动和有效的沟通机制，例如连续5年货币政策的基调被定为“实施稳健的货币政策”，这种基调在不断变化的宏观经济环境和不断推陈出新的货币政策工具之下形成了与政策本意的偏差。建立预期管理机制应该首先明确货币政策最终目标的阈值，从前瞻性方面加强货币政策对市场的指引；同时要强化货币政策工具实施过程中的事前沟通和实施后的事后解释。

三、转型期货币政策工具完善及取舍

转型期内转型期内的货币政策工具包括“非常规”的定向降准、差别存款准备金率、定向再贷款等“结构性”工具和常规性的准备金政策工具。就“非常规”货币政策工具而言，如第三章所述，转型期特殊货币政策工具主要表现在当前定向投放工具的使用上，一般被称为“结构性”特殊货币政策工具，包括定向降准、差别存款准备金率、定向再贷款，包括支农再贷款和支小再贷款等具体工具，所追求的目标主要在于“去杠杆”和进行结构性调整，主要的定向投放领域为基建、农业和中小企业的扶持，承担了应该由财政政策所承担的结构调整功能。但这种过渡性的货币政策一是会引起央行的独立性地位降低，其所承担的非央行应该承担的结构性调整功能难免会导致财政赤字的“货币化”和“隐形化”；二是容易滋生资金的套利行为（钟正生，2014）；三是可能会使市场配置资源的作用被削弱，引起资源配置失衡以及市场功能扭曲等问题（王信，2014）。还有较少提及的“债务性”特殊货币政策工具，主要是为了解决地方政府发债问题，改善地方政府资产负债表而在2015年的地方债务转置换过程中推出，虽然研究较少，但显然存在明显的争议。对于“结构性”特殊货币政策工具需要就其货币政策的传导机制进行规范性的分析，运用DSGE模型分析其效果和作用，找到这种特殊阶段的货币政策工具的实施成本；对于“债务性”特殊货币政策工具主要从“风险传染机理”的视角进行分析。然后，对这两类特殊

的货币政策工具进行退出机制的研究，需要结合美国和欧洲国家的实际情况进行比较分析，最终完成对转型期特殊货币政策工具完善及舍取。

准备金工具在我国外汇占款高企之际有回收流动性的作用，属于数量型货币政策的范畴，但随着我国外汇占款流入减速、利率市场化背景下推出的存款保险制度，准备金需要“相机”下调并逐步退出流动性管理框架，单一承担审慎监管的角色。

第三节 我国价格型货币政策框架转型的基点

未来我国转向价格型货币政策框架能否成功，其内部的机制建设和进一步的完善是根本，如果说修补当前我国的数量型货币政策框架是一种应急之举，那么着眼于未来价格型货币政策框架体系内的运转机制的培养就成为根本之举，基于本书第四章和第五章的内容，需要从货币内生理论作为指导以及基准利率和基准收益率曲线、如何正确对基准利率施加影响、在货币和债券及信贷三个市场上的利率传导三个方面作为转型的基点树立价格型货币政策框架的路径。在货币内生理论指导下的这三个价格型货币政策框架的基点应该建立相应的模型，这些模型通过本书第六章图 6 – 5 的逻辑关系可以进一步地清晰化：第一，基准利率的定价模型，指出央行对基准利率应该从哪些方面进行影响；第二，利率走廊模型，回答如何通过货币政策工具对基准利率施加影响的问题；第三，三种渠道的利率传导模型，通过这种模型建立货币市场、债券市场和信贷市场三种市场的利率传导机制。

需要指出的是，这三个方面的研究内容在金融工程学领域研究成果很多，围绕着资本资产定价模型所展开的资本市场的定价、传导渠道及影响因素的研究是该领域的研究重点，本书的研究内容是基于内生货币理论的视角而展开对我国货币政策框架转型，所要达到的两个目标是构建我国从货币理论到货币政策理论再到货币政策框架及实施的研究范式和建立符合我国宏观经济环境的内生性货币政策框架和模型，因此，在回答了转型方向的着力点——基准利率的选择之后，对基准利率如何在金融市场上进行传导，主要就模型的建立展开相关论述，进一步的实证检验不再进行。

一、基准利率控制模型

从第六章对 Shibor 不同期限品种的平稳性检验可以看出，如果将 Shibor 各个年度的各期限数据分别进行平稳性检验会发现，在 Shibor 正式推出的前两年的隔夜 Shibor 是不平稳的时间序列，但时间跨度放大至 2011 年底之后所得出的结论为平稳的时间序列，这说明，在 Shibor 成立初期各个参与报价的商业银行的报价在其基础性和可靠性上存在不足，诸多的研究成果认为（陆维新，2010；刘湘云、邱乐平，2011）在 Shibor 成立初期各报价商业银行由于无法准确地依据自身经营状况而报出符合货币市场资金供求关系的利率，基本上根据银行间债券回购利率等其他的利率来进行市场报价，违背了 Shibor 作为基准利率的定价逻辑。商业银行的这种报价行为说明了三方面的问题：第一，从央行层面来讲，Shibor 的推广及培育的力度不足、能力尚缺，市场认可度还需要提高；第二，商业银行还没有充分认识到 Shibor 与货币市场及债券市场和信贷市场上其他利率之间的内在传导逻辑关系；第三，商业银行还缺少梳理 Shibor 价格的形成机制的能力，没有办法将内部资金转移定价（FTP）、转贴现和央行票据进行挂钩，也就没有能力开发对 Shibor 的定价量化模型。

Shibor 的定价模型不仅对商业银行进行市场报价很重要，同时对央行也很重要，因为央行清楚对基准利率应该从哪些方面进行影响来实现其货币政策的目标并选择正确的货币政策工具。因为 Shibor 是货币市场的一种反映资金供求关系的基准价格，因此需要从与供求有关的经济和市场环节出发找到能影响 Shibor 价格的因素，一般而言，有以下几种：①货币市场资金的供求关系。②商业银行自身资金成本。③商业银行自身资金状况。④货币政策取向及操作。⑤对资本市场刑场影响的市场环境的结构性和制度性因素（要有明确的连续性数据支持，当前看来，在中国只有 IPO 的新股发行这种结构性因素符合条件）。⑥上个交易日的报价。

于建中和刘湘成（2009）的 Shibor 定价模型较有影响力，其所构建的模型为：

短端 Shibor 定价模型（SSPM）：

$$R_t^{7d}=f(M,MA,R_{t-1}^{7d},IPO,shibor_{t-1}^{7d})+c+\varepsilon_t$$

长端 Shibor 定价模型（LSPM）：

$$R_t^{3M}=g(R_{t-1}^{3M},M\_M_{t-1}^{3M},M\_M_{t-1}^{7D})+h(PR_t)+\varepsilon_t$$

式中，R_t^{7d}和R_{t-1}^{7d}表示商业银行对 7 天 Shibor 的报价；M 代表资金市场上银行资金供给，MA 为单个报价行的资金供给，以商业银行总的或单个的超额存款准备金余额表示；IPO 特指结构性因素方面的新股发行的冻结资金量；shibor_{t-1}^{7d} 表示 $t-1$ 时期的 7 天 Shibor 报价；c 表示报价行的资金成本；ε_t 独立同分布，并且 $E[\varepsilon_t]=0$，$\text{Var}(\varepsilon_t)=1$。

式中，R_t^{3M} 和 R_{t-1}^{3M} 表示商业银行对 3 个月 Shibor 的报价；$M\_M_{t-1}^{3M}$，$M\_M_{t-1}^{7D}$ 代表扣除该报价行利率后的平均值，PR_t 为 3 月期的央行票据利率；ε_t 独立同分布，并且 $E[\varepsilon_t]=0$，$Var(\varepsilon_t)=1$。

于建中和刘湘成（2009）最终的实证结果表明：第一，就长端的 Shibor 报价而言，央行票据利率与其正相关，说明了央行票据作为一种货币政策工具在对 Shibor 的影响上是有效的；第二，Shibor 的短端向长端有显著影响，并提出了 3 个月 Shibor 是 Shibor 短端与长端的临界点，是基准利率曲线中的承上启下的关键点，与本书的观点一致。但于建中和刘湘成（2009）的定价模型的不足显而易见：一是这个理论模型建立在 2009 年，没有综合考虑新的市场结构环境下的创新型货币政策工具，应该综合考虑常备借贷便利（*SLF*）、中期借贷便利（*MLF*）和长期的抵押补充贷款（*PSL*）等货币政策性工具对基准利率定价的影响补充相应的因变量；二是在我国货币政策框架从数量型向价格型转型过程中，数量型货币政策被价格型货币政策逐步取代意味着未来央行需要公开市场操作的工具、运用政策性利率工具对市场性的基准利率（Shibor）施加影响，首先会体现在对短端基准利率的影响，从这方面需要构建相应的政策函数；三是由于中长端 Shibor 不具有中长期基准利率的属性（如前所述，基准利率曲线上的短端、中端和长端的利率都是基准利率，都是其他相同期限品种的定价基准），当前我国货币市场正在构建基准收益率曲线，而上述的中长端 *Shibor* 定价模型缺少相应的因变量。

虽然有这些不足和完善和补充的地方，但就其所构建的理论模型本身而言可以为我们对 *Shibor* 作为基准利率的定价在此模型上继续研究。

因此，本书参考于建中和刘湘成（2009）的 Shibor 定价模型框架，结合对上述影响 *Shibor* 价格的因素的理解和该模型的不足，设计并完善了短端和中长端的 Shibor 定价模型，并做了三项扩展：第一，将其针对某一报价行对 Shibor 的报价扩展至全部的报价金融机构（用序列号 i 表示）；第二，将其专门针对短期的 7 天 Shibor 和长期的 3 个月的 Shibor 报价扩展至全部 Shibor 的期限品种，用序列号 p 表示短端的期限品种，用序列号 q 表示中长端的期限品种；第三，对于中长端的 Shibor 定价的自变量而言，当前我国主要培育的国债收益率曲线当中的相应中长期的基准利率也是其主要的因变量。具体 Shibor 模型如下。

短端 Shibor 定价模型(SSPM*)如表 7－1 所示。

表 7－1　短端 Shibor 定价模型(SSPM*)

$$RS_{t,i}^{p}=f(M,MA,RS_{t-1,i}^{p},IPO,shibor_{t-1}^{p})+h(PBC_{t}^{s})+c+\varepsilon_{t} \qquad (7-1)$$

- 函数 f 表示第 i 家的报价金融机构对短端 Shibor 的报价的市场供求函数，函数 h 表示中央银行短期政策利率工具对短端 Shibor 的影响函数
- $RS_{t,i}^{p}$ 和 $RS_{t-1,i}^{p}$ 表示第 i 家的报价金融机构对短端 Shibor 的报价，p 代表隔夜、1 周、2 周和 1 个月的四个短端期限品种
- M 代表资金市场上银行资金供给总额，MA 为单个报价行的资金供给，以商业银行总的或单个的超额存款准备金余额表示
- IPO 特指结构性因素方面的新股发行的冻结资金量
- $shibor_{t-1}^{p}$ 表示 $t-1$ 时期的短端 p 品种的 Shibor 价格
- PBC_{t}^{s} 指中央银行短期政策利率，如短期的回购和逆回购利率，常备借贷便利(SLF)利率等
- c 表示为报价行的资金成本
- ε_{t} 独立同分布，并且 $E[\varepsilon_{t}]=0$，$Var(\varepsilon_{t})=1$
- $t=1,2,\cdots,T$

资料来源：参考于建中和刘湘成（2009），并完善补充。

长端 Shibor 定价模型（LSPM*）如表 7－2 所示。

表 7－2　长端 Shibor 定价模型（LSPM*）

$$RL_{t,i}^{q}=g(RL_{t-1,i}^{q},M_{M_{t-1,i}^{q}},M_{M_{t-1,i}^{p}},TB_{t-1}^{q})+h(PBC_{t}^{l})+\varepsilon_{t} \qquad (7-2)$$

- 函数 g 表示第 i 家的报价金融机构对长端 Shibor 的报价的市场供求函数，函数 h 表示中央银行长期政策利率工具对长端 *Shibor* 的影响函数
- $RL_{t,i}^{q}$ 和 $RL_{t-1,i}^{q}$ 表示第 i 家的报价金融机构对中长端 Shibor 的报价，q 代表 3 个月、6 个月、9 个月和 1 年的四个中长端期限品种
- $M\_M_{t-1,i}^{q}$，$M\_M_{t-1,i}^{p}$ 代表扣除第 i 家报价金融机构利率后的平均值
- TB_{t-1}^{q} 表示 $t-1$ 时期中长端期限 q 的基准利率[基准收益率曲线(国债)上]
- PBC_{t}^{l} 为中央银行长期性政策利率，如中期的央行票据发行利率，再贷款和再贴现利率，中期借贷便利(MLF)利率，长期的抵押补充贷款(PSL)利率等
- ε_{t} 为扰动项，独立同分布，并且 $E[\varepsilon_{t}]=0$，$Var(\varepsilon_{t})=1$
- $t=1,2,\cdots,T$

资料来源：参考于建中和刘湘成（2009），并完善补充。

就央行的货币政策而言，除了直接性的政策函数 $h(PBC_t^s)$ 和 $h(PBC_t^l)$ 之外，能够控制和影响的因素包括短端的银行体系的资金供给 M（通过对法定存款准备金的控制间接实现）和长端的央行票据利率，同时，单个参与报价的金融机构的资金供给 MA 和资金成本也可以间接地受到央行公开市场操作的间接影响。

同时，构建基准收益率曲线也是必要的，所建立模型的最终结果可以为长端 Shibor 定价模型（$LSPM^*$）提供重要因变量TB_{t-1}^q。按照第六章对基准收益率曲线的基本介绍和分析，对所选取的国债收益率曲线建立相应的模型是比较简单的。但对国债收益率曲线作为我国的基准收益率曲线需要补充的是，当前我国的国债期限为 1 年、2 年、5 年、7 年、10 年、15 年、20 年、30 年，这种期限结构下所求出的TB_{t-1}^q结果（$q=3$ 个月、6 个月、9 个月、1 年）是无法为$RL_{t,i}^q$的函数提供相应的因变量的，但相信随着我国利率市场进程的深化和价格型货币政策框架的实现，构建从短期到长期的国债收益率曲线将会成为现实，如上文所提到的随着我国加入 SDR，财政部新开发的 3 个月期限的国债品种在构建完整的国债收益率曲线上向前走了一步。

二、从货币政策工具到基准利率的实施

关于通过建立利率走廊模型可以实现从货币政策工具到实施基准利率的目标，可以这样理解，单纯的利率调控模式是央行通过公开市场操作的方式影响基准利率的水平来实现的，是一种被动地依据市场上的流动性来稳定基准利率；利率走廊的模式下中央银行主要通过引导商业银行的市场预期和改变商业银行的储备管理两种方式来实现利率调控的目标，Guthrie、Wright（2000）和 Woodfor（2001）分别将这两方式称为“利益诱导”（Profit Allurement）和“告示效应”（Announcement Effects）。第一种方式被用来构建利率走廊的上限和下限，第二种方式使商业银行的储备管理下的市场交易满足央行的目标利率。因此，这两种方式下，说明需要三个前提条件：①利率走廊的上限——贷款便利工具（i^l），例如我国现有的常备借贷便利（SLF）或者短期流动性调节工具（SLO）可以作为备选；②利率走廊的下限——存款便利工具（i^d）；③短期政策利率目标（i^*）和货币市场基准利率（i）。

假设条件 1：无法定准备金。

可以令$i^l=i^*+s_1$；$i^d=i^*-s_2$。其中，s_1和s_2表示商业银行从中央银行借入和存入的流动性。据此可以构建初步的利率走廊模型（$ISCM_1$）如式（7－3）所示。

$$i^* - s_2 \leqslant i \leqslant i^* + s_1 \tag{7-3}$$

假设条件2：对称利率走廊系统（瑞典央行主要采取这种模式）（巴曙松、尚航飞，2015）。

可以令$s_1 = s_2 = s$，即商业银行从中央银行借入和存入的流动性相等，也意味着存贷款便利利率与政策目标利率是相对称的，所以可以继续简化这种利率走廊模型（$ISCM_2$）如式（7－4）所示：

$$i^* - s \leqslant i \leqslant i^* + s \tag{7-4}$$

利率走廊 ISCM 模型如图 7－1 所示。

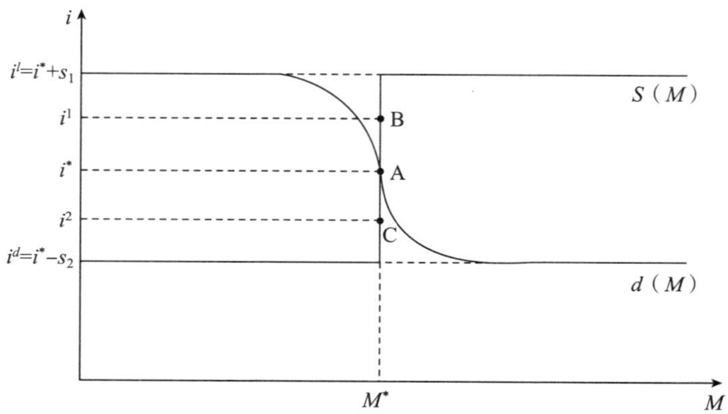

图 7－1　利率走廊 ISCM 模型

资料来源：参考贾德奎和胡海鸥（2004）和方先明（2015），部分修正。

在图 7－1 中，M 表示货币市场资金存量，$D(M)$表示商业银行的资金需求曲线，$S(M)$表示中央银行的资金供给曲线，二者交点 $A(i^*$ 和 $M^*)$表示货币走廊模型下的均衡状态，M^* 为货币市场的平衡资金存量，i^* 表示货币市场的平衡利率，也即政策目标利率。

利率走廊模型 *ISCM* 的方程式(7－3)和式(7－4)和模型示意图 7－1 能够将央行的货币政策如何依据政策目标和市场环境影响甚至控制基准利率的途径清晰地表达出来。在典型的假设条件 1 之下，商业银行的法定准备金不需要，这种情况下央行的存贷款便利机制构成了央行向商业银行回收和放出流动性的政策性工具，同时规定商业银行在每个交易日结束保持存贷款账户的平衡。在假设 2 的条件下，i^* 处于贷款便利利率i^l和i^d中间。央行在利率走廊模型中扮演资金供给方，在商业银行的资金需求上升时，以利率走廊的上限i^l向其提供资金，注入流动性，当商业银行的资金盈余时，依据账户平衡的规定必需存入央行，央行吸入的这部分资金的利率为i^d，资金需求曲线的$D(M)$的两端平坦中间陡峭的走势表明，中间陡峭说明资金市场均衡点i^*附近的商业银行对拆借利率（基准利率或与基准利率高度关联的其他货币市场利率）的高度敏感性，两端平坦说明在靠近i^l或i^d的区域，任何一点微小的利率波动都会引起资金需求的急剧下降或急剧上升。这种动态的供求变化趋势表达了“利益诱导”的经济含义：商业银行作为独立的追求利润最大化的经济实体，在内部风险管理均衡机制条件下会使银行间拆借利率围绕着i^*上限波动，例如，当存在实际交易的B点利率i^1高于i^*时，商业银行更愿意将盈余资金在银行间市场拆出而不愿意将其存入央行账户，而提高了市场流动性，同时对于有资金缺口的商业银行而言，由于中央银行的贷款便利利率i^l与市场拆借利率的利差缩小（$i^l - i^1 < i^l - i^*$），所以该资金缺口银行向央行抵押贷款意愿将会增加，从而减少了拆借市场的资金需求，这样，拆借市场的交易利率就会趋向于平衡点$A(i^*, M^*)$。

从央行的货币政策而言，此处的利率走廊模型 ISCM 还可以表达利率走廊的理想状态，即“告示效应”的政策含义，理想状态下，央行不需要向商业银行贷出或存入准备金，仅仅凭借预期管理就可以实现政策利率目标（Woodford，2001）。

三、三种市场的利率传导体系框架模型

基于 Boivin 等（2010）的分析架构和研究成果，本书第六章的图 6－5“价格型货币政策框架传导机制模型”表达了成熟金融市场下的价格型货币政策的传导机制和逻辑过程，这种完整而清晰的利率传导过程体现了三种市场（货币市场、债券市场、信贷市场）和三种期限的利率结构，同时也清晰表明了基准利率的形成和发生作用，是建立在金融市场三种利率结构之间存在紧密的联动关系和内在联系（通过三种市场上不同的套利机制实现）的基础之上的。同时，Gopalan 和 Rajan（2015）亦指出，新兴市场国家由于在债券市场上缺少短端和终端的债券，使得债券市场的期限结构不完善，这一点在我国的金融市场结构上体现得非常明显，因此在货币市场的基准利率影响信贷市场利率的过程中缺少了债券市场的过渡。为了未来完善我国的国债收益率曲线财政部等部门正在逐步开发相应的国债期限品种，因此实现图 6－5 的价格型货币政策框架传导机制的逻辑关系

是可以实现的。因此，在这个基础上建立三种市场利率传导的逻辑关系模型是必需的，也为将来我国完成价格型货币政策框架的目标指明了方向。在模型构建上，一般而言可以考虑两种建模方法：静态的 OLS 固定参数模型和动态的时变参数模型（Time – Varying Parameter Model），OLS 的固定参数模型所得到的结果是基于观测期内的因变量和自变量平均值之间的关系，无法表达二者之间的动态关系，而时变参数模型则能较好地弥补这个缺陷，时变参数模型为了表达动态关系由测量方程和状态方程组成。Conway 等（2010）曾经用过这种方法对我国银行间债券质押式回购利率（Repor）与对货币市场的央票利率（二级）的传导作用进行了研究，可以据此参照，并同时结合本书图 6 – 5 所构建的价格型货币政策框架传导机制模型（借鉴 Boivin 等 2010 年研究成果的分析逻辑）构建三种市场利率传导的逻辑关系模型。

三种市场的数学表达符号分别为：货币市场利率——MMR（Money Market Rate）、债券市场——BMR（Bond Market Rate）、信贷市场——CMR（Credit Market Rate）。本书的价格型货币政策框架传导机制模型告诉我们以下逻辑关系：

- 第一层次：$MMR^{S} \rightarrow BMR^{S}$。短期货币市场利率传导至债券市场的短期债券利率），建立相应的模型：SSMBM
- 第二层次：$BMR^{S} \rightarrow BMR^{L}$。短期债券利率在债券市场上通过跨期套利机制影响中长期债券市场利率，建立相应的模型：SLBBM
- 第三层次：$BMR^{L} \rightarrow CMR^{L}$。债券市场与信贷市场之间的跨市场套利机制使中长期债券市场利率对信贷市场长期利率形成联动作用，建立相应的模型：LLBCM

据此建立相应的以下三个层次传导模型：SSMBM→SLBBM→LLBCM。

在时变参数模型函数式（7 – 5）到式（7 – 10）中（见表 7 – 3），需要选取货币、债券和信贷三个市场上各自不同期限的产品及数据。

另外，就第二层次模型 SLBBM 而言，是发生在债券市场上的跨期套利的模型，是为了研究价格型货币政策的利率传导机制的问题，其目标也是为了实现更加有效的执行货币政策使之最终服务于实体经济。但同时资本市场的跨期套利一直是金融工程研究中的衍生工具设计的核心，许多衍生工具设计逻辑中的跨期套利模型要远远比本书设计的本模型复杂，相比而言本模型难免简单，虽然二者的研究对象一致，但由于所追求的目标不同，只需要关注其中的传导因素就可以，而不是如衍生工具设计过程中寻找市场细节的矛盾。同时，做进一步研究的实证在数据处理上第二层次模型 SLBBM 由于涉及跨期，需要扣除通货膨胀的因素，其他两个层次的模型涉及跨市场利率之间的关系，需要匹配不同的利率期限，无需考虑通货膨胀的因素。

表 7－3 货币市场、债券市场和信贷市场的利率传导模型

1. 第一层次模型：*SSMBM*

(1)测量方程：$\Delta BMR_t^S = \Delta MMR_t^S \beta_t^1 + \varepsilon_t$ (7－5)

(2)状态方程：$\beta_t^1 = \varphi \beta_{t-1}^1 + \eta_t$ (7－6)

2. 第二层次模型：*SLBBM*

(1)测量方程：$\Delta BMR_t^L = \Delta BMR_t^S \beta_t^2 + \varepsilon_t$ (7－7)

(2)状态方程：$\beta_t^2 = \varphi \beta_{t-1}^2 + \eta_t$ (7－8)

3. 第三层次模型：*LLBCM*

(1)测量方程：$\Delta CMR_t^L = \Delta BMR_t^L \beta_t^3 + \varepsilon_t$ (7－9)

(2)状态方程：$\beta_t^3 = \varphi \beta_{t-1}^3 + \eta_t$ (7－10)

■ Δ 表示各变量的变动；

■ β_t^1、β_t^2、β_t^3 是第一层次、第二层次和第三层次模型的随机系数变量，是一种状态向量，用来度量该层次模型中的自变量对因变量变化的响应程度，也就是时变参数，$\beta_t > 0$，该值越大说明这种相应程度越高，传导效应就越强，同时 β_t 变动服从于一阶自回归模型是其假定条件

■ ε_t，η_t 分别为三个层次的测量方程和状态方程扰动项，两者相互独立，并且服从均值为 0，方差为 σ^2 和协方差矩阵为 R 的正态分布，即：

$$(\varepsilon_t, \eta_t) \sim N\left(\begin{matrix}0\\0\end{matrix}\right), \left(\begin{matrix}\sigma^2 & 0\\0 & R\end{matrix}\right)$$

■ $t = 1, 2, \cdots, T$

资料来源：借鉴 Boivin 等（2010）三个市场传导机制而设计完成。

第四节 我国货币政策环境的优化：配套改革

我国的货币政策框架能够转型成功需要基础环境的不断完善和发展，只有这种基础环境的不断夯实才能使我国的货币政策环境不断优化。我国货币政策环境

优化的配套改革也可以成为本书的政策建议部分，可以从两方面进行分析与说明，一方面，如本书第四章所述，价格型货币政策框架能够在我国有效实施和正确地发挥宏观调控作用，需要《2014 年第一季度货币政策执行报告》所列明的完善的金融市场、利率敏感的微观主体和充分弹性的汇率机制三个必要条件，这三个条件随着利率市场化改革的推进得到了一定程度的改善，为货币政策框架的转型创造了一定的现实条件，但与发达国家相比差距尚大；另一方面，需要从货币政策的执行当局——央行自身的改革展开分析。

一、金融市场体系的改革

第一，金融市场体系的改革首先应该从债券市场的完善进行。除了第四章提到的社会融资结构中直接融资的规模逐年上升说明了债券市场的重要性得到提升，但也存在第六章提到的债券市场由于期限品种的不完善，使完整的国债收益率曲线无法构建和无法使利率在三个市场中顺利传导等方面的不足，在本书其他地方也分散地提到诸如企业债市场相对国债市场规模较小、市场流动性差、不同的债券市场由于监管主体不同造成的分裂等。这些债券市场方面的问题都需要进一步解决和完善，包括推进股票发行注册制的改革、发展多层次的资本市场、加大发展金融市场的资产证券化的力度等。

第二，要从完善金融机构的内在激励方面和外在约束方面提高银行业的竞争程度。完善金融机构内在激励机制要从完善其产权关系和产权约束，并优化金融机构的公司治理，外在约束机制要通过市场竞争和市场纪律打破金融垄断，放宽市场准入，进而打破隐性担保和刚性兑付，能够使金融机构在市场竞争中优胜劣汰。我国银行主要由国有五大行、股份制商业银行、城市商业银行和农村商业银行（含农村信用合作社）等组成，产权结构上是以国资为主的，这也是由我国社会主义国家属性所决定的，由于金融的重要性要保证主要金融机构国有资本的控制权，但同时也要从正确解决政府与市场的关系的角度出发，处理好银行的公司治理问题，要从运用利率的价格机制更加有效和科学地配置资本市场资源的视角来分析和解决这个问题。当前我国银行业主要的问题是国有银行的独立性不足、银政不分的问题进而导致国有银行间的竞争不充分（郭豫媚、陈彦斌，2015），解决这方面的问题从内在激励和外在约束上，一方面在保证能有效控制金融的系统性风险的基础上有限度、有步骤、分区域地引入民营资本和设立民营银行；另一方面增强国有银行和主要股份制银行的经营独立性、优化其治理结构和人事管理制度来改变银企不分的不足和缺陷。另外，从更微观的视角来看，随着存贷款利率的上下线放开之后，商业银行的揽储业务已经不再成为其主营业务，经营模式需要从“规模即效益”转到“以利润为中心”上来，盈利模式要从利差转向全面的资产负债管理，这些客观环境的改变也要求商业银行自身要主动改革。

二、摒除预算软约束的国有企业改革和解决地方债务问题

从国有企业改革和我国地方债务问题入手分析当前我国存在的预算软约束和刚性兑付的问题，主要还是要进一步增强对利率的敏感性，当前货币市场、信贷市场上广泛存在的“委托贷款”“影子银行”等问题主要的问题来源还是国有企业和地方投融资平台的预算软约束的问题，利率市场化的改革进程中如果这些问题依然存在，这种资金“黑洞”效应会扩大，而且在经济形势下行、货币政策宽松的局面下这种资金“黑洞”效应会进一步削弱利率在金融市场上的资源配置效用，重蹈“四万亿”刺激的覆辙。因此，摒除预算软约束来解决国企和地方投融资平台对利率的不敏感性的问题，一是要踩着党中央国务院关于混合所有制改革的步点来夯实货币政策利率传导的微观基础，二是要积极推进地方政府的财税制度改革，在国务院于2014年10月8日颁布的《关于深化预算管理制度改革的决定》的基础上积极推进预决算的公开制度，来规范地方政府的融资活动以优化其金融市场的资源配置功能。

三、“三元悖论”下的汇率市场化改革和资本账户开放

货币政策框架能够成功转型，汇率的自由浮动和资本项目的放开是转型的必要条件之一，这一点在日韩两国的转型经验中已经得到证实，蒙代尔“三元悖论”下的固定汇率、货币政策的独立性和资本的自由流动三个方面只能同时兼顾两个方面，央行的独立性和资本的自由流动都是未来我国金融体制改革的方向，放弃固定汇率制就成为其必然选项，但同时我国又是事实上执行汇率锚的国家，固定汇率制度就成为我国货币政策框架是否能够转型成功的一个障碍。具体而言，应该探索我国人民币汇率的形成机制，适度扩大人民币汇率的浮动区间，这种探索应该坚持主动、可控和渐进的原则进行来增强人民币的双向浮动的弹性空间，逐步退出外汇市场的政府干预，使我国的货币政策的目标能专注于物价稳定。同时资本账户的开放，在人民币国际化趋势、“一带一路”倡议和“走出

去”国家战略下也是要实现的阶段性目标和保障，具体而言，应该吸取 1997 年亚洲金融危机的经验教训，采取循序渐进的方式分两步走：第一，可以首先考虑扩大境内合格投资者（QDII）和境外合格投资者（QFII）的主体资格来吸引外资增加投资额度；第二，可以逐步推进境内合格的个人投资者（QDII2）和非居民的个人境外投资专户制度（QFII2），这样可以有序提高跨境资本有序流动的双向开放程度。

四、中央银行的自身基础设施和制度建设

加强中央银行的自身基础设施建设和制度建设，应该从三方面进行：

第一，加强我国中国人民银行作为央行独立执行货币政策的地位。从本书对央行执行货币政策的独立性的辩证性分析来看，货币内生理论下的央行独立性是“一种相对独立的执行货币政策的央行，而非绝对独立”，这种“相对独立执行货币政策的央行”观点之下，我们应该解决本应该由财政政策所承担宏观调控的职责却由央行以特殊的货币政策工具来代替的问题，即“结构性”和“债务性”定向货币政策投放工具，在本章第二节中已做了具体分析。就这个问题而言，更高层面上也要通过财政政策的改革来促进这一问题的解决，同时，降低政府与市场微观主体对央行所执行的货币政策在“调结构”上的期望值也是必要手段。

第二，上文中关于利率走廊模型建设中的“利益诱导”和“告示效应”两种政策机制需要央行两项基础性工作，一是“利益诱导”之下的规则“账户平衡”需要大额实时电子交易系统的基础设施建设做基础，这也是所有能够有效实施利率走廊国家的经验；二是需要央行加强预期管理机制建设和完善，并加强与市场的沟通，以充分保障货币政策的信誉度和透明度，如果说本章第二节中关于预期管理的内容是对现有数量型货币政策框架的修补，这里的预期管理是作为一种长效机制来对待的。这些也成为我国货币政策框架转型过程中央行必要工作内容。

第三，央行还需要就货币政策框架的转型有清晰的规划和决策机制，并且需要就转型过程中货币政策框架的内部要素出现问题时能够有清晰预案及防范机制，包括对我国央行的货币政策执行委员会的决策机制建设等，这也是对央行作为货币当局的能力上的要求。

第八章

结论、不足与未来的研究空间

本书所要达到的两个目标如下：一是构建我国从货币理论到货币政策理论再到货币政策框架及实施的研究范式；二是要建立符合我国宏观经济环境的内生性货币政策框架和模型。为了实现这两个目标本书从两个维度展开了分析逻辑：第一，货币供给的内生属性及与之相关的理论体系；第二，我国的货币政策框架及内部要素中，利率成为这两个维度之间建立逻辑关联的核心要素，并且，这两个维度基于理论与实际相结合的原则在本书中构建为一个整体。

第一节 总结与结论

一、货币政策框架发展逻辑及转型内涵分析

通过对主要发达国家和我国的货币政策框架的转型实践过程的分析，以及进一步归纳总结我国货币政策框架的转型内涵和特征，可以总结其发展规律。

第一，西方国家的货币政策框架转型的实践与货币理论的发展相辅相成、相互促进。西方发达国家的货币政策框架转型按照利率市场改革前、改革中和改革后分成了三个阶段，在这个过程中，可以清晰地看出货币理论指导下的货币政策的具体实践的不同。凯恩斯主义、货币主义和泰勒规则下的货币政策理论均在这些实践过程中得到了发展并且指导了这些转型实践。

第二，货币政策框架从数量型向价格型的转型需要四个必要条件：①以利率

市场化为核心的金融自由化改革；②独立执行货币政策的央行；③“三元悖论”下的汇率自由兑换；④以债券市场为核心的高度发展的直接融资市场。其中，对“独立执行货币政策的央行”就其独立性进行了辩证的分析，总结出了货币内生理论下的央行独立性是“一种相对独立的执行货币政策的央行，而非绝对独立”的观点。

第三，货币政策框架的发展规律可以总结为信贷规模控制、盯住货币总量和基准利率调控等市场化机制由浅入深三个不同阶段。

第四，可以从直接调控与间接调控、数量型与价格型操作方式的两种逻辑关系上构建货币政策框架的二维模型，并且，间接调控的价格型货币政策框架是这种模型体系下的最优模式。

第五，转型期内由于货币政策的“双失效”（数量型货币政策框架的逐步实效和价格型货币政策框架有效性尚未建立）局面，需要有特殊的操作工具和应对方案，但应该对这些具有创新性的工具和方案进行评估，一是为了保持转型期内的经济发展的稳定，二是为将来实施价格型货币政策奠定良好的实验基础。

二、货币内生理论对价格型货币政策框架的支持

第一，内生货币理论的发展历程。沿着货币供应外生理论和货币供应内生理论的发展，可以清晰地划分出相应的流派和主要的学术主张。就货币供应的内生理论而言，可以从穆勒、亚当·斯密作为其思想起源，早期以桑顿和图克为代表的银行学派主张货币供给的内生决定观点，马克思以劳动价值论为内核的马克思货币本质观为基础科学地论证了货币供给的内生属性，现代经济学上有熊彼特、英国拉德克利夫委员会、格利和肖等局部性地提出了货币供应的内生观点，真正形成货币内生理论的由后凯恩斯主义学者发展起来。

第二，凯恩斯主义货币理论体系中货币内生思想的发展逻辑。首先，从凯恩斯到后凯恩斯主义的内生货币思想，即贷款决定存款的逻辑一直存在，突出表现在凯恩斯的《货币论》和《通论》中的“循环资金理论”；其次，后凯恩斯的“适应性”观点和“结构性”观点逐步融合。

第三，马克思货币理论的内生思想给我们的启示。通过将马克思货币理论与货币外生思想和理论以及（后）凯恩斯主义货币理论的比较，我们可以进行评价性总结：货币主义学派仅仅从货币现象出发，从传统的新古典经济学的货币与实物两分法入手无法深入货币的本质属性而处于货币理论认知的底层；凯恩斯及

后凯恩斯主义学者沿着货币内生思想和观点（贷款决定存款）建立了完整的内生性货币理论，而且凯恩斯本人也试图突破货币与实物两分法的束缚，但由于缺少对货币本质性的认识，无法从价值规律本身找到真正的货币内生属性，因此（后）凯恩斯主义学者处于货币理论认知的中间层；完全突破的是以劳动价值论为核心的具有内生思想的马克思货币理论体系，处于货币理论认知的最高层。

第四，要打破货币内生与外生的论证迷局。如果单纯从贷款与存款的因果关系上进行论证货币供给的内生性还是外生性可能会陷入长久的类似于“先有鸡还是先有蛋”式迷局。为了打破这种迷局，需要建立一套完整的思维体系，这种完整的思维体系是以马克思货币本质观为基础的、借鉴并融合后凯恩斯主义学者对货币的理解，同时亦辩证地将货币主义对货币外生的解释融入进来，做到新的经济发展状况之下将马克思货币理论、后凯恩斯主义货币理论和货币主义理论进行有效统一与融合。

第五，要突破价格型货币政策和数量型货币政策在关系机理上是互不兼容的传统观念。这也是本书的基本观点。立足于对内生性货币理论的科学性认识，货币供应内生和利率外生是价格型货币政策框架的基本立足点，同时也应该成为我国央行确定货币政策的理论指导和基本思路。在这种基本思路之下需要进一步找到适合我国经济现状的更具操作性的价格型货币政策框架，可以借鉴欧洲央行结合自身经济社会特点将 M_3 货币供应量增长率作为其价格型货币政策框架的有效补充。具体而言，可以从本书中的价格型货币政策框架的中介目标“存在非必需”的总结性观点得到体现：成熟的金融市场机制条件下，价格型货币政策框架依托于完善的利率市场机制，使得中介目标的存在不再成为必需，货币供应量由于信贷渠道已经不是多元化金融市场体系下的主要传导渠道，货币供应量已经不能准确衡量宏观经济的整体情况，已经不能满足作为中介目标的三个前提条件（可预测性、可控性和关联性）了；即使选择价格型货币政策框架的中介目标也是基于现实经济环境的复杂性而对操作目标和最终目标之间传导过程的补充。实践操作中，基于可预测性、可控性和关联性三个前提条件以及现实经济条件的复杂性，借鉴类似于货币政策框架转型期内韩国的 MCT（M_2 + CDs + 货币信托）和德国及欧盟将 M_3 作为中介目标的做法（弥补了多元化金融市场体系下的信贷渠道传导的缺陷），对数量型货币政策框架体系中作为中介目标的广义货币供应量 M_2 进行外延扩充。也就是将本书第七章中近期需要实现的目标内容“现有数量型货币政策目标的优化”进行相应的取舍，进一步补充和完善我国复杂而庞大的宏观经济环境之下的价格型货币政策框架。

第六，通过货币内生理论分析我国实体经济与金融经济脱节的现象。我国的实体经济与金融经济相脱节的现象，其背后的最根本原因就在于货币供应背离了商品交换的实际所需的货币需求，不符合货币供应的内生性理论，未能解决货币内生性的问题（基础货币供应量和信用创造问题），最终导致了金融经济没有支持我国实体经济的后果。

三、从货币内生性理论到价格型货币政策的机理

第一，从货币内生理论到货币政策的完整思维体系下正确理解利率外生性与内生性的辩证关系。要正确地理解利率的外生性与内生性的辩证关系，就央行而言，利率是可以外生控制的，但同时也存在由体现市场竞争关系的内生性市场利率，央行对利率的外生控制现在看来主要体现在政策性利率目标（体现在货币政策工具和市场预期）和对货币市场上的基准利率和基准收益率曲线的控制与影响，但同时货币市场上的基准利率和基准收益率由银行同业拆解或回购的竞争行为产生，体现了利率的内生性属性。

第二，对基准利率的选择分析和实证检验。结合基准利率的五个特征（市场性、预测性、基础性、波动性和测控性）对 Shibor 的基准性进行实证检验，发现随着时间的发展 Shibor 被作为基准利率被培育的效果明显，但依然有两个问题需要解决：首先从短期 Shibor 向中长期 Shibor 的传导存在不畅的问题，在构建合理的一年期 Shibor 收益率曲线上存在一定的困难；其次需要解决好 Shibor 与 Repor 在基准利率角色扮演上的竞争问题，因为一定程度上短期 Repor 对 Shibor 的因果关系较之 Shibor 对 Repor 的因果关系更为显著。

第三，对价格型货币政策的利率传导渠道和机制的分析。首先建立了价格型货币政策框架的传导机制模型，在这个基础模型之上形成利率的传导逻辑："价格型货币政策框架传导机制及模型"反映了利率传导渠道的逻辑关系：央行政策目标利率→基准利率→短期货币市场利率（形成以银行间拆借利率为代表的批发市场利率）→债券市场利率→信贷市场利率，总体而言是利率"批发价"决定利率"零售价"。然后就基准利率的培养（Shibor）和基准收益率曲线（国债收益率曲线）的构建、货币政策工具的影响机制和货币（利率走廊的建立）、债券及信贷三个市场的利率传导（债券市场发展滞后造成了目前利率传导的不通畅）三方面进行分析与说明。

四、我国货币政策框架的转型路径

第一，对数量型货币政策框架的修补。需要就现有的数量型货币政策的最终目标和中介目标进行优化，尤其是需要将当前 M_2 的中介目标扩展为社会融资规模，以解决当前中介目标失效的问题。还要通过预期管理的方式解决当前货币政策的“双失效”的问题，同时，对于转型期内的“结构性”和“债务性”特殊货币政策工具要进行完善及取舍，对这些创新性的工具和方案进行评估，可以运用具体的 DSGE 模型分析其效果和作用。同时，这些近期需要实现的目标可以对我国将来的价格型货币政策框架进行有效补充和完善。

第二，落实价格型货币政策框架转型的基点。这部分的内容是本书稿的重点内容之一。①首先坚持以马克思货币本质观为基础的内生货币理论的指导；②从央行培育基准利率的视角下出发，借鉴相关理论模型，结合本书的货币政策框架的转型的内外部环境的分析，开发 Shibor 作为基准利率的定价模型：短端 Shibor 定价模型（SSPM*）、长端 Shibor 定价模型（LSPM*）；③按照央行如何通过货币政策工具来影响基准利率的思路，构建了利率走廊模型：ISCM；④依据成熟金融市场下的价格型货币政策的传导机制和逻辑过程，系统地建立了三个市场的利率传导体系框架模型：SSMBM→SLBBM→LLBCM。

- SSMBM（短期货币市场利率传导至债券市场的短期债券利率）
- SLBBM（短期债券利率在债券市场上通过跨期套利机制影响中长期债券市场利率）
- LLBCM（债券市场与信贷市场之间的跨市场套利机制使中长期债券市场利率对信贷市场长期利率形成联动作用）

第三，加强我国货币政策的配套改革。货币政策的配套改革是一项长期的基础性工作，需要从金融市场体系改革、摒除预算软约束的国企改革和解决地方债务问题、汇率市场改革和资本账户开放以及中央银行的自身建设四个方面来展开。

第二节　不足与有待进一步研究的问题

为了实现构建我国从货币理论到货币政策理论再到货币政策框架及实施的研

究范式的目标，本书的结构体系分为货币政策框架的发展现状分析、货币政策框架转型的内涵和特征总结、内生货币理论、内生货币政策框架的内部逻辑和我国货币政策框架的转型路径等内容，需要梳理相关的理论文献、货币政策、数据以及宏观经济发展的资料，所带来的后果很可能是枝杈太多并会影响到本书的系统性，这是本书整体上可能会面临的不足。另外，较为庞杂的论证体系也难免会带来知识点的认知不足甚至结论上的错误，现在看来能够预期的不足之处以及需要进一步研究和探讨的问题大概有以下几点：

第一，对于货币政策的研究而言，其研究的起点是确定的，即货币的本源是什么，这也是政治经济学的分析方法和研究原则所要求的，对一问题的研究需要追根溯源，从本质上解决问题，但其研究的终点是没有的。就本书而言，集中体现在对一些所构建的货币政策模型的验证上，建立了货币政策框架转型的二维模型、价格型货币政策框架传导机制模型、Shibor 定价模型、利率走廊模型、三个市场的利率传导体系框架模型等，前两种需要进一步明确参数构建方程式，后三种需要进一步通过数据进行实证检验，虽然从一定程度上来讲属于金融工程学研究领域的内容，但本书在此方面的缺失可能在某些方面需要进一步完善，例如，深入研究“利率走廊”调控机制的有效性，需要通过构建动态随机一般均衡模型（DSGE）和计量模型，但同时这种不足也为另一方面进一步的研究提供了空间。

第二，我国的货币政策框架转型期内的货币政策变动较大，尤其是本书所引用的《金融发展与改革“十二五”规划》的一些政策观点，可能会在已经出台的《金融发展与改革“十三五”规划》[①] 做出一些改变。针对我国价格型货币政策改革方面的总结以及未来的规划性建议将被提出来，可能对本书的一些定性结论产生影响。

第三，本书虽然就汇率问题在货币政策框架中就汇率与利率的联动机制进行了分析，但没有专门就开放经济条件下以汇率机制为主要的传导渠道问题进行研究，主要原因一是受篇幅所限，二是本书的主要研究领域为货币政策框架的转型，从以货币数量为主要传导渠道的数量型向以利率为主要传导渠道的价格型货币政策框架转型，汇率因素及其传导机制和作用被作为货币政策框架转型过程中的配套因素进行分析。这种未深入分析和研究的结果可能会对本书的结论形成一

① 从实际了解的情况来看，《金融发展与改革“十三五”规划》已经颁布，但未向社会公开。

定的影响。

第四，部分实证内容需要进一步完善，例如，当前我国货币政策的实施过程中出现了实体经济与金融经济脱节的现象，根本原因在于未能解决我国的货币内生性的问题，通过内生性货币理论可以分析出是我国的基础货币供应量和信用创造方面出现了问题。就此而言，为了更加严谨和科学，应该就基础货币供应和信用创造两方面的数据进行实证检验，但由于信用创造方面的数据需要从广大的商业银行获取此部分数据，而且这部分数据是商业银行的保密性数据较难获得，因此该部分的实证检验也未开展。

第五，各期限的 Shibor 的进一步深化研究，应当从 2007 年正式上线运行按照一定的合理性时间区间进行比较研究，例如，本书提到的截至 2008 年的隔夜 Shibor 品种是不平稳的时间序列，但时间跨度放大至 2011 年底得出的结论为平稳的时间序列、到 2015 年的平稳性检验的结果更好，这说明，对各期限的 Shibor 的按照时间区间进行相关的实证检验和分析很有必要，从中可以看出 Shibor 作为基准利率被培育的效果以及需要进一步改善的空间，这也构成了本书在就 Shibor 是否可以被选择作为我国价格型货币政策框架的基准利率进行培育的初步分析和实证之后应当更加深入研究的领域，当然这也是本书在 Shibor 的“基准”性研究方面的不足。

参考文献

［1］ Alina Carare, Mark R. Stone. Inflation Targeting Regimes ［J］. European Economic Review, 2006 (50): 1297 – 1315.

［2］ Barro R. J.. Institutions and Growth, An Introductory Essay ［J］. Journal of Economic Growth, 1996 (2): 145 – 148.

［3］ Benjamin M. Friedman, Kenneth N. Kuttner, Money, Income, Prices, and Interest Rates ［J］. The American Economic Review, 1992, 82 (3): 472 – 492.

［4］ Bernanke B. S. Nonmonetary Effects of the Financial Crisis in the Propagation of the Great Depression ［J］. American Economic Review, 1983 (73): 257 – 276.

［5］ Bernanke B. S., Blinder A. The Federal Funds Rate and the Channels of Monetary Transmission ［J］. American Economic Review, 1992: 901 – 921.

［6］ Bernanke B. S., Frederic S Mishkin. Inflation Targeting: A New Framework for Monetary Policy? ［J］. Journal of Econometrics, 1997.

［7］ Bernanke Gertler, M. Inside the black box: The credit channel of monetary policy transmission ［J］. The Journal of Economic Perspectives, 1995, 9 (4): 27 – 48.

［8］ Bernanke S. B., Ilian M. Measuring Monetary Policy ［J］. The Quarterly Journal of Economics, 1998, 113 (3): 403 – 420.

［9］ Bernanke B. S., Kuttner K. N. What explains the stock market's reaction to Federal Reserve Policy? ［J］. The Journal of Finance, 2005, 60 (3): 1221 – 1257.

［10］ Bernanke B. S, Mihov I. Measuring Monetary Policy ［J］. Quarterly Journal of Economics, 1998, 113 (3): 869 – 902.

［11］ Boivin J., Kiley M. T., Mishkin F S. Chapter 8 – How Has the Monetary

Transmission Mechanism Evolved Over Time? [J]. Social Science Electronic Publishing, 2010 (3): 369-422.

[12] Clinton K. Implementation of monetary policy in a regime with zero reserve requirements [R]. Bank of Canada Working Paper, 1997 (8).

[13] Conway P., Herd R., Chalaux T. Reforming China's Monetary Policy Framework to Meet Domestic Objectives [R]. OECD Economics Department Working Papers, 2010 (1). https://www.researchgate.net/publication/254439466.

[14] Fontana G. and Venturino Ezio. Endogenous Money: An Analytical Approach [J]. Scottish Journal of Political Economy 2003, 50 (4).

[15] Foster G. P. The Endogeneity of Money and Keyneś General Theory [J]. Journal of Economic Issues (Association for Evolutionary Economi, 1986, 20 (4): 953-968.

[16] Friedman, B. Capital, Credit and Money Markets [A]. 1987.

[17] Friedman B., Kuttner K. Money, Income, Prices, and Interest Rates [J]. The American Economic Review, 1992, 82 (3): 472-492.

[18] Friedman M., Schwartz A. J. A Monetary History of the United States, 1867-1960 [M]. Princeton University Press, 1971.

[19] Fry M., Deanne Julius, Lavan Mahadeva, Sandra Roger Gabriel Sterne. Key Issues in the Choice of Monetary Policy Framework [A]. London: Routledge, 2002.

[20] Gertler, M. P. Karadi. QE 1 vs. 2 vs. 3 …: A Framework for Analyzing Large-Scale Asset Purchases as a Monetary Policy Tool [J]. International Journal of Central Banking, 2013, 9 (1): 5-53.

[21] Goldfeld, Steven M. The Demand for Money Revisited [J]. Brookings Papers on Economic Activity, 1973.

[22] Gopalan, S., R. S. Rajan. Does Foreign Bank Entry Affect Monetary Policy Effectiveness? Exploring the Interest Rate Pass-Through Channel [J]. Hkust Iems Working Paper, 2015 (6).

[23] Gurley, J., E. Shaw, Money in a theory of finance [M]. Brookings Institution, Washington, D. C., 1960.

[24] Guthrie G., Wright J. Open mouth operations [J]. Journal of Monetary Economics, 2000, 46 (2): 489-516.

[25] Hannsgen, Three Essays on Endogenous Money [A] . A Dissertation, Graduate School of the University of Norte Dame, 2003.

[26] Itoh, M. Value and Crisis [M] . London: Monthly Review Press, 1980.

[27] Kaldor, N. The New Monetarism [J] . Lloyds Bank Review, 1970.

[28] Kaldor, N. The Scourge of Monetarism [M] . Oxford: Oxford University Press, 1982.

[29] Keynes, J. Mr Keynes "Finance" [J] . Economic Journal, 1938, 48.

[30] Keynes, J. The Collected Writings of John Maynard Keynes [M] . Vol. IV – VI, Vol. XI, Macmillan Press, 1971.

[31] Koo R. The Holy Grail of Macroeconomics: Lessons from Japan's Great Recession [J] . Foreign Affairs, 2008 (5): 167.

[32] Lavioe M. Credit and Money: The Dynamic Circuit, Overdraft Economics, and Post Keynesian Economics [M] . Money and Macro Policy, 1985.

[33] Lucas, R. E. Jr. Two Illustrations of the Quantity Theory of Money [J] . The American Economic Review, 1980, 70 (5): 1005 – 1014.

[34] Ma Y. , Li S. Bayesian estimation of China's monetary policy transparency: A New Keynesian approach [J] . Economic Modelling, 2015, 45 (0): 236 – 248.

[35] McCallum B T. Robustness properties of a rule for monetary policy [J] . Carnegie – Rochester Conference on Public Policy, 1988: 173 – 204.

[36] McCandless, George T. , Jr. Weber, Warren E. Some Monetary Facts [J] . Federal Reserve Bank of Minneapolis Quarterly Review, 1995, 19 (3): 2 – 11.

[37] Mollo, ML. R. The Endogeneity of Money: Post – Keynesian and Marxian Concepts Compared, Research in Political Economy, 1999, 17.

[38] Moore, B. J. Horizontalists and Verticalists. The Macroeconomics of Credit Money, 1988.

[39] Moore, B. J. The Endogenous Money Supply [J] . Journal of Post Keynesian Economics, 1988 (3) .

[40] Moore, B. J. The Endogeneinty of Credit Money [J] . Review of International Political Economy, 1989.

[41] Sargent T. , Wallace, N. "Rational" Expectations, the Optimal Monetary Instrument, and the Optimal Money Supply Rule [J] . Journal of Political Economy,

1975, 83 (2): 241 -254.

[42] Papademos L. , Modigliani F. Chapter 10 The Supply of Money and the Control of Nominal Income [J] . Handbook of Monetary Economics, 1990, 1 (5025): 399 -494.

[43] Paul Krugman. Balance Sheets, the Transfer Problem, and Financial Crises [J] . International Tax and Public Finance, 1999: 64 -75.

[44] Poole, W. Optimal Choice of Monetary Policy Instruments in a Simple Stochastic Macro Model [J] . Quarterly Journal of Economics, 1970, 84 (2): 197 -216.

[45] Robert Pollin. M Marxian and Post Keynesian Developments in the Sphere of Money, Credit and Finance: Building Alternative Perspectives in Monetary Macroeconomics [J] . Radical Political Economy: Explorations in alternative economic analysis, 1996: 205 -225.

[46] Sander H. , C. Kleimeier. Convergence in Euro - zone Retail Banking? What Interest Rate Pass - through Tells us about Monetary Policy Transmission, Competition and Integration [J] . Journal of International Money and Finance, 2004, 23 (3): 461 -492.

[47] Sargent T. , P. Surico. Two Illustrations of the Quantity Theory of Money. The American Economic Review, 2001, 101 (1): 1005 -1014.

[48] Stanners, W. Inflation and Growth [J] . Cambridge Journal of Economics, 1996, 20 (4): 509 -512.

[49] Strongin S. The Identification of Monetary Policy Disturbances Explaining the Liquidity Puzzle [J] . Journal of Monetary Economics, 1995, 35 (3): 463 -497.

[50] Taylor John B. What Would Nominal GNP Targeting Do to the Business Cycle? [J] . Carnegie - Rochester Series on Public Policy, 1985: 61 -84.

[51] Taylor John B. The Monetary Transmission Mechanism: An Empirical Framework [J] . Journal of Economic Perspectives, 1995 (4): 11 -26.

[52] Tobin, J. Money, Capital, and Other Stores of Value [J] . American Economic Review, 1961, 51: 26 -37.

[53] Tobin, J. Commercial Bank as Creators of "money" [A] . Journal of Money, Credit & Banking, 1969, 1: 15 -29.

[54] Tobin, J. A General Equilibrium Approach to Monetary Theory [J] . Journal of Money Credit & Banking, 1969, 1 (1): 15 –29.

[55] Tobin, J. Money, Capital, and Other Stores of Value – general Equilibrium Models of Monetary Economies – 3. General Equilibrium Models of Monetary Economies, 1989: 25 –37.

[56] Turnovsky S. J. Fiscal Policy, Adjustment Costs, and Endogenous Growth [J] . Oxford Economic Papers, 1996, 48 (3): 361 –381.

[57] Uno, K. Principles of Political Economy [M] . Brighton: Harveste, 1980.

[58] Walsh Carl E. Optimal Contracts for Independent Central Bankers [J] . American Economic Review, 1995: 150 –167.

[59] Walsh Carl E. Transparency in monetary policy [J] . FRBSF Economic Letter, 2001. https: //ideas. repec. org/a/fip/fedfel/y2001isep7n2001 –26. html.

[60] Whiteman, C. H. Lucas on the Quantity Theory: Hypothesis Testing without Theory [J] . American Economic Review, 1984: 742 –749.

[61] Woodford M. Monetary policy in the information economy [J] . Technology & the New Economy. National Bureau of Economic Research, Inc. , 2001: 375 –381.

[62] Wray L. R. Commercial Banks, The Central Bank, and Endogenous Money [J] . Journal of Post Keynesian Economics, 1992, 14 (3): 297 –310.

[63] Wray, R. Commercial Banks, the Central Bank and Endogenous Money [J] . Journal of Post – Keynesian Economics, 1992.

[64] 巴曙松，尚航飞．利率走廊调控模式的演进、实践及启示 [J] . 现代经济探讨，2015 (5): 5 –10.

[65] 比尔·卢卡雷利，周亚霆．马克思关于货币、信用和危机的理论 [J] . 国外理论动态，2011 (2): 32 –40.

[66] 财政部财政科学研究所课题组，贾康，王桂娟，张鹏等．目前中国政府债券市场存在的主要问题 [J] . 经济研究参考，2012 (19): 3 –21.

[67] 曹凤岐．利率市场化进程中基准利率在货币政策体系中的地位与构建 [J] . 中央财经大学学报，2014 (4): 26 –33.

[68] 曹龙骐，郑建明．我国利率政策有效性探讨 [J] . 金融研究，2000 (4): .

[69] 陈彦斌，陈小亮，陈伟泽．利率管制与总需求结构失衡 [J] . 经济研

究，2014（2）：18－31.

［70］陈彦斌，郭豫媚，陈伟泽.2008年金融危机后中国货币数量论失效研究［J］.经济研究，2015（4）：21－35.

［71］陈炳才.国债收益率曲线难当基准利率大任［N］.中国证券报，2014－08－04.

［72］陈昭.内生货币供给理论述评［J］.经济评论，2005（4）：68－81.

［73］戴国强，梁福涛.中国金融市场基准利率选择的经验分析［J］.世界经济，2006（4）：3－11，95.

［74］戴根有.完善中国货币政策操作的重要实践［J］.中国金融，2001（6）：10－11.

［75］戴建军.我国货币供应量与国内生产总值关系的实证研究［J］.财经理论与实践，2007（6）：34－38.

［76］杜金岷，郭红兵.基准利率和基准收益率曲线的内涵及关系探讨［J］.上海金融，2008（2）：43－47.

［77］杜金岷，郭红兵.我国货币政策对基准收益率曲线影响的实证研究［J］.理论月刊，2008（9）：5－11.

［78］董华平.中国货币政策信贷渠道传导效应研究——基于机构视角分析［M］.北京：经济管理出版社，2015.

［79］方福前.大改革视野下中国宏观调控体系的重构［J］.经济理论与经济管理，2014（5）：5－21.

［80］方福前，孙永君.宏观经济政策对我国产出—失业关系的影响分析［J］.教学与研究，2010（12）：20－27.

［81］方先明.价格型货币政策操作框架：利率走廊的条件、机制与实现［J］.经济理论与经济管理，2015（6）：43－51.

［82］方意，方明.中国货币市场基准利率的确立及其动态关系研究［J］.金融研究，2012（7）：84－97.

［83］高见.论通货膨胀目标制在中国的可行性［J］.经济科学，2006（5）：30－39.

［84］高铁梅，梁云芳.论中国增长型经济周期波动及适度增长区间［J］.经济学动态，2005（8）：37－43.

［85］高辉清.我国宏观经济调控目标调整的必要性与政策取向［J］.新金

融，2002（8）：2－5.

［86］郭红兵，钱毅．我国金融市场基准利率考察——基于构建完整的基准收益率曲线［J］．金融理论与实践，2008（3）：37－40.

［87］国家发改委经济研究所课题组，王元，杜飞轮．专题报告三：货币政策机制化相关问题研究［J］．经济研究参考，2014（7）：45－59.

［88］郭金龙．利率下调对我国宏观经济走势的影响：实证分析［J］．管理世界，2000（3）：150－160.

［89］郭田勇．资产价格、通货膨胀与中国货币政策体系的完善［J］．金融研究，2006（10）：23－35.

［90］郭向军．我国中央银行的宏观调控的几个问题［J］．管理世界，1994（4）：48－52.

［91］郭雄，李亚琼．我国的产出缺口与通货膨胀［J］．统计与决策，2006（2）：82－85.

［92］郭迎锋，沈尤佳．本轮危机前后德国国有化研究概况及实践评析［J］．管理学刊，2014（5）：36－48.

［93］郭豫媚，陈彦斌．利率市场化大背景下货币政策由数量型向价格型的转变［J］．人文杂志，2015（2）：49－53.

［94］何东，王红林．利率双轨制与中国货币政策实施［J］．金融研究，2011（12）：1－18.

［95］弗里德曼．货币数量论研究［M］．北京：中国社会科学出版社，2001.

［96］弗里德曼．论通货膨胀［M］．杨培新译．北京：中国社会科学出版社，1982.

［97］哈里斯（Harris L.）．货币理论（中文版）［M］．梁小民译．北京：中国金融出版社，1989.

［98］贺聪．利率市场化与货币政策框架转型［D］．浙江大学博士学位论文，2015.

［99］胡宗伟．外生与内生货币供给理论研究述评［J］．上海行政学院学报，2005（6）：98－104.

［100］黄达．中国金融百科全书［M］．北京：北京经济管理出版社，1990.

[101] 黄金老．利率市场化与商业银行风险控制［J］．经济研究，2001（1）：19－28.

[102] 黄启才．马克思内生货币思想与我国货币政策选择［J］．发展研究，2012（7）：89－91.

[103] 胡海鸥，季波，贾德奎．"利率走廊"调控与准备金制度功能的异化［J］．北京交通大学学报（社会科学版），2006（1）：55－58.

[104] 贾德奎，胡海鸥．利率走廊：我国利率调控模式的未来选择［J］．财经研究，2004（9）：56－65.

[105] 凯恩斯．货币论（上、下卷）［M］．北京：商务印书馆，1986.

[106] 凯恩斯．就业、利息和货币通论［M］．北京：商务印书馆，2005.

[107] 卡尔·E. 瓦什．货币理论与政策［M］．北京：中国人民大学出版社，2001.

[108] 康书隆，王志强．中国国债利率期限结构的风险特征及其内含信息研究［J］．世界经济，2010（7）：121－143.

[109] 匡家在．转轨条件下宏观调控的目标次序［J］．中央财经大学学报，2004（3）：37－41.

[110] 兰德尔·雷．货币的本质：后凯恩斯主义的观点［J］．政治经济学评论，2012（1）：169－184.

[111] 李建建．马克思利息理论的二重性与当代利率实践［J］．当代经济研究，2008（11）．

[112] 李连根．国际经济危机下我国宏观调控政策目标的选择：就业优先［J］．中南林业科技大学学报（社会科学版），2009（5）：103－106.

[113] 梁琪，张孝岩，过新伟．中国金融市场基准利率的培育——基于构建完整基准收益率曲线的实证分析［J］．金融研究，2010（9）：87－105.

[114] 梁骞，汪波，朱博文．中国货币政策传导机制研究［J］．天津大学学报（社会科学版），2015（5）：406－411.

[115] 梁晓辉，黄玖立．我国货币供给内生性的理论分析与实证检验［J］．华东经济管理，2003（1）：93－96.

[116] 林宝清．论我国货币政策理论框架的选择——单步法还是双步法［J］．福建金融，1996（7）：11－12.

[117] 林仁文，杨熠．中国市场化改革与货币政策有效性演变——基于

DSGE 的模型分析［J］. 管理世界，2014（6）：39－52＋187.

［118］刘敖. 国外货币金融学说［M］. 北京：中国展望出版社，1983.

［119］刘斌. 我国 DSGE 模型的开发及在货币政策分析中的应用［J］. 金融研究，2008（10）：1－21.

［120］刘东庆. 中国货币政策传导机制比较研究［J］. 北京航空航天大学学报（社会科学版），2015（2）：104－107.

［121］刘明志. 中国的 M_ 2/GDP（1980～2000）：趋势、水平和影响因素［J］. 经济研究，2001（2）：3－12＋93.

［122］刘旺霞. 货币供给内生性、外生性理论及其启示［J］. 科技创业月刊，2010（9）：28－29.

［123］刘湘云，邱乐平. Shibor 已成为我国货币市场基准利率了吗？［J］. 金融理论与实践，2011（1）：24－27.

［124］刘伟. 经济"新常态"对宏观调控的新要求［J］. 上海行政学院学报，2014，15（5）：4－14.

［125］刘义圣，赵东喜. 利率走廊理论述评［J］. 经济学动态，2012（7）：122－129.

［126］柳欣，刘磊，吕元祥. 我国货币市场基准利率的比较研究［J］. 经济学家，2013（5）：65－74.

［127］鲁国强，曹龙骐. 当前我国货币供给内外生性辨析及政策启示［J］. 中央财经大学学报，2007（10）：32－37.

［128］陆维新. 上海银行间拆放利率的基准效应研究［J］. 统计与决策，2010（5）：130－132.

［129］罗西斯，余永定等译. 后凯恩斯主义货币经济学［M］. 北京：中国社会科学出版社，1991.

［130］马克思，恩格斯. 马克思恩格斯全集［M］. 北京：人民出版社，1995.

［131］马克思. 资本论（第 1 卷、第 2 卷、第 3 卷）［M］. 北京：人民出版社，2004.

［132］马勇. 基于金融稳定的货币政策框架——理论与实证分析［J］. 国际金融研究，2013（11）：4－15.

［133］毛泽盛，李鹏鹏. 超额存款准备金付息制度与"利率走廊"构建

[J]．当代经济研究，2014（3）：75－81.

[134] 孟建华．中国货币政策的选择与发展［M］．北京：中国金融出版社，2006.

[135] 米什金．货币金融学［M］．郑艳文译．北京：中国人民大学出版社，2006.

[136] 摩根士丹利中国宏观经济团队．中国央行货币政策框架全解读［R］．2014 年 12 月 9 日，载于华尔街见闻：http：//wallstreetcn. com/node/216570.

[137] 牛慕鸿，张黎娜，张翔，宋雪涛，马骏．利率走廊、利率稳定性和调控成本［R］．中国人民银行工作论文，20156－11－17.

[138] 彭方平，连玉君，胡新明等．规模经济、卡甘效应与微观货币需求——兼论我国高货币化之谜［J］．经济研究，2013（4）：83－93.

[139] 彭红枫，鲁维洁．中国金融市场基准利率的选择研究［J］．管理世界，2010（11）：166－167.

[140] 彭兴韵，胡志浩，王剑锋．不完全信息中的信贷经济周期与货币政策理论［J］．中国社会科学，2014（9）：75－87.

[141] 钱小安．中国货币政策的形成与发展［M］．上海：上海三联书店，上海人民出版社，2000.

[142] 钱小安．通货膨胀定标的货币政策框架［M］．北京：中国金融出版社，2003.

[143] 钱雪松，杜立，马文涛．中国货币政策利率传导有效性研究：中介效应和体制内外差异［J］．管理世界，2015（11）：11－28.

[144] 曲彬．我国价格型货币政策调控模式的前瞻性研究——“利率走廊”调控新范式初探［J］．华北金融，2014（7）：8－11.

[145] 斯蒂芬·罗西斯，后凯恩斯主义货币经济学［M］．北京：中国社会科学出版社，1991.

[146] 沈坤荣，汪建．实际利率水平与中国经济增长［J］．金融研究，2000（8）.

[147] 时光，高珂．对 Shibor 作为我国货币市场基准利率的有效性检验［J］．财经科学，2012（2）：20－28.

[148] 斯基德尔斯基．重新发现凯恩斯［M］．北京：机械工业出版社，2011.

［149］石柱鲜，黄红梅，刘俊生等．2007 年我国经济周期波动分析与主要宏观经济指标的预测——利用 Logistic 回归模型的分析［J］．数量经济技术经济研究，2007（6）：14－22.

［150］石柱鲜，王立勇．基于结构基本预算缺口的我国财政政策可持续性检验［J］．中国软科学，2006（9）：50－57.

［151］孙华妤．传统钉住汇率制度下中国货币政策自主性和有效性：1998～2005［J］．世界经济，2007（1）：29－38.

［152］唐彬．中国货币供给内生性分析［J］．统计与决策，2006（6）：69－71.

［153］汤在新，张种朴，成保良．《资本论》序篇探索——关于马克思计划写的六册经济学著作［M］．北京：中国金融出版社，1995.

［154］图克．通货原理研究［M］．北京：商务印书馆，1993.

［155］托宾（James Tobin），戈卢布（Stephen S. Golub）．货币、信贷与资本（Money，Credit and Capital）［M］．张杰，陈未译．北京：中国人民大学出版社，2015.

［156］项卫星，李宏瑾．货币市场基准利率的性质及对 Shibor 的实证研究［J］．经济评论，2014（1）：107－117.

［157］万解秋，徐涛．货币供给的内生性与货币政策的效率——兼评我国当前货币政策的有效性［J］．经济研究，2001（3）：40－45＋50－94.

［158］王超，陈乐一．“利率走廊”模式的国际经验及启示［J］．经济纵横，2015（9）：107－111.

［159］王楚明．内生货币供给理论的演进与展望［J］．上海经济研究，2008（5）：3－11.

［160］王宏生．我国货币政策利率传导机制有效性分析［J］．金融理论与实践，2013（2）：107－113.

［161］王兰芳．内生货币供给理论分析与实证检验［J］．南开经济研究，2001（3）：63－67.

［162］王杰，谢明．中国货币供给是内生的吗——基于 VAR 模型的实证检验［J］．济南金融，2007（9）：20－23.

［163］王立勇，张良贵．开放条件下我国货币政策有效性的经验分析——基于目标实现与工具选择角度的评价［J］．数量经济技术经济研究，2011（8）：77－90.

［164］王立勇，张代强，刘文革．开放经济下我国非线性货币政策的非对称效应研究［J］．经济研究，2010（9）：4－16.

［165］王璐．货币理论的争论与解析［J］．政治经济学评论，2007（0）：113－146.

［166］王璐．马克思的内生货币理论解析［J］．教学与研究，2007（5）：29－35.

［167］王娜．内生货币理论与货币政策的选择——马克思主义视角下的分析与启示［J］．理论界，2012（12）：28－30.

［168］王屯，贾蔚，许冬等．货币市场利率走势分析与展望［J］．债券，2015（11）：12－22.

［169］王曦，舒元．中国货币市场运行：内生性、调整时滞与动态［J］．经济学（季刊），2003（2）：605－620.

［170］汪小亚，卜永祥，徐燕．七次降息对储蓄、贷款及货币供应量影响的实证分析［J］．经济研究，2000（6）

［171］王信．新常态下欠发达地区的金融支持［J］．中国金融，2014（18）：42－43.

［172］汪洋．中国货币政策框架研究［M］．北京：中国财政经济出版社，2008：9.

［173］王志栋．利率理论考察与基准利率定义［J］．现代管理科学，2011（9）：32－35.

［174］王志栋．中国货币市场基准利率选择的实证研究［J］．投资研究，2012（1）：25－40.

［175］维克塞尔．利息与价格［M］．北京：商务印书馆，1993.

［176］夏斌，廖强．货币供应量已不宜作为当前我国货币政策的中介目标［J］．经济研究，2001（8）：33－43.

［177］向松祚．从货币总量转向信用总量［N］．第一财经日报，2013－03－11.

［178］项卫星，李宏瑾．货币市场基准利率的性质及对 Shibor 的实证研究［J］．经济评论，2014（1）：107－117.

［179］谢平，袁沁敔．我国近年利率政策的效果分析［J］．金融研究，2003（5）：1－13.

［180］谢平，张晓朴．货币政策与汇率政策的三次冲突——1994～2000 年

中国的实证分析［J］．国际经济评论，2002（23）：30－35.

［181］谢平，张怀清．融资结构、不良资产与中国 M_2/GDP［J］．经济研究，2007（2）：27－37.

［182］熊彼特．经济分析史（第1卷、第2卷）［M］．北京：商务印书馆，2001.

［183］熊彼特，经济发展理论［M］．北京：商务印书馆，1990.

［184］亚当·斯密．国民财富的性质和原因的研究（上、下卷）［M］．北京：商务印书馆，1972.

［185］颜冬梅．内生货币供给与货币政策效应的理论分析和实证检验［J］．现代经济信息，2008（4）：33－36.

［186］杨宽欣．论货币理论中的三个争论［J］．西南金融，2015（3）：5＋65.

［187］杨天宇．马克思主义宏观经济学：一个现代阐释［J］．教学与研究，2006（1）：36－42.

［188］杨天宇，刘国鹏．货币政策传导机制：一个马克思主义的解释［J］．政治经济学评论，2008（1）：53－63.

［189］姚余栋，谭海鸣．央票利率可以作为货币政策的综合性指标［J］．经济研究，2011（2）：63－74.

［190］伊藤诚，考斯达斯·拉帕维查斯．货币金融政治经济学［M］．北京：经济科学出版社，2001.

［191］易纲．中国的货币、银行和金融市场：1984～1993［M］．上海：上海人民出版社，1996.

［192］于建忠，刘湘成．Shibor 定价理论模型研究及其应用［J］．金融研究，2009（2）：40－53.

［193］约翰·G. 格利，爱德华·S. 肖．金融理论中的货币［M］．上海：上海人民出版社，2006.

［194］约翰·斯图亚特·穆勒．政治经济学原理的研究［M］．北京：华夏出版社，2009.

［195］曾宪久．利率的内生性、外生性：辩证关系及政策含义［J］．金融理论与实践，2001（4）：8－10.

［196］张健华．利率市场化的全球经验［M］．北京：机械工业出版

社，2012.

［197］张杰，翟福昕．多重目标下宏观调控思路调整与政策匹配［J］．改革，2014（9）：42－51.

［198］张龙清．中国货币政策传导机制研究——基于中国金融市场化进展的视角［M］．北京：中国金融出版社，2013.

［199］张延群．从 M_1、M_2 的内、外生性分析我国货币政策中介目标的选择——解读央行货币政策中介目标调整的含义［J］．金融评论，2010（5）：28－36＋123.

［200］张晓慧．全面提升 Shibor 货币市场基准利率地位［J］．中国金融，2011（12）：23－25.

［201］张文．经济货币化进程与内生性货币供给——关于中国高 M_2/GDP 比率的货币分析［J］．金融研究，2008（2）：13－32.

［202］张屹山，张代强．前瞻性货币政策反应函数在我国货币政策中的检验［J］．经济研究，2007（3）：20－32.

［203］张勇，李政军，龚六堂．利率双轨制、金融改革与最优货币政策［J］．经济研究，2014（10）：19－32.

［204］赵进文，高辉．资产价格波动对中国货币政策的影响——基于 1994～2006 年季度数据的实证分析［J］．中国社会科学，2009（2）：98－114＋206.

［205］赵国庆，于晓华，曾寅初．通货膨胀预期与 Granger 因果性研究［J］．数量经济技术经济研究，2008（4）：29－39.

［206］赵准．探究货币——马克思货币理论研究［M］．北京：京华出版社，2000.

［207］郑挺国，王霞．中国产出缺口的实时估计及其可靠性研究［J］．经济研究，2010（10）：129－142.

［208］郑挺国，王霞，苏娜．通货膨胀实时预测及菲利普斯曲线的适用性［J］．经济研究，2012（3）：88－101.

［209］中国工商银行城市金融研究所课题组，詹向阳，樊志刚，赵新杰．银行间市场基准利率体系选择及 Shibor 运行分析——兼析基准利率变动对商业银行的影响［J］．金融论坛，2008（4）：3－8.

［210］中国人民银行货币政策分析小组．2001～2015 年各季度货币政策执行报告［R］．http：//www. pbc. gov. cn/zhengcehuobisi/125207/125227/125957/index. html.

[211] 中国社会科学院经济研究所宏观经济调控课题组，陈佳贵，刘树成等. 宏观调控目标的“十一五”分析与“十二五”展望［J］. 经济研究，2010（2）：4－17.

[212] 钟经文. 论中国经济发展新常态［J］. 中国中小企业，2014（8）：54－57.

[213] 周诚君. 货币供给的内生性与货币政策研究——马克思货币理论的分析与启示［J］. 当代经济研究，2001（4）：62－66.

[214] 周诚君. 从马克思货币利息理论看我国的货币政策中介目标选择［J］. 中国经济问题，2002（5）：3－11.

[215] 周诚君. 外生利率下的货币政策中介目标选择——兼析马克思的货币利息理论［J］. 经济评论，2002（5）：88－91.

[216] 周诚君. 内生货币供给理论及其货币政策述评［J］. 南京经济学院学报，2001（3）：23－27.

[217] 周莉萍. 货币供给内生性原因：国内外研究述评［J］. 金融评论，2013（5）：71－85＋125.

[218] 周天勇. 建立就业优先的宏观调控目标和政策——对经济形势困局与宏观调控出路的思考和建议［J］. 经济与管理研究，2009（1）：5－13.

[219] 朱剑冰，吕静，王立勇. 我国潜在经济增长水平测算与经济增长态势研究［J］. 价格理论与实践，2015（3）：69－71.

[220] 朱太辉. 货币供给的内/外生争论：起源、演进和迷局［J］. 金融监管研究，2014（2）：57－75.

后 记

值此本书付梓出版之际，又让我回想起了 2013 ~ 2016 年的博士求学生涯，诸多的情感涌上心头；也让我对 2016 年至今工作于中国国际经济交流中心的工作经历进行了回顾，希望百尺竿头更进一步。

在快要踏入不惑之年的 2013 年我迈入中国人民大学，开始脱产求学，虽然求学之路艰辛，但现在回忆起来，这种经历也是我人生中一笔宝贵的财富。这期间有很多的老师和亲友需要表达谢意。首先要感谢导师张旭教授，张老师学识渊博而精深，治学严谨且诲人不倦，一直认为 2016 年的博士论文离张老师的期望值差距很大。希望这部书能在一定程度上弥补这种遗憾！同时，张老师心系国家、胸怀天下，值得我一生敬仰和学习！同时也要对中央财经大学顾炜宇副教授表达我诚挚的谢意，顾老师也是我的师兄，自我 2008 年回国就与顾老师共事，无论是学习、科研还是工作上他都给予了我巨大的帮助与指导，简单的感谢之语难以表达我的感激之情！

在我求学和学术研究的道路上，我最难以忘怀的是我的家人。父亲母亲赋予了我生命，将世间最朴素、最伟大的爱给了我，他们善良、勤劳，教我做人，在我于德国求学工作的 8 年时间里默默忍受着思儿之苦，但从未对我提出过任何要求，至今我常常自责无以回报，常感愧疚，希望父亲母亲身体健康，幸福快乐！我的姐姐们在我的成长过程中给予了我无微不至的关怀，替我分忧、帮我解困，内心深处一直认为我最幸福的事就是成为你们的弟弟。

我最应该感谢的人是我的妻子张帆。结婚近 10 年来同她一起生活，点点滴滴的感动常常涌上心头，在我脱产读博的 3 年来理解我、包容我、鼓励我，没有她的默默付出我无法安心完成我的博士学业，也能让我在工作中全身心投入。还有我的儿子郭轩泽，他带给我的欢乐和对我的崇拜与信任成为我前进的动力，作为一名父亲我也与他在一起成长。同时也要感谢我的岳父张延龄和岳母刘静环，他们的支持与帮助是我坚强的后盾。

这本书包含了我的硕士论文、博士论文和几年的工作成果，不能说代表了我最高的学术水平，但它是我的第一本专著，也是我人生中重要的一份收获，这份收获献给我的父亲、母亲、姐姐、妻子。我将继续坚守信念、不忘初心、努力奋斗，不辜负他们对我殷切的期待！

郭迎锋

2018 年 11 月 20 日于北京朝阳